Alexander Preisinger

Digitale Spiele in der historisch-politischen Bildung

METHODEN HISTORISCHEN LERNENS

Alexander Preisinger

Digitale Spiele in der historisch-politischen Bildung

unter Mitarbeit von Florian Aumayr

WOCHEN
SCHAU
GESCHICHTE

Bibliografische Information der Deutschen Nationalbibliothek

Die Deutsche Nationalbibliothek verzeichnet diese Publikation in der Deutschen Nationalbibliografie; detaillierte bibliografische Daten sind im Internet unter http://dnb.d-nb.de abrufbar.

Die Qualität der in dieser Reihe erscheinenden Bände wird vor der Publikation in einem offenen Peer-Review-Verfahren durch das Herausgebergremium – gegebenenfalls in Verbindung mit externen, vom Herausgebergremium benannten Gutachtern – geprüft.

Die Reihe „Methoden historischen Lernens"
wird i. A. des Wochenschau Verlags herausgegeben von
Michele Barricelli
Peter Gautschi
Christine Gundermann
Vadim Oswalt

Die Reihe wurde gegründet von Klaus Bergmann, Ulrich Mayer, Hans-Jürgen Pandel und Gerhard Schneider

www.wochenschau-verlag.de

Titelgestaltung: Ohl Design
Titelbild: Alexander Pokusay, adobe stock
Gesamtherstellung: Wochenschau Verlag
Gedruckt auf chlorfrei gebleichtem Papier
ISBN 978-3-7344-1323-0 (Buch)
E-Book ISBN 978-3-7344-1324-7 (PDF)
ISSN 1610-9686
eISSN 2749-1382
DOI https://doi.org/10.46499/1549

Inhalt

1. Vorwort: Digitale Spiele als massenkulturelles Phänomen und historische Populärkultur

In der überfüllten U-Bahn werde ich in der letzten Schulwoche vor den Ferien Zeuge des folgenden Gesprächs: Drei Mädchen, alle Schülerinnen der Sekundarstufe II, unterhalten sich über „Fortnite" (Epic Games/Gearbox Publishing 2017), einen seit Jahren populären Survival-/Battle Royale-Shooter. Eines der Mädchen wechselt plötzlich das Thema und erzählt, dass sich ihre Freundin ein neues Tattoo habe stechen lassen. Sie zeigt per Smartphone die Bilder des noch rötlichen Knöchels – darauf zu sehen ist ein Gewehr aus dem Computerspiel.

Bei einem Besuch des Wiener „Haus des Meeres" sorgt eine lebendige japanische Riesenkrabbe für eine Besucher*innenansammlung vor dem Aquarium. Zwei Mitdreißiger in meiner Umgebung fühlen sich an ein Monster aus „Half-Life" (Sierra Entertainment/Electronic Arts/Valve Corporation 1998) erinnert und beginnen lebhaft, über ihre Computerspielbiografien zu sprechen.

Eine andere Beobachtung mache ich tagtäglich in den öffentlichen Verkehrsmitteln: Wer den Fahrgäst*innen auf die Smartphones blickt, wird überrascht feststellen, auf wie vielen Displays digitale Spiele zu sehen sind. Dies trifft auch auf Personen zu, die ich aufgrund ihres Alters oder Auftretens – zugegebenermaßen klischeehafterweise – nicht als spielaffin einschätzen würde. Das Spektrum reicht vom Anordnen von farbigen Klötzen für punktereiche Farbkombinationen bis hin zu komplexen Strategiespielen wie „Clash of Clans" (Supercell 2012).

Drei Beobachtungen, die symptomatisch sind: Die erste zeigt, wie sehr die digitale Spielkultur selbstverständlicher Bestandteil der Jugend- und Popkultur geworden ist. Das muss nicht zwangsweise bedeuten, dass die Generation Y oder die Millennials selbst Videogames spielen. Figuren, Rollen, Begriffe und Symbole werden aus den digitalen Spielen entnommen, zum Allgemeingut und in neue Kontexte transferiert. Über twitch oder YouTube werden Spielverläufe verfolgt; T-Shirts, Tassen und Memes zeigen Schriftzüge, Logos oder Gesichter populärer Spieltitel.

Die zweite Anekdote steht repräsentativ dafür, dass die 80er-Jahre-Generation die erste war, die mit digitalen Spielen aufgewachsen ist. Der Altersschnitt der Spieler*innen liegt mittlerweile bei 36,4 Jahren, 42 Prozent der Deutschen spielen gelegentlich oder regelmäßig (game 2019). Computerspielemuseen, wie jenes in Berlin oder im finnischen Tampere, Retro Gaming-Konsolen oder Emulatoren, die alte

Spiele wieder funktionstüchtig machen, weisen auf den Umstand hin, dass die digitale Spielkultur mittlerweile selbst zum historischen Phänomen geworden ist. Die Erzählung zeigt auch, dass digitale Spiele als Assoziations-, Vergleichs- und Anhaltspunkt bei der Strukturierung von Lebenswirklichkeit oder, wie in diesem Fall, von Biografien und Identitäten dienen.

Daran schließt die dritte Erzählung an: Digitale Spiele sind zum Massenmedium und -phänomen geworden. Nach der „Casual Game Revolution" um 2000 lässt sich von einer „verspielte[n] Gesellschaft" (Stampfl 2012) sprechen. Eine gesellschaftliche Gamifizierung findet heute in vielen Kontexten statt: Flugmeilen für Vielflieger*innen, Kund*innenkarten mit Bonuspunkten, die für Sonderprodukte oder Rabatte einlösbar sind, oder die Pissoir-Fliege gehören dazu. Unternehmensplanspiele, betriebliche Highscore-Listen, Outdoor-Seminare, gruppendynamische Übungen wie die kooperative Flussüberquerung sind gamifizierte und zugleich seriöse Anwendungen im wirtschaftlichen Kontext. Formen des Nudging, also von subtilen, oftmals spielerischen Anreizen zur Verhaltensveränderung, sind die ‚vernünftigen' Schattenseiten dieser Entwicklung. In seinem „Manifest" spricht Zimmermann (2015, 19–23) von einem ludischen Jahrhundert: Spiele lösen gesellschaftliche Probleme, sie sind ein Teil gegenwartsbezogener Bildung und wir alle werden in unserer Rolle als Produser auch zu Game Designern.

Es ist schwierig abzuschätzen, wie groß der Anteil an Spielen mit historischen Inhalten ist; wer auf einschlägigen Spieleplattformen sich durch die Titel klickt, der wird feststellen, dass ein nicht unerheblicher Teil historische Bezüge und Anleihen aufweist. Dies betrifft nicht nur die großen Blockbuster-Reihen wie etwa „Medal of Honor" (Electronic Arts 1999–2012) oder „Call of Duty" (Activision 2003–2019) zum Zweiten Weltkrieg, sondern etwa auch Indie Spiele mit komplexen Nischenthemen, wie etwa „PRINCIPIA: Masters of Science" (PLAYISM 2016), welches die Wissensproduktion im 17. Jahrhundert behandelt. Selbst das Klötzchen-Puzzlespiel „Tumblestone" (QuantumAstroGuild 2017) oder das Indie Genre-Crossover „Rock of Ages" (Sega 2011), bei dem der*die Spieler*in als Fels durch die Epochen rollt, bedient sich aus dem Feld des – vermeintlich – Historischen. Geschichte funktioniert als Marke und Marketingstrategie. Digitale Spiele prägen Geschichtsbewusstsein und geschichtskulturelle Vorstellungen. Sie tun dies besonders nachhaltig, da sie Spieler*innen einen historischen ‚Möglichkeitsraum' zur Verfügung stellen und mit Handlungsmacht ausstatten. Geschichte wird nicht passiv rezipiert – sie wird aktiv in einem simulierten Rahmen als beeinflussbar ‚erlebt'.

Daran schließen die Überlegungen dieses Bandes an: Wenn digitale Spiele ein wichtiger Teil nicht nur, aber vor allem der Jugendkultur geworden sind, so ist es an der Zeit, ihre Möglichkeit und die mit ihnen verbundenen Potenziale im schulischen Kontext zu nutzen. Anregungen dazu will das vorliegende Buch geben und es ist dazu folgendermaßen strukturiert:

- Das (digitale) Spiel als Begriff, Kulturgut und historisches Lernmedium: Dieses Kapitel bestimmt das (digitale) Spiel als komplexe Sozialform und beschreibt einleitend, welche Besonderheiten digitale Spiele als historische Lernmedien aufweisen.
- Basiswissen digitale Spiele: Dieser Abschnitt ist für all jene gedacht, die bislang keine oder kaum Erfahrung mit Computerspielen gemacht haben. Es führt im Rahmen einer verdichteten Darstellung in zentrale Begrifflichkeiten und Konzepte ein und klärt grundlegende Verständnisfragen.
- Game Studies und Spielanalyse: Dieses Kapitel führt in die Game Studies, also in die akademische Beforschung von digitalen Spielen, ein. Daran schließt die Darstellung eines allgemeinen Schemas für die Computerspielanalyse an.
- Digitale Spiele als Teil der Geschichtskultur: Da digitale Spiele geschichtskulturelle Medien sind und auf das individuelle Geschichtsbewusstsein Einfluss haben, sind sie Teil der Public History. Damit lässt sich auch von den historischen Game Studies sprechen. Dieses Kapitel systematisiert die Verwendungsarten von Geschichte in digitalen Spielen und zeigt auf, welche Strategien in Computerspielen verwendet werden, um Geschichte ‚erfahrbar' zu machen und als ‚authentisch' zu inszenieren. Zuletzt wird ein Analyseschema vorgestellt, das sich zur historischen Analyse digitaler Spiele eignet und auch im Geschichtsunterricht verwendet werden kann.
- Historisches Lehren und Lernen mit digitalen Spielen: Dieses Kapitel stellt zunächst das Konzept des Digital Game-Based Learning (DGBL) vor und beschäftigt sich damit, wie durch die Verwendung von Computerspielen, entsprechend des Transfermodells von Jürgen Fritz, Lernprozesse angeleitet werden können. In diesem Kapitel werden die theoretischen Überlegungen in geschichtsdidaktische Modelle, Verlaufs- und Unterrichtskonzepte

überführt. Abgeschlossen wird das Kapitel durch eine Methodensammlung für die Unterrichtsplanung.
- Unterrichtsentwürfe: Das letzte Kapitel ist der Umsetzung von digitalen Spielen im Schulkontext gewidmet. Die hier angebotenen Unterrichtskonzepte sind auf einer Mesoebene zwischen kleinteiliger und konzeptueller Unterrichtsplanung angesiedelt. Sie sind damit konkret genug, um Umsetzungsideen zu liefern, aber flexibel genug, damit sie jeweils individuell im Unterricht eingebunden und methodisch umgesetzt werden können. Lernspiele, etwa im Sinne von elektronischen Quiz- oder Tabu-Varianten, sind nicht Teil der Publikation.

Die Geschichte des Mediums selbst, also die Geschichte des Computerspiels, wird nicht aufgegriffen. Das zweifelsohne interessante Thema stellt, nach Einschätzung des Autors, eine Überforderung des Unterrichts dar. Der Autor, selbst Lehrer, weiß um die Probleme, die mit der Verwendung von digitalen Spielen im Unterricht verbunden sind; an erster Stelle steht dabei die Zeitknappheit, an zweiter die mangelhafte infrastrukturelle Ausstattung vieler Schulen. Der Band stellt daher eine Reihe von Möglichkeiten vor, digitale Spiele anders zu nutzen, als sie direkt im Unterricht ausgiebig zu spielen. Außerdem plädiert der Autor für einen Medien- und Methodenmix; digitale Spiele sind keine didaktischen Selbstläufer, sondern lerneffiziente Unterrichtsmittel, die im Verbund mit anderen Medien und Methoden am besten funktionieren.

2. Das (digitale) Spiel als Begriff, Kulturgut und historisches Lernmedium

2.1 Das Spiel – Begriffsbestimmung und Systematisierungen

Das Spiel begleitet die menschliche Kultur von Beginn an. Nachweislich wird seit der Antike über Zweck und (Un-)Sinn des Spiels diskutiert (für eine kurze Übersicht Breiner/Kolibius 2019, 93–101). Es gibt unzählige Systematisierungen des Spiels und der damit verbundenen Spielformen (exemplarisch etwa Wechselberger 2012, 1–126). Die unterschiedlichen Spieldefinitionen und Systematisierungen zeigen, dass das Wesen des Spiels nicht allgemeingültig definiert werden kann. Die formalen, sozialen und kommunikativen Elemente machen es zu einem komplexen Phänomen; zwischen verschiedenen Spielen bestehen zwar Überschneidungen, insgesamt existiert aber nur, so betont die Fachliteratur, eine auf Ludwig Wittgenstein zurückgehende Familienähnlichkeit zwischen den Spielkonzepten (Ohler/Nieding 2000, 191).

Neben einer Vielzahl wesentlich älterer spieltheoretischer Überlegungen (Scheuerl 1975) gilt vor allem das Werk des Kulturhistorikers und Indologen Johann Huizingas „Homo ludens" (orig. 1938, 1994) als Klassiker der Spieletheorie. Huizinga erklärt das spielerische Handeln zur Grundlage von Kultur und definiert das Spiel u.a. durch folgende Eigenschaften: es handelt sich dabei um eine Form des freien Handelns, des So-tun-als-ob, wodurch die spielerische Handlung aus dem alltäglichen Lebenszusammenhang heraustritt. Es ist nicht notwendig, räumlich und zeitlich begrenzt, hat Regeln und trägt sein Ziel in sich.

Der zweite Klassiker der Spieltheorie ist „Die Spiele und die Menschen. Maske und Rausch" des Philosophen und Soziologen Roger Caillois' aus dem Jahr 1958. Er ergänzt Huizingas Spiel-Definition um die Eigenschaften ungewiss, unproduktiv und fiktiv und stellt das ungeregelte Spiel *(paidia)* dem geregelten und zielgeleiteten Spiel *(ludus)* gegenüber. Weiters unterscheidet er vier Formen des Spiels, die auch gemischt auftreten können, nämlich Wettkampf *(agōn)*, Zufall (alea), Rausch *(illinx)* und Nachahmung *(mimikry)*. Aktuelle Arbeiten zum Spiel beziehen sich nach wie vor auf Huizinga und Caillois, problematisieren aber unterschiedliche Aspekte und kommen zu eigenen Begriffsbestimmungen: In „Das Spiel verstehen" arbeitet Fritz aus dem

„begrifflichen Rauschen“ (2004, 16) des Spielbegriffs drei Dimensionen heraus, die im Kontext von spielerischem Handeln gemeinsam oder nur einzeln auftreten können. Dazu gehören das spielerische Verhalten (Selbstbestimmtheit, Kontrast zu Arbeits- und Handlungsabläufen, Wagnis, Spannung, Experiment, bestimmte Qualitäten wie Phantasie, Einfallsreichtum und Kreativität), weiters die Entwicklung einer Spielwelt, die von der realen Welt durch Rahmungssignale unterschieden werden kann, und die Eigenschaft des Spiels als Konstrukt aus Verabredung, Regeln und Materialien.

Der Spieletheoretiker Jesper Juul (2011, 36–43) definiert Spiele durch sechs Eigenschaften: Sie funktionieren nach bestimmten Regeln, evaluieren die Spielergebnisse, benötigen aktiv Spielende, die wiederum an einem bestimmten Ergebnis interessiert sind, welches im sozialen Rahmen verhandelbar ist. Davon grenzt er andere Spielformen als Grenzfälle oder als Nicht-Spiele ab (Abb. 1).

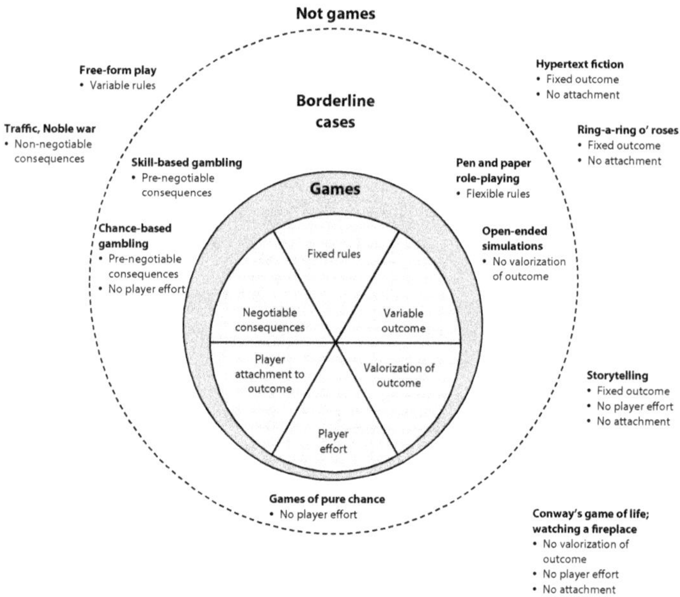

Abb. 1: Juuls Systematisierung von Spielformen (Juul 2011, 44)

Juul betont den Unterschied zwischen dem Spiel als statisches Objekt und dem Spielen als Aktivität. Als Objekt ist das Spiel durch seine Regeln bestimmt, als Aktivität durch den Vorgang des Spielens. Im Englischen kommt dies durch die Begriffe ‚Game‘ und ‚Play‘ zum Ausdruck. Ersteres steht für das regelgebundene, letzteres für das freie Spiel, obgleich in der Realität die Trennlinie nicht so eindeutig verläuft. Im Deutschen hingegen existieren für beide Formen nur die ähnlichen Begriffe des Spiels und des Spielens.

Ähnlich facettenreich ist die Diskussion um die Bezeichnung dessen, was hier bislang als u.a. als ‚digitales Spiel‘ bezeichnet wurde: Der Begriff Computerspiel ist eigentlich nur für Software im Kontext von PCs und Laptops korrekt. Nennt man die technische Basis, mittels derer gespielt wird, wie es bei der Bezeichnung Computerspiel der Fall ist, müsste man getrennt von Konsolenspielen, Smartphone-Spielen oder auch Arcade-Spielen, also Spielautomaten, sprechen. In den Game Studies hat sich trotz aller Ungenauigkeiten aber der umgangssprachliche Sammelbegriff des Computerspiels oder des Videospiels eingebürgert (Wechselberger 2012, 27), der alle Formen digitaler Spiele gleichermaßen bezeichnet. Er wird auch in diesem Buch verwendet.

Computerspiele sind ganz allgemein dadurch gekennzeichnet, dass die Anwendung der Spielregeln im Zusammenhang mit den Handlungen des*der Spieler*in automatisiert erfolgt. Die Eingaben erfolgen mittels unterschiedlicher Geräte (Joystick, Joypad, Maus, Tastatur etc.), auf die das System mittels multimodaler Ausgaben (Bild, Ton, physische Force-Feedback-Systeme) reagiert. Kennzeichnendes Merkmal für digitale Spiele ist damit ihre Interaktivität und die daraus entstehende Nonlinearität.

Egal, ob digital oder analog, das Spiel unterliegt seit Jahrhunderten einem gesellschaftlichen und diskursiven Bedeutungswandel. Fritz (2004, 89–122) skizziert die unterschiedlichen Diskurs-Arenen, in denen um Bedeutung und Bestimmung gerungen wurde: Das Spiel galt als nutzlos (Aristoteles) oder eben als nützlich (Muth), als Form der Selbstausbildung (Groos), der sozialen Nützlichkeit (Mead), als natürliches und gegenwartsbezogenes Handeln (Bühler), als Aktivierungszirkel (Heckhausen), als Verschmelzungserlebnis, und daher als besonders motivierend (Flow-Konzept von Csikszentmihalyi, siehe Warwitz 2001, 204–223), als Form der Erholung (Lazarus), als Auslass-Ventil (Carr), als Verarbeitung von Lebensereignissen (Freud) und Daseinsthematiken, als Probehandeln, als von gesellschaftlichen Strukturen geprägt, als Gegenwelt, warenförmige Handlung (Meyer-Bendrat/Klaus-Peter) oder innovative Kraft. Warwitz/Rudolf (2016, 10–13) teilen die Diskurse über das Spiel nach historischen Entstehungs- und Ursachentheorien ein: die Kraftüberschuss-Theorie (Spencer), die Arbeitserholungs-Theorie (Lazarus), die Einübungs-Theorie (Groos), die Umwelterfassungs-Theorie (Eibl-Eibersfeldt), die Theorie der Angstabwehr (Freud), die Kulturschaffungs-Theorie (Huizinga), die kognitive Spieltheorie (Piaget), die Dialektik-Theorie (Sutton-Smith) und die Triebtheorie (Buytendijk) bieten allesamt Erklärungen, warum Menschen spielen.

Das Spiel lässt sich auch nach seiner Funktion systematisieren, wie dies etwa Breiner/Kolibius (2019, 115–135) machen: Sie unterscheiden bei den Zielen spielerischer Handlungen zwischen Lernfunktion (Rollen-, Charakter-, Empathie-, Motivations-, Körper-, Kreativitäts-, Weltbild-, Faktenlernfunktion), Sozialfunktion (Befriedungs-, Vernetzungs-, Identifikations-, Individuationsfunktion), Rauschfunktion, Therapiefunktion, Leibesfunktion, Kreativfunktion und Kulturfunktion. Auch die Art des ludischen Funktionierens kann strukturiert werden (Ohler/Nieding 2000, 192–193): Funktionsspiele, Regelspiele, Experimentierspiele, frühe Symbolspiele, Konstruktionsspiele und ausdifferenzierte Symbolspiele/Rollenspiele lassen sich unter diesem Aspekt differenzieren. All diese Kategorisierungen sind jedoch bei der konkreten Spielanalyse kaum eindeutig zuordbar, was zuvor schon durch die verschiedenen Spielbegriffe deutlich geworden ist. Das beginnt schon mit der Tätigkeit des Spielens an sich, die „sich […] nicht prinzipiell, sondern nur graduell von anderen Tätigkeiten unterscheidet." (Scholz 2009, 61) Selbst rein kognitive und analytische Tätigkeiten, etwa im Rahmen des Geschichtsunterrichts, enthalten spielerische Aspekte. So kann etwa die Vorstellung eines historischen Sachverhalts mit einem vorgestellten „Als-ob-Handeln" verbunden sein.

Die verschiedenen Fachwissenschaften haben heute ihre eigenen Zugänge zum Spiel: Die Spieltheorie ist u.a. ein Teilgebiet der angewandten Mathematik und der Sozialwissenschaften und kommt vor allem in der Wirtschaftswissenschaft zum Einsatz (Berninghaus u.a. 2010, 1–8). Die Spieltheorie beschreibt dort mittels einer stark formalisierten Sprache strategische Entscheidungssituationen. Die Evolutionsbiologie behandelt Spielen im Kontext von Verhalten (Breiner/Kolibius 2019, 103–113). Da Spielen vordergründig energieaufwändig und mitunter riskant, jedoch ohne Zweck zu sein scheint, stellt sich die Frage, warum Lebewesen diese Form der Interaktion nutzen. Untersuchungen zeigen, dass je neuronal komplexer Lebewesen sind, desto differenzierter und umfangreicher auch ihr Spielverhalten ausfällt. Im Spiel erwerben und verbessern Lebewesen ihre psychischen und physischen Fertigkeiten und Fähigkeiten. Aus evolutionsbiologischer

Sicht ist das Spiel somit nicht ineffizient, sondern eine zentrale Form des Lernens komplexer Verhaltensformen, die einen Überlebensvorteil sicherstellen. Weitere spieltheoretische Ansätze haben die Psychoanalyse, die Verhaltensforschung, die Phänomenologie oder die Sozialisationstheorie entwickelt.

Was den Einsatz von Spielen im Lernkontext betrifft, so finden sich in der Literatur stets die gleichen Argumente: An erster Stelle steht die Eigenschaft des Spiels, den*die Spieler*in aktiv ins Geschehen einzubinden. „This represents a shift away from the ‚learning by listening' model of instruction to one in which students learn by doing." (Garris 2002, 441) Diese aktive Form des Lernens führt zu einer Selbstaneignung, die die*den Spielenden Selbstwirksamkeit erfahren lässt. Dies trifft insbesondere auf digitale Spiele zu, da jene dem*der Spielenden ständig Rückmeldung über sein*ihr Handeln geben. Über verschiedene Formen von Feedbackschleifen erleben Spielende so ihren Kompetenzzuwachs unmittelbar, was wiederum Autonomieerfahrung und Funktionslust steigert. Da das spielerische Handeln weitgehend ohne Konsequenzen außerhalb des Spiels bleibt, ist ein ausprobierendes – im schulischen Sinn: forschendes – Handeln möglich. Computerspiele lassen den*die Spielende Grenzen überschreiten, die im realen Leben kaum oder überhaupt nicht übertretbar sind. Lernen im Spiel findet zudem meist im Rahmen eines Problems, vielfach verbunden mit einer konfliktiven Situation, statt. Neugierde, Ungewissheit und Konflikthaftigkeit führen zu Spannung und erhöhen den Reiz am Spiel. Unterrichtsprinzipien wie Problembezogenheit, Handlungs- und Produktionsorientierung werden dadurch quasi automatisch realisiert. All diese Faktoren führen zur intrinsischen Motivation des*der Spieler*in; ist der Schwierigkeitsgrad angemessen ausgelegt, kommt es für das Subjekt zu einem kontinuierlichen Zuwachs von Fertigkeit und Fähigkeiten und zu einer Flow-Erfahrung. Das Spiel nimmt dann die volle Aufmerksamkeit des Spielenden ein. Für viele Autor*innen sind vor allem motivationsfördernde Faktoren das stärkste Argument für den Einsatz von Computerspielen im didaktischen Kontext. Der ganzheitliche Charakter des Spiels führt zu einem kognitiven, handlungsbezogenen, sozialen und auch emotionalen Lernen, das als besonders nachhaltig gilt. Im Spiel werden neben dem eigentlichen Lernziel wie beiläufig viele andere Kompetenzen erworben.

Seit den 1980er-Jahren lösen sich Gegensätze von Spiel, Spaß, privat einerseits und Arbeit, Ernsthaftigkeit, Beruf andererseits zunehmend auf. Insbesondere die konstruktivistische Lerntheorie betont die positive Wirkung spielerischer Handlungen und die Ähnlichkeit von Spiel und Lernen. Das Spiel ist mittlerweile auch in außerschulischen, etwa betriebswirtschaftlichen Zusammenhängen selbstverständlich (Teambuilding, Führungskräfte- und Mitarbeiterschulungen, Coaching, Konfliktmanagement etc., vgl. etwa exemplarisch Rachows Methodenband „Spielbar" (2017)).

Den Gegenpol zur positiven Wirkung von Spielen stellen zwei Debatten dar, die jahrzehntelang die öffentliche Wahrnehmung von digitalen Spielen geprägt haben und die der vollständigkeitshalber hier angeschnitten werden sollen: die ‚Killerspiel'-Debatte, die sich auf die gewaltsteigernde Wirkung von Ego-Shooter bezieht, und die Diskussion um das suchtauslösende Verhalten von digitalen Spielen.

Die ‚Killerspiel'-Debatte entbrannte und entbrennt bis in die Gegenwart stets neu nach Amokläufen, wie etwa jenem im Juli 1999 auf der Columbine High School in Littleton (Colorado), des Erfurter Gutenberg-Gymnasiums 2002 oder der Albertville-Realschule in Winnenden 2009. Alle Täter spielten Ego-Shooter. Das führte dazu, dass simple Ursache-Wirkungs-Zusammenhänge konstruiert oder das Verhalten über Habitualisierungsthesen oder Abstumpfungseffekte erklärt wurde. Argumentieren lässt sich freilich auch in die andere Richtung: Gewalthaltige Computerspiele können als Ventil zum Abreagieren verstanden werden (Karthasis-These) oder schrecken Spieler*innen sogar vor Gewalt ab, etwa wenn der Realismusgrad der digitalen Darstellung hoch ist. Gewalt in Computerspielen ist zumeist viel ‚sauberer' als in violenten Film- und Fernsehproduktionen und bietet ein viel geringeres Identifikationspotenzial. Vielen Studien fehlt es an einer Bestimmung ihres Gegenstandes, wodurch Gewalt in digitalen Spielen vielfach ohne Kontextbezug (Gegner*innentypen, Handlungsformen) kritisiert wird. Wissenschaftlich werden unterschiedliche Medienwirkungstheorien mit Kurz- und Langzeiteffekten diskutiert. Empirische Studien scheinen insgesamt einen Zusammenhang zwischen gewalthaltigen Medien und aggressiven Verhalten bestätigen zu können, zeigen aber auch, dass viele Faktoren, etwa das soziale Umfeld, Personenvariablen, die elterliche Regulation des Medienkonsums oder die Schulsituation mehr Einfluss haben als gewalthaltige Computerspiele als isolierter Faktor. Die Zahl an (aktuellen) Publikationen zeigt das anhaltend große Interesse an der Thematik.

Dies trifft auch auf die Thematik Suchtverhalten und Computerspiele zu. Wie oben dargelegt, entfalten digitale Spiele aufgrund ihrer Gratifikation von Spieler*innenhandlungen, des Immersionspotenzials ihrer Spielwelt oder der verstärkten Selbstwirksamkeitswahrnehmung der Spieler*innen ein hohes Motivationspotenzial. Nicht zu unterschätzen ist auch die soziale Anerkennung, die mit Clans, Gruppen und Spielgilden einhergehen kann. Viele Spiele bieten Beschäftigung für hunderte Stunden. Computerspielen als Extremform kann Vereinsamung, körperliche Probleme, schlechter werdende Leistungen in Schule und Beruf, Depressionen und sozialen Rückzug bedeuten. Als „Internet Gaming Disorder" wurde Computerspielsucht in das „Diagnostic and Statistical Manual of Mental Disorders" (DSM-5, 2013) aufgenommen. Die diagnostischen Kriterien dafür lauten u.a.: gedankliche Vereinnahmung, Entzugserscheinungen, zunehmende Toleranzentwicklung, sinkendes Interesse an anderen Beschäftigungsformen, weiterer Computerspielkonsum trotz negativer Konsequenzen und der Verlust von sozialen Beziehungen, Berufs- und Beziehungsmöglichkeiten. Genauso wie bei gewalttätigem Verhalten im Zusammenhang mit digitalen Spielen so gibt es auch bei der Suchtentwicklung eine Reihe von Risikofaktoren, etwa bestimmte Persönlichkeitsmerkmale oder dysfunktionale Sozial- und Beziehungsverhältnisse, die ein Extremverhalten fördern können. Seit September 2018 ist Videospielsucht als eine Form der Spielsucht offiziell von der WHO anerkannt. Nicht zuletzt deswegen scheint es geboten, digitale Spiele zu einem Teil von Schule werden zu lassen, damit Schüler*innen eine kritische Mediennutzungskompetenz entwickeln.

2.2 Das (digitale) Spiele als Medium historischer Sinnbildung

Während in Publikationen bis in die 1990er-Jahre unter der Kategorie Spiel v.a. theatrale Spiele, Simulationen und Planspiele zu finden waren, ist heute der pädagogische Mehrwert auch von kleinen Spielformen, etwa Tabu oder „Wer bin ich?", unumstritten und dementsprechend sind sie in den Methodenbüchern zu finden. So zeigt Scholz (2009) in einer umfassenden Arbeit auf konzeptueller Ebene die Potenziale, die das Spiel für die Entwicklung von demokratischer Handlungskompetenz hat. Dazu gehören etwa die Entwicklung und Förderung von Selbst- (z.B. Toleranz, Selbstwirksamkeit), Sozial- (z.B. Kommunikation, Kooperation), Methoden- (z.B. Text- und Bildanalyse) sowie Handlungs- und Urteilskompetenz (z.B. Bewertung und Entscheidung in politischen Planspielen). Das Spiel hat mittlerweile in Geschichte und Politischer Bildung seinen fixen Platz im Methodenrepertoire eingenommen (eine Auswahl: Bernhardt 2018, Dohmen 2017, Gudladt/Cebulla 2014, Klippert 2016, Lehmann 2006, Schipperges 2011, Scholz 2009, Witschi 2006). Digitale Spiele greifen diese Publikationen jedoch nicht auf.

Was spricht nun für digitale Spiele im Geschichtsunterricht, abseits der allgemeinen didaktischen Vorteile? Wie schon zuvor erwähnt, aktivieren sie den*die Spieler*in und statten ihn*sie mit Handlungsmacht (Agency) aus. McCall bezeichnet das historische Spielerlebnis im Kontext von digitalen Spielen als „participatory public history" (McCall 2019, 38). Außer im Rollenspiel ist Geschichte in der Form nicht ‚erfahrbar': Im digitalen Spiel ist sie mehr als die Abfolge von passiv rezipierbaren und determiniert-pfadabhängigen Ereignissen, sie kann zum Erlebnis- und Entdeckungsraum, zum Ort des Probehandelns („historical problem spaces" (McCall 2012, 11)) werden. Digitale Spiele sind Simulatoren oder Laboratorien historischer Prozesse. Simulierte historische Verläufe werden zum Anlassfall eines Ausprobierens, Fragestellens und Entdeckens. Sie informieren die Spielenden ständig über die Konsequenzen ihres Handelns. Gleichzeitig sind sie partizipativ, handlungsorientiert und immersiv und motivieren damit intrinsisch. Politische Zielkonflikte, die Abwägung verschiedener historischer Verläufe oder moralische Dilemmata sind im digitalen Spiel keine abstrakten Erfahrungsdimensionen, sondern werden simuliert und hinsichtlich einer kognitiven und emotionalen Komponente ‚erlebbar' gemacht. Eine Perspektive, die rein auf die ‚Faktizität' digitaler Spiele achtet, wird ihnen daher auch nicht gerecht. Vielmehr geht es im schulischen Kontext um die Frage, welche Geschichte und wie Geschichte erzeugt, plausibilisiert und vermarktet wird, welche historischen Narrative wofür instrumentalisiert werden oder was an historischen Sachverhalten wie inszeniert wird, um eine bestimmte Wirkung zu entfalten. Spiele werden gespielt – ungeachtet dessen, ob sie ‚historische Wirklichkeit' abbilden oder nicht. Wichtiger als ihre vermeintliche ‚Authentizität' ist daher, sie als Ausdruck einer bestimmten historischen Erinnerungskultur zu begreifen, um sie unter Berücksichtigung ihrer medialen Gemachtheit dekonstruieren zu können. Ihre Verwendung, Analyse und Reflexion sollte, gerade in einer Zeit, in der von digitalen Grund- und Medienkompetenzen gesprochen wird, genauso selbstverständlich sein, wie die Methode der historischen Text-, Bild- oder Filmanalyse. Fernández-Vara (2019, 1–2) schreibt im Vorwort ihres Buchs zur Spielanalyse, dass sie erschrocken sei über den Unterschied, mit dem Studierende über Literatur und über digitale

Spiele sprechen würden. Während sie im Feld des Literarischen zu einer differenzierten Begriffs- und Urteilsbildung fähig waren, sei das Gespräch über digitale Spiele kaum über die Phrasen von Marketingtexten hinausgekommen. Eine Beobachtung, die sich mit der Erfahrung des Autors deckt: In der ersten Kurseinheit, die mittels Nintendo Switch-Konsolen an der Universität Wien (‚GameLab') in einem Kurs für Geschichte-Lehramtskandidat*innen abgehalten wurde, war einer der Studierenden erstaunt, dass das Serious Game „Begrabe mich, mein Schatz" (Dear Villagers 2017) nicht lustig sei und deshalb keinen ‚Spaß' mache, so wie er es von Computerspielen erwarten würde.

3. Basiswissen digitale Spiele

Der folgende Abschnitt richtet sich an all jene, für die Computerspiele bisher eher unbekannt sind, und führt in wesentliche Begriffe, Konzepte und Themen ein. In Anbetracht der Fülle an unterschiedlichen Spielkonzepten, Technologien, Plattformen und spielkulturellen Phänomenen muss die Auswahl freilich exemplarisch und auf Grundlegendes beschränkt bleiben. Ausgespart bleiben die Geschichte des Computerspiels und weiterführende spieltheoretische Überlegungen, da diese den Rahmen gesprengt hätte und für den (fach-)didaktischen Zugang des Buchs kaum Mehrwert besitzen. Diesbezüglich können etwa die Einführungsbände von Egenfeldt-Nielsen/Smith/Tosca (2016), Lackner (2014) oder Kaminski/Wittings (2007) empfohlen werden.

3.1 Produktion, Vertrieb und Konsumationsmöglichkeiten

Wie digitale Spiele entstehen: Die Entwicklung digitaler Spiele ist heute eine hochgradig spezialisierte Angelegenheit, für die eine Reihe von Spezialist*innen und Expert*innen notwendig ist. Die Entwicklung führt vom Spielkonzept, Modellierung, der grafischen Animation über die Programmierung und diverser Testphasen zum Vertrieb. Der *Developer/Entwickler* erstellt und produziert das Spiel, der *Publisher/Verleger* kümmert sich um Vertrieb, Marketing und Projektmanagement. Vom ersten Konzept bis hin zum fertigen Spiel kann es je nach Größenordnung des Projekts zwei bis vier Jahre dauern. Große Spielehersteller übernehmen die Funktionen des Developers und des Publishers selbst. Kleine Entwickler brauchen einen externen Publisher. Firmen wie Apple stellen zudem auch die Hardware selbst her. Zunächst wird von jedem Spiel eine *Alpha-Version* erstellt, die intern verwendet wird; bei der *Beta-Version* handelt es sich um eine bereits weitgehend spielbare Version, die durch von außen hinzugezogene Testpersonen gespielt wird. Nach ihrem Erscheinen werden oftmals kostenlose Kurzversionen des Spiels, sogenannte *Demo-Versionen*, zu Marketingzwecken zur Verfügung gestellt. Je nach Größe des Publishers lässt sich zwischen *AAA-Titeln* (auch *Triple-A-Titel*), also Blockbustern wie der „GTA"-Reihe (Rockstar Games, ab 1997) mit Produktionskosten von ca. 266 Mio. Euro für „Grand Theft Auto V" (Rockstar Games 2015), und *Independent Games (Indie Games)* von kleinen Spieleherstellern unterscheiden. Letztere können ihre Finanzierung über *Crowdfunding-Plattformen*, wie etwa Kickstarter oder IndieGoGo, realisieren und sind, da sie weniger kommerzielle Vorgaben erfüllen müssen, oftmals freier in der Spielentwicklung. So können Indie-Produktionen Innovationsmotoren für die gesamte Branche sein. Insgesamt zeigt die Games-Branche ähnliche Entwicklungstendenzen wie andere Wirtschaftszweige, nämlich die zunehmende Konzentration einiger weniger marktdominierender Hersteller. Zu den umsatzstärksten Unternehmen gehören börsennotierte Firmen, etwa Sony, Tencent, Microsoft, Nintendo, Activision-Blizzard und Electronic Arts.

Das digitale Spiel als Wirtschaftsgut: Anhand der Marktdaten der „game", dem Verband der deutschen Games-Branche, sind Tendenzen klar erkennbar: Gespielt wird hauptsächlich auf dem Smartphone, gefolgt von Konsolen und schließlich dem PC. 42 Prozent aller Deutschen, beinahe gleichviele Frauen wie Männer, spielen zumindest gelegentlich, am häufigsten die Gruppe der Zehn- bis 15-Jährigen. Insgesamt spielen rund 2,5 Mrd. Menschen weltweit. Der Umsatz des deutschen Marktes wächst jährlich, 6,2 Mrd. Euro wurden 2020 umgesetzt. Weltweit waren es rund 135 Mrd. Euro, womit die Videospielindustrie vor Musik und Film liegt. Allerdings wird immer wieder darauf hingewiesen, dass sich die Zahlen nur schwer miteinander vergleichen lassen. Umsatzmäßig liegt der Gaming-Markt Asien-Pazifik vor den USA und Europa.

Wie sehr das digitale Spiel Teil der Jugendkultur ist, zeigt die JIM-Studie (Medienpädagogischer Forschungsverbund Südwest 2018), die die Mediennutzung der Zwölf- bis 19-Jährigen untersucht. Bei den Zwölf- bis 13-Jährigen spielen 58 Prozent mehrmals die Woche oder täglich; mehr als die Hälfte aller befragten Kinder und Jugendlichen spielen per Smartphone zumindest einmal die Woche. Rund 70 Prozent der Befragten haben eine eigene Spielkonsole. Der durchschnittliche Spielkonsum beträgt 103 Minuten am Tag. Ganz ähnlich sind die Zahlen für Österreich, die vom „Österreichischen Verband für Unterhaltungssoftware" erhoben wurden (Österreichischer Verband für Unterhaltungssoftware 2019). Auch die internationale Studie „State of Online Gaming" (Limelight Networks 2020) bestätigt, dass das Smartphone das beliebteste Spielgerät ist. Sie zeigt auch, dass die Altersgruppe der 18- bis 25-Jährigen lieber Computerspiele als Sportveranstaltungen verfolgt und dass die Arbeit in der Spielebranche vermehrt als Karriereoption wahrgenommen wird. Rund 38 % der Befragten würde gern professionell digitale Spiele spielen.

Das Smartphone ist das wichtigste Spielgerät und der größte Umsatzbringer der Branche: Viele der dort erhältlichen Games sind *Free-to-Play,* sie sind also prinzipiell kostenlos. Für die vollständige

Nutzung oder einen schnelleren Spielfortschritt müssen die Spieler*innen jedoch bezahlen. Mitunter sind jene, die reales Geld investieren, deutlich im Vorteil gegenüber jenen, die dies nicht tun *(Pay2Win)*. Mittels Kleinbeträge werden etwa digitale Güter (Waffen, Ausrüstung, Fahrzeuge) erworben. Formen dieses Geschäftsmodells werden als *Mikrotransaktionen* bezeichnet. Vielfach muss Echtgeld zunächst in eine *in-game Währung*, etwa Kristalle oder Münzen, umgetauscht werden. Seit einigen Jahren bieten Spiele verstärkt sogenannte *Lootboxen* an. Dabei handelt es sich um eine Zusammenstellung digitaler Güter mit unterschiedlichen Häufigkeiten und dementsprechend unterschiedlichen Wertigkeiten. Für den*die Käufer*in sind die Verteilung der Güter und die Zuteilmechanismen nicht einsehbar, wodurch vielfach der Vorwurf entstanden ist, es handle sich um eine Art Glücksspiel. Besonders problematisch ist diese Praxis in Verbindung mit der häufig jungen Konsument*innengruppe. Typisch sind diese Verwertungsformen etwa bei *Social Games,* die über *Social Media* (etwa Facebook) gespielt werden. Mikrotransaktionen und in-game Käufe machen mit rund 1,9 Mrd. Euro den größten Bestandteil (2019) des Umsatzes im Zusammenhang mit digitalen Spielen aus. Mit großem Abstand nehmen Datenträger für Konsolen mit 685 Mill. Euro den zweiten Platz ein. Eine andere Verwertungsform von digitalen Spielen besteht in *Abonnementenspielen,* zu denen viele MMORPGs (s.u.) gehören, oder sogenannte *Season Pass*-Angebote. Hierbei wird für eine bestimmte zeitliche Spielbarkeit von digitalen Inhalten bezahlt. Außerhalb des Spiels werden *Game Franchise-Modelle* und *Merchandise* zur weiteren Umsatzgenerierung und zu Marketingzwecken verwendet. Die Produktpalette von „Angry Birds“ (Rovio Entertainment Ltd. 2009) umfasst Trinkbecher, Schultaschen, Kinofilme oder Bettwäsche. Selbst für digitale Güter gibt es Märkte. Über Handelsplattformen, wie etwa ebay, können zum Beispiel hochgestufte Spielcharaktere gekauft werden, deren Generierung oftmals viele Spielstunden verschlingen würde.

Wo digitale Spiele erworben und gespielt werden können: Physisch können digitale Spiele im Elektronikhandel erworben werden. Ähnlich wie bei Musik und Film nimmt der Kauf über *digitale Vertriebsplattformen* ständig zu. Die größte Downloadplattform ist „Steam“, weitere sind „Epic Game Store“, „GamersGate“, „Humble Bundle“ oder „Good Old Games“. Große Anbieter wie Electronic Arts haben ihre eigene digitale Infrastruktur aufgebaut. Die Distributionsplattformen bieten Zusatzleistungen wie Chats, Foren oder Livestreams an. Eine absehbare Entwicklung besteht im sogenannten *Cloud-Gaming,* wie etwa Googles „Stadia“. Auch Microsoft, Apple, Amazon oder Nvidia planen oder setzen bereits Cloud-Gaming-Dienste um. Dabei werden Spiele direkt auf das Endgerät gestreamt. Der*die Spieler*in benötigt daher keine Geräte mit aktueller Hardware oder einer guten Grafikkarte, da die Rechenleistung ausgelagert wird. Allerdings wird eine entsprechend schnelle Internetverbindung vorausgesetzt.

Gespielt werden digitale Spiele auf dem Smartphone, auf Standgeräten, Laptops oder Tablets. Geräte, die nur für den Zweck des Spielens gemacht wurden, werden als *Konsolen* bezeichnet (etwa PS 4, Nintendo Switch, Xbox One). Viele Computerspiele erscheinen für mehrere Systeme gleichzeitig. Mit besonders gelungenen *Exklusivtitel,* die nur für eine bestimmte Konsole erscheinen, versuchen die Hersteller, gezielt für ihr Gerät Käufer*innen anzulocken.

Wie digitale Spiele gesteuert und verändert werden können: Gesteuert werden Spiele über unterschiedliche *Eingabeeinheiten* (Gamepad, Joystick, Maus und Tastatur), die eine Interaktion mit der virtuellen Welt möglich machen. Die Ausgabe findet grafisch über einen Bildschirm und akustisch über Lautsprecher statt. Gesteuert wird dabei ein sogenannter *Avatar*, also eine grafische Entität des*der Spielenden in der virtuellen Welt. Nichtsteuerbare Figuren werden als *Non-Player Characters* (NPC) bezeichnet. Herausragendes Merkmal digitaler Spiele ist deren *Interaktivität,* die durch die Eingabemöglichkeit entsteht und das Medium nonlinear macht.

Je nach Schwierigkeitsgrad lassen sich *Hardcore,* also besonders anspruchsvolle, von *Casual Games,* also Spiele für Gelegenheitsspieler*innen, unterscheiden, wobei diese Unterscheidung subjektiv und oft auch von der Marketingstrategie abhängig ist.

Je nach Spiel gibt es verschiedene Modi: *Singleplayer*-Spiele werden allein gespielt, *Multiplayer*-Spiele, entweder lokal an einem Gerät oder online in Gruppen. Computerspiele können kooperativ *(Coop-Modus)* oder konkurrierend *(Player versus Player (PvP) oder als Player versus Environment (PvE))* genützt werden. Als *Gameplay* wird das Spielen des Spiels bezeichnet; der Begriff umfasst alle Faktoren, die zu einem Spielerlebnis führen. Der Zusammenhang von Spielerverhalten und Spielregeln wird als *Spielmechanik* bezeichnet.

Fehlerhafte Spielelemente, sogenannte *Bugs* (dt. Käfer) oder *Glitches* (dt. glitschig), können die Funktionalität des Computerspiels behindern. Mängel kann der Hersteller durch downloadbare *Patches* beheben. Während Fehler die Normalfunktion des Spiels spielseitig aufheben, sind *Cheating, Cheatcodes* oder *Hacking* die Möglichkeiten der

Spieler*innen, den Spielautomatismus zu manipulieren, um sich etwa Vorteile zu verschaffen.

Herstellerseitig werden manche digitale Spiele laufend weiterentwickelt: *Updates* oder *Add-Ons* verbessern und erweitern den Spielumfang. Bei *DLCs* (Downloadable Content) handelt es sich um meist zahlungspflichtige Erweiterungen mit zusätzlichen Spielinhalten, die online bezogen werden, während *Expansions* meist Erweiterungen bezeichnen, die auf einem physischen Datenträger erworben werden müssen. All diese Erweiterungs- und Veränderungsformen verlängern die Lebensdauer von Computerspielen (sogenannte *Service Games*). Auch spieler*innenseitig können Computerspiele verändert werden. Manche Spiele beinhalten einen *Editor*, der die Bearbeitung und Modifikation von Spielinhalten ermöglicht. Die spieler*innenseitige Veränderung wird als *Modding* (von Mod, Modification) bezeichnet. Diese Fan-Projekte können kleinteilig sein, sich aber auch zu großen, eigenständigen Projekten entwickeln. So wurde der Tower Defense-Mod („Defense of the Ancients"), der mithilfe des Leveleditors von „Warcraft 3" (Activision Blizzard 2002) erstellt wurde, später zur Vorlage eigenständiger Spiele und zum Genre.

3.2 Alterseinstufungen und rechtliche Bestimmungen

Wer welche Computerspiele spielen darf: Das Jugendschutzgesetz (JuSchG) und der Jugendmedienschutz-Staatsvertrag (JMStV) regeln den Jugendschutz in Deutschland (Lorber 2020). Der Staat behält es sich vor, Kinder und Jugendliche vor potenziell gefährdenden Medieneinflüssen zu schützen. Das JuSchG wird durch die Institution *Unterhaltungssoftware Selbstkontrolle (USK)* in Form von Alterseinstufungen umgesetzt (Abb. 2). Diese Kennzeichen müssen auf der Computerspielverpackung angegeben werden.

Das USK-Gremium wird besetzt durch einen*eine Vertreter*in der Landesjugendbehörde und durch weitere unabhängige Wissenschaftler*innen und Pädagog*innen. Die Entscheidungen sind rechtlich bindend. Erfüllt ein geprüftes Spiel einen Straftatbestand, wird es für ein Indizierungsverfahren an die Bundesprüfstelle jugendgefährdender Medien (BPjM) weitergeleitet. Dies kann zur Indizierung oder Beschlagnahmung führen. Der JMStV regelt den Umgang mit online verfügbaren Spielen. Allerdings müssen die Anbieter von online Inhalten selbstständig sicherstellen, dass diese nur von altersadäquaten Personen konsumiert werden können, etwa über technische Zugangsbeschränkungen wie Pin-Code-Eingaben.

Etikett seit 2009	Text auf dem Etikett seit Juni 2009	Aktuelle Kennzeichnung (§ 14 Abs. 2 JuSchG)
	USK ab 0 freigegeben	Freigegeben ohne Altersbeschränkung
	USK ab 6 freigegeben	Freigegeben ab sechs Jahren
	USK ab 12 freigegeben	Freigegeben ab zwölf Jahren
	USK ab 16 freigegeben	Freigegeben ab sechzehn Jahren
	USK ab 18	Keine Jugendfreigabe

Abb. 2: USK-Kennzeichnung (wikipedia 2020)

Innerhalb der Europäischen Union werden auch die Empfehlungen der *Pan-European Game Information (PEGI)* verwendet (Abb. 3). Diese müssen allerdings nicht verpflichtend auf den Spielen angebracht werden. Die Websites beider Institutionen bieten weitere Materialien zu ihrem Einstufungssystem an.

Immer wieder wird die Alterseinstufung kritisiert; offensichtlich ist, dass die PEGI- und die USK-Bewertung voneinander abweichen. Tatsächlich sind die Entscheidungen für eine bestimmte Einstufung vielfach nur schwer objektivierbar (Pilarczyk 2007, 55–63).

Abb. 3: PEGI-Alterskennzeichnung (PEGI 2020)

Ein ähnliches System verwendet auch das US-amerikanische Entertainment Software Rating Board (ESRB). Es gliedert digitale Spiele in Altersstufen und fügt zusätzlich inhalts- und interaktivitätsbezogene Informationen hinzu (Alcohol Reference, Blood, Cartoon Violence, Crude Humor, Fantasy Violence, Animated Blood, Blood and Gore, Comic Mischief, Drug Reference, Intense Violence, siehe Abb. 4, 5) Bei der Einstufung handelt es sich allerdings um eine reine Selbstkontrolle der Industrie ohne jegliche Verbindlichkeit.

Abb. 4: Alterseinstufungen nach dem ESRB (ESRB 2020a)

In Deutschland gibt es darüber hinaus die Bundesprüfstelle für jugendgefährdende Medien, die sogar eine völlige Sperrung, eine sogenannte Indizierung, des Spiels veranlassen kann. Ein häufiger Grund für eine solche Indizierung ist allerdings mit 2018 weggefallen, als die USK erklärte, dass bei der Prüfung von Computerspielen die sogenannte *Sozialadäquanzklausel* einbezogen werden könne. Damit dürfen nun digitale Spiele verfassungswidrige Symbole verwenden, wenn diese in einem adäquaten Rahmen und Kontext dargestellt werden. Das digitale Spiel ist damit dem Film als Medium rechtlich gleichge-

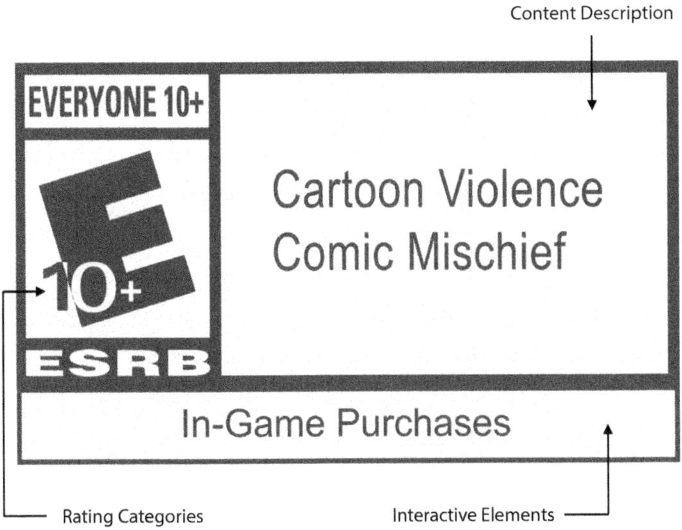

Abb. 5: kombiniertes Angabefeld nach dem ESRB (ESRB 2020b)

stellt und Spiele mit Hakenkreuzen werden nicht mehr automatisch verboten. In diesem Zusammenhang ist auch die für 2020 geplante Änderung des Jugendschutzgesetzes in Deutschland zu erwähnen. Diese sieht eine Verschärfung bei der Alterseinstufung vor. So sollen die mit der Spielumgebung verbundenen Zusammenhänge, etwa Live-Chats oder Mikrotransaktionen, stärker bei der Einstufung berücksichtigt werden. Diese Gefahren werden plattformabhängig bewertet werden, was im Extremfall zu abweichenden Einstufungen des gleichen Spiels führen könnte.

Auch die geplante deutlichere Kennzeichnungspflicht und die rechtliche Verankerung der Bewertungen der *International Age Rating Coalition (IARC),* die von der USK mitentwickelt wurden, bieten Raum für formale Schwierigkeiten und rechtliche Unsicherheiten. Es bleibt abzuwarten, wie die Reform des Jugendschutzgesetzes letztlich aussehen und welche Auswirkungen sie auf den Vertrieb und den Inhalt digitaler Spiele haben wird. Genaue und aktuelle Informationen zu rechtlichen Aspekten digitaler Spiele finden sich etwa auf der Website von „Spielerecht" (www.spielerecht.de).

Ganz generell wird an den hier genannten Alterseinstufungen und Kennzeichnungen kritisiert, dass es sich dabei um eine reine Bewahrpädagogik handle. Die ‚jugendgefährdenden' Inhalte sollen lediglich von Kindern und Jugendlichen ferngehalten werden. Sinnvoller, aber aufwendiger sei eine intensivierte Medienbildung, die jungen Menschen beibringe, Inhalte und Reklame zu erkennen, einzuordnen und zu bewerten, um sich eine eigene Meinung bilden zu können. Genau dies stellt auch eine wichtige Motivation dafür dar, digitale Spiele im Schulunterricht umzusetzen.

3.3 Einteilung digitaler Spiele

Eine Systematisierung von digitalen Spielen nach unterschiedlichen Gesichtspunkten (Steuerung, Perspektive, Technik etc.) ist möglich. Wie bei Musik und Film sind Genres die konventionellste Form der Einteilung. Sie stellen eine Ordnung dar, deren Muster von unterschiedlichen Spielen zwar jeweils individuell, aber in einem bestimmten Rahmen eingehalten werden. Allerdings weisen schon die Genre-Bezeichnungen auf die Problematik hin, die mit dieser Form der Konvention verbunden sind: Manche Genres werden über die Perspektive (Ego-Shooter), andere über die Aufgabenstruktur (Adventures), andere wieder über die Zeitstruktur in Kombination mit weiteren Elementen (Echtzeitstrategiespiel) oder über die Technik (Browsergame) bestimmt. Trotz der begrifflichen Unschärfe besitzt die Genre-Konvention eine Orientierungsfunktion: Sie sorgt bei dem*der Käufer*in, aber auch bei Produzenten und Entwicklern für eine spezifische Normierung, Stabilität und Erwartungshaltung. Die folgende Tabelle (Tab. 1) bietet eine Übersicht über aktuelle Genres und deren Merkmale. Sie orientiert sich an der Systematisierung von Pohlmann (2007) und gliedert rein nach der Aufgabenstruktur. Besonderheiten der Perspektive versteht Pohlmann als Subgenre (etwa den First-Person Shooter als Subgenre der Shooter). Zur Veranschaulichung wird je ein Beispiel genannt, das allerdings keinen Anspruch darauf erhebt, archetypisch für das jeweilige Genre zu stehen.

Besonders das Simulations-Genre ist im historischen Kontext wichtig: *Simulationen* werden dadurch definiert, dass sie bestimmte Teilbereiche der Realität möglichst umfassend und glaubwürdig nachbauen. So können etwa bei Aufbauspielen die wirtschaftlichen Prozesse oder bei Strategiespielen die militärischen Aspekte besonders detailreich dargestellt werden. Eine weitere Klassifikationsmöglichkeit ist die Unterscheidung zwischen *Commercial Off-the-Shelf Games,* also Spiele, die rein für Unterhaltungszwecke gemacht werden, und Spielen, die gezielt für Lernanwendungen gestaltet werden, sogenannte

Genre	Merkmale, Aufgaben	Beispiel	exemplarische Subgenres/Hybride
Action-Adventure	Abenteuergeschichte, Rätselaufgaben, Zeitdruck, Geschicklichkeit, Kämpfe gegen Computergegner*innen, oft aus Third-Person Perspektive	Tomb Raider, Batman: Arkham Asylum	Open-World-Action-Adventure (etwa Grand Theft Auto), Horror-Action-Adventure
Adventure	Abenteuergeschichte, Rätsel und Logikpuzzles, kein Zeitdruck, Objekte kombinieren, viele Dialoge	Monkey Island-Reihe, Deponia	Point-And-Click-Adventure, Text-Adventure
Arcade	orientiert sich an Arcade-Automaten, Geschicklichkeit, Reaktionsgeschwindigkeit, hohe Schwierigkeit (Spieler*innen müssen für jeden Spieldurchgang bezahlen), simple Grafik	Mortal Kombat, Space Invaders	thematische Vielfalt (Rennspiel, Kampfspiel, Jump&Run etc.)
Denkspiele	Rätsel lösen, Geschicklichkeit, Handlung nebensächlich	Factorio, World of Goo, 7 Billion Humans, Minesweeper	mathematische, geometrische etc. Lernspiele, Minigames
Gesellschaftsspiele	Brett- und Kartenspiele als digitale Spiele adaptiert, digitale Spiele im Stil von Brett- und Kartenspielen	Solitär, Poker, Super Mario Party, Hearthstone, Scythe	browserbasierte Online-Kartenspiele (Glücksspiel), Minigames (in-game)
Jump& Run-Spiele	Spielfigur wird vorbei an Hindernissen und Gegner*innen gesteuert (Laufen und Springen), Geschicklichkeit und Reaktionsgeschwindigkeit	Super Mario, Donkey Kong, Celeste	Side-Scroller, 2D-Jump&Run, 3D-Jump&Run, Bullet Hell Games
Management	Steuerung eines Staates oder Unternehmens meist in betriebswirtschaftlichem Zusammenhang, Spielmechaniken (etwa Produktionsketten) müssen erfolgreich optimiert werden, zielt auf Realismus in Darstellung und Mechanik ab	Simcity, Cities: Skylines, Football Manager	Städtebausimulationen, Wirtschaftssimulationen, Aufbaustrategiespiele
Rollenspiele (RPG)	Held*in mit ausbaubaren/erlernbaren Fähigkeiten erlebt ein episches Abenteuer, Erfahrungspunkte-System, individualisierbare Ausrüstung, Unterteilung der Handlung in „Quests" (Aufgaben)	Dragon Age, Diablo, World of Warcraft, Mass Effect, Stardew Valley	Action-RPG, Country-life RPG, Massively Multiplayer Online Roleplaying Game (MMORPG)

Genre	Merkmale, Aufgaben	Beispiel	exemplarische Subgenres/Hybride
Shooter	Fokus auf Kampf mit Schusswaffen, Ausschalten von Gegner*innen ist die Voraussetzung für den Spielfortschritt, filmische Präsentation	Call of Duty-Reihe, Counterstrike, Doom, Kane and Lynch, Aqua Nox	First-Person Shooter (FPS), Third-Person Shooter, Taktikshooter, Railshooter
Simulationen	möglichst detaillierte Repräsentation (eines Aspektes) der Realität, simulieren komplexe Tätigkeiten (etwa ein Flugzeug fliegen) oder Abläufe (Staaten, Firmen, Gesellschaften) steuern	Die Sims, Microsoft Flight Simulator, Kerbal Space Program	Flug- und Fahrsimulationen, Rennspiele, Städtebausimulationen, Wirtschaftssimulationen, Weltraumsimulationen, Lebenssimulation
Sportspiele	Sportarten können gespielt werden, realitätsnahe Darstellung, Echtzeitsteuerung einzelner Athlet*innen	FIFA, Tony Hawks Pro Skater, Mario Tennis Aces, Madden NFL	Sportspiele, die nicht in der Realität angesiedelt sind (etwa Blood Bowl als Fantasy-Sportspiel)
Strategie	Kontrolle einer Fraktion (etwa eines Staates), Wettkampf mit anderen Fraktionen um die militärische oder wirtschaftliche Überlegenheit, Aufbau komplexer Versorgungs- und Produktionsketten	Age of Empires-Reihe, Total War-Reihe, Civilization-Reihe	Echtzeit-Strategiespiele (RTS), rundenbasierte Strategiespiele, Aufbaustrategiespiele
Edutainment	Vermittlung spezifischer Lerninhalte durch ein spielerisches Setting	The Typing of the Dead, Typewriter, Discovery Tour by Assassin's Creed	Schreiblernprogramme, Simulationen, interaktive Museumsprogramme

Tab. 1: Genres von digitalen Spielen

Serious Games. Letztere wiederum lassen sich in Subgenres unterteilen, wie etwa *Health Games* (Spiele, die eine therapeutische Wirkung haben sollen, etwa indem sie zu Bewegung motivieren), *Political Games* (Spiele, die politische Abläufe erklären sollen) oder *Corporate Games* (Spiel, die in Betrieben für Schulungen, Team-Building etc. eingesetzt werden). Zusätzlich lassen sich Spiele hinsichtlich ihrer spielerischen

Freiheit auf einer Achse verorten, auf der der eine Pol durch Spiele mit linearen Verläufen und der andere von sogenannten *Open-World-Games* besetzt wird, bei denen der*die Spielende oft nicht einmal ein bestimmtes Spielziel verfolgen muss. *MMORPGs* (Massively Multiplayer Online Roleplaying Games), wie etwa „World of Warcraft", bestehen aus offenen Welten, in der tausende Spieler*innen zugleich unterwegs sein können.

Den problematischen Begriff ‚*Killerspiele*' spricht Pohlmann an, verweist aber darauf, dass damit kein Genre an sich bezeichnet wird, sondern dass es sich hierbei um eine (abwertende) Kategorisierung von Spielen handelt, bei denen angeblich das Töten und der Spaß daran im Vordergrund stehen (Pohlmann 2007, 15–16). Auch der Vorwurf, dass solche Spiele die Gewaltbereitschaft der Spieler*innen erhöhen, ist fest mit diesem Begriff verbunden.

Typisch für die Entwicklung von Computerspielen ist die zunehmende *Genrehybridisierung*, die durch innovative Spielkonzepte laufend vorangetrieben wird: Das Spiel „The Shapeshifting Detective" (Wales Interactive 2018) etwa ist ein interaktiver Krimi, der zwischen Storytelling Game, Adventure und Film angesiedelt ist.

3.4 Spielkultur und Spiele als Kultur

Wo und wie über Spiele kommuniziert wird: Seit den 1980er-Jahren bildete sich eine Fachpresse für Computerspiele *(Computerspielmagazine)* heraus, die in den letzten Jahren, wie die ‚klassischen' Massenmedien insgesamt, in eine Krise geriet. Viele der Magazine existieren mittlerweile nicht mehr oder nur noch digital.

Spieleberichte, Rezensionen oder Lösungen werden heute über ingame Videos auf den diversen Plattformen angeboten. Sie werden mit *Screencapturing*- beziehungsweise Screen Recording-Software aufgenommen oder live übertragen. Twitch ist das momentan bekannteste *Live-Streaming-Portal*. User legen Kanäle an, können anderen Usern oder Kanälen folgen und treten mittels der Chat-Funktion miteinander in Kontakt. Eine weitere Streaming-Plattform für Gamer ist Microsofts Mixer. Gameplay-Videos gibt es auch auf YouTube. Dort finden sich Spielerezensionen, komplette Spieldurchgänge *(Walkthroughs)*, Spielmomente *(Highlight-Videos)*, Spielszenen *(Let's Plays)* oder besondere Spielnutzungen (etwa *Challenge-*, *Community-*, *Completionist-Let's Play's*) (Ackermann 2017). Geht es bei *Speedruns* darum, in möglichst kurzer Zeit das Spiel zu beenden, werden bei *Machinimas* Spiele-Engines verwendet, um Filme zu erstellen.

Reichweitenstarke Gamer auf YouTuber oder Twitch haben erheblichen Einfluss auf die Rezeption eines digitalen Spiels und können zu dessen Erfolg oder Misserfolg beitragen *(Influencer).* Es ist aber nicht nur unter wirtschaftlichen Aspekten interessant, auf sie zu achten. Ihre Kanäle können über neue Titel informieren oder das Zentrum einer Community darstellen. Ihre Videos können fundierte Einblicke in die Mechanik eines Spiels gewähren oder neue intellektuelle Anregungen bieten. Bekannte Kanäle auf YouTube sind etwa „outsidexbox/outsidextra", „The Spiffing Brit", „Game Maker's Toolkit" oder „wisecrack", bekannte Streamer auf Twitch sind „Ninja", „Shroud" oder „TimTheTatman". Zwischen den Plattformen ist mittlerweile ein regelrechter Kampf um Sponsoringverträge mit einflussreichen Influencern entbrannt, da diese als Publikumsmagnete Werbeeinnahmen bringen.

Über Computerspiele kommuniziert wird auch in *Teams, Clans* oder *Gilden,* in denen sich Spieler*innen organisieren, um gemeinsam bestimmte Ziele zu erreichen (siehe McGonigal 2012, 168–182). Diese Zusammenschlüsse treten häufig bei MMORPGs auf, finden sich aber auch bei kompetitiven Coop-Spielen wie „League of Legends" (Riot Games 2009) und weisen mitunter vereinsähnliche Strukturen auf. Ein Extrembeispiel dafür ist „Eve Online" (CCP Games 2003), bei dem verschiedene Fraktionen, denen sich Spieler*innen anschließen können, von demokratisch gewählten Spieler*innen geleitet werden. Ohne der entsprechenden Sozialkompetenz und minutiöses gemeinsames Planen und Agieren lassen sich im Spiel keine Erfolge erzielen. Darüber hinaus gibt es auch spezifische Genre-Subkulturen, wie Retro-Gamer, die sich auf ältere Titel spezialisieren, oder FPS-Gamer, die vornehmlich First-Person Shooter spielen.

Das digitale Spiel als Kulturgut: Die Gewaltdebatte verhinderte lange Zeit die Wahrnehmung des digitalen Spiels als ein mit Film, Malerei oder Musik gleichwertiges Kulturgut (game culture, auch video game culture oder gaming culture). Übersehen wurde dabei, dass unterschiedliche Formen von Gewalt auch in anderen Kunstformen ein zentrales Motiv und Thema darstellen. Wahrgenommen wurde auch nicht, dass an der Produktion von digitalen Spielen Künstler*innen aus unterschiedlichen Bereichen beteiligt sind, etwa bei der Gestaltung von Grafiken, der Erstellung von Drehbüchern oder der Komposition von Musik. Computerspiele sind Gesamtkunstwerke. Die „game", der Verband der deutschen Games-Branche, ist seit 2008 Mitglied des Deutschen Kulturrats. Sein Pendant in Österreich ist der „Verband für Unterhaltungssoftware".

Einen utilitaristischen Blick auf die Branche und auf das Potenzial des Mediums warf Angela Merkel bei ihrer Eröffnungsrede zur „gamescom" am 22. August 2017 in Köln. Sie hob vor allem die Vernetzung mit anderen Industrien und die Anwendung von Know-how in weiteren Bereichen, etwa der Medizin, hervor. Schon der Umstand, dass die Kanzlerin die Eröffnungsrede auf einer Computerspielmesse hielt, lässt auf eine sich im Wandel befindliche Wahrnehmung des Mediums schließen. Mit der Bewerbung des digitalen Spiels als Kulturgut gehen freilich auch handfeste wirtschaftliche Interessen einher: Seit Jahren kritisieren wirtschaftliche Interessensvertreter*innen, dass Deutschland zwar ein starker Markt für digitale Spiele sei, aber kaum als Produzent auftrete, was vor allem an der fehlenden Förderkultur liege.

Dass das Computerspiel auch ohne expliziter staatlicher Deklaration ein Kulturgut ist, zeigt sich an Institutionen und realen Aneigungsformen: So sammelt etwa die *Internationale Computerspielsammlung (ICBB),* die von mehreren europäischen Institutionen betrieben wird, das Erbe der digitalen Spielkultur. Bislang waren es vorwiegend private Initiativen, v.a. der *Internet-Community,* die Computerspiele in virtuellen Computerspiel-Archiven ‚ablegte' (etwa auf „MobyGames", „The International Arcade Museum", „Popular Memory Archive" oder „HistoriaGames") und in dieser Form bewahrte. Dies ist eine wichtige archivarische Tätigkeit, zumal digitale Spiele von der ‚digitalen Wüste', also dem durch technische Inkompatibilität verursachten Verlust (historischer) digitaler Dokumente und Objekte, besonders betroffen sind. Da die Geschichte digitaler Spiele mittlerweile beinahe 40 Jahre umfasst, sind sie selbst zum historischen Phänomen geworden. In *Computerspielmuseen,* wie im finnischen Tampere oder in Berlin, wird ihre Geschichte ausgestellt. Die Games Culture sammelt aber nicht nur Spiele, sie spielt auch: So ist etwa in den letzten Jahren das Spielen von *Retro-Games* zu einem neuen Trend geworden. Hierbei werden ältere Spiele, Spielkonzepte oder nur der Grafikstil *(8- beziehungsweise 16-Bit-Ästhetik)* adaptiert oder neu umgesetzt. Ältere Spiele können zudem über sogenannte *Emulatoren* auch auf modernen Rechnern gespielt werden. Hersteller aktualisieren mitunter ihre eigenen älteren Titel durch *Remake-* oder *Remaster-Versionen.*

Magazine wie „WASD. Bookazine für Gameskultur" oder „Gain. Das unabhängige Magazin für Spielkultur" beschäftigen sich in einem breiteren kulturellen Kontext mit digitalen Spielen als dies stärker konventionelle Computerspielmagazine tun. Podcasts wie „Spielsinn",

„GAIN Insight“, „Pixeldiskurs“ oder „Auf ein Bier“ informieren seit Jahren ihre Zuhörer*innen über aktuelle Entwicklungen. Das 2021 erschienene „Handbuch Gameskultur“ (Zimmermann/Falk 2020) macht die vielen kulturellen Bezüge des digitalen Spiels sichtbar. *Spielepreise* sind ebenfalls ein wichtiges Mittel der kulturellen Selbst- und Fremdwahrnehmung von Computerspielen; dazu zählen etwa der „Deutsche Entwicklerpreis“, der „Deutsche Computerspielpreis“ oder die „British Academy Games Awards“. Wichtig für die Branche sind auch der *Messebetrieb* und *Veranstaltungen:* Die größte Messe in Deutschland ist die „gamescom“ in Köln. Publikumsmessen wie die „GameCity“ im Wiener Rathaus verzeichnen jedes Jahr neue Besucher*innenrekorde. International wichtig sind u.a. die „E3“, der „Global Game Jam“, die „Game Developer Conference“ oder die „The Game Awards“, die so etwas wie die Oscar-Verleihung für Computerspiele darstellen. Tageszeitungen, etwa der „Der Standard“, oder der Radiosender „fm4“ betreiben mittlerweile eigene *Rubriken* für Computerspiele. Studiengänge, die mit *Game Design,* also der Entwicklung von digitalen Spielen, zu tun haben, finden sich an Universitäten und Hochschulen in zahlreichen Städten im deutschen Sprachraum (eine Übersicht bieten etwa Bartholdy u.a. 2018), von Hamburg über München bis nach Wien und Klagenfurt. Einige Beispiele dafür sind die „Game Academy Berlin“, das „Game Camp Berlin“, die Universität Klagenfurt („Master Game Studies and Engineering“) oder die Donau Universität Krems („Game-Based Media & Education“). Wissenschaftliche Tagungen, die oft am Rande der Spielemessen stattfinden können, wie die „FROG – Future and Reality of Gaming“, oder die „Gamecity Hamburg“, das „Button Festival“ oder Veranstaltungen im „Subotron“ in Wien stellen einen weiteren Aspekt der Vermischung von Spielkultur, -industrie und Wissenschaft dar.

Wichtig für ein Verständnis vom Computerspiel als Kulturgut ist die ‚*Produser*‘-Kultur: Viele Computerspiele sind für ihre Nutzer*innen („User“) der Ausgangspunkt, künstlerisch-kreativ im Rahmen des Spiels („Producer“) aktiv zu werden. Diese vertiefte Involvierung drückt sich etwa in Modding, Cosplay, Fanfiction oder Machinimas aus. *Modder* etwa produzieren kostenfreie Spielinhalte, die bestehende Spiele teilweise erheblich erweitern und verändern. Durch sie werden Spiele, die von den ursprünglichen Entwicklerfirmen schon seit Jahren nicht mehr aktualisiert werden, weitergeführt. So wurde etwa der Support für „Age of Empires II“ (Microsoft Game Studios 1999) von Microsoft bald nach der einzigen offiziellen Erweiterung eingestellt.

Es erfreute sich jedoch weiterhin großer Beliebtheit bei der Community und ein Teil dieser entwickelte erst Patches, um das Spiel auf neueren Gerät spielen zu können, dann eigenständige Erweiterungen und schließlich wurden die Modder von Microsoft beauftragt, nach über 15 Jahren wieder offizielle Erweiterungen zu veröffentlichen. Typisch für die Nutzung digitaler Spiele im Rahmen der Populärkultur sind Formen der Weiterverwendung, Adaption und Transformation: Unter *Cosplayer* werden Personen verstanden, die sich im Rahmen von Live-Rollenspielen oder Events kostümieren und etwa eine Person aus einem Computerspiel verkörpern. *Fan Fiction* bezeichnet u.a. Computerspielinhalte, die von Fans fortgesetzt, transformiert und in neue mediale Kontexte gesetzt werden. All diese Entwicklungen sind verbunden mit der Entstehung von *Expert*innenkulturen* im Bereich der digitalen Spiele. Dies umfasst die bereits erwähnten YouTuber und Streamer, aber auch (Profi-)Spieler*innen oder Forenmitglieder, Community-Patch- und Mod-Entwickler*innen. Vor allem unter Jugendlichen – „‚little scientists' or ‚little professionals'" (Gee 2013, 150) – entstehen ‚Produser'-Expert*innenkulturen, die im institutionellen Bildungskontext keine Berücksichtigung finden.

Für viele digitale Spiele gibt es eigene Foren beziehungsweise Threads auf Kommunikationsplattformen wie *reddit* (www.reddit.com), wo regelmäßig Themen, die mit digitalen Spielen zu tun haben, die meisten Aufrufe generieren. Auf diesen Foren und Threads werden Meinungen und Wissen über bestimmte Spiele, oder auch Spielmodi, technisches Wissen (etwa zur Behebung von Bugs) und Strategien geteilt. Neben durchaus hilfreichen Beiträgen und konstruktiven Diskussionen bilden sich so auch Subkulturen mit zum Teil divergierenden und/oder problematischen Meinungen. Ein Beispiel dafür ist die „PC-Master-Race"-Bewegung, die vehement den Standpunkt vertritt, nur PC-Spieler*innen wären ‚echte' Gamer und dazu den nationalsozialistisch eingefärbten Begriff der Herrenrasse (‚master race') benützt. In eine ähnliche Kerbe, wenn auch meist weniger radikal, schlägt die Unterscheidung zwischen ‚*Casual-Gamer*' und ‚*Hardcore-Gamer*'. Damit sind Spieler*innen gemeint, die ihre Spiele mehr oder weniger ernst nehmen, beziehungsweise leichtere oder schwierigere Spiele konsumieren. Die Schwierigkeit, die Begriffe zu definieren, zeigt ihre Fragwürdigkeit und die damit verbundene Wertung.

Ein weiterer problematischer Aspekte der Game Culture stellt der Sprachgebrauch im Zusammenhang mit digitalen Spielen dar: In Spielen, die über *(Voice-)Chat*-Funktionen verfügen, also die Möglichkeit bieten, mit Mit- oder Gegenspieler*innen in Echtzeit zu kommunizieren, kommt es immer wieder zu Hate Speech, Sexismus und Rechtsradikalismus. Als *Noob,* also als New Player, bezeichnet zu werden, ist dabei noch relativ harmlos. Bei all diesen kritischen Aspekten ist es aber wichtig nicht zu übersehen, dass die meisten Entwicklerfirmen gegen *Flamer* (Spieler*innen, die andere Spieler*innen wiederholt und meist unprovoziert beleidigen oder attackieren) vorgehen und diese mitunter auch von den Servern verbannen. Der wohl schwerwiegendste Kritikpunkt an der Spielkultur ist mit der *Frauenfeindlichkeit* der Branche verbunden: Computerspiele werden oftmals von Männern für Männer gemacht. Die Gamergate-Affäre, die als Kritik am Computerspieljournalismus begann und sich zum Frontalangriff von Männern auf Frauen in der Game-Branche auswuchs, steht dafür als die Spitze des Eisbergs. Extremes Beispiel dieser dunklen Seite der Spielkultur war etwa das 2019 erschienene Spiel „Rape Day", das die Vergewaltigung von Frauen zum Inhalt hatte und von der Bundesprüfstelle für jugendgefährdende Medien indiziert wurde. In vielen Spielen sind die Hauptcharaktere männlich, während Frauen als Begleiterinnen dienen oder als Belohnungen ‚erworben' werden. Sie werden vielfach sexualisiert und stereotyp dargestellt. Darüber hinaus wird generell an westlichen Computerspielen die mangelnde Diversität bei Figuren und Themen kritisiert (Banaszczuk 2019). Gewalt gegen Frauen ist ebenfalls wiederholt ein Thema in Spielen. Problematisch ist auch der Umgang mit Frauen in vielen Unternehmen der Computerspiel-Branche, wie diverse Skandale und Insiderberichte in den letzten Jahren offengelegt haben.

Ein letzter problematischer Aspekt der Spielkultur stellen *Rechtsradikalismus und -extremismus* dar. Dies betrifft etwa durch bestimmte Personenkreise generierte Inhalte (etwa Mods), Gesprächskulturen und -inhalte auf spielbezogenen Plattformen (etwa die Foren auf Steam) oder die Praktiken diverser Communitys innerhalb der Spiele selbst (etwa bestimmter Clans bei „Fortnite"). Digitale Siele sind interaktiv und ermöglichen damit alternative historische Verläufe; Modder lädt das immer wieder dazu ein, digitale historische Szenarien mit jeder Form von diskriminierenden Inhalten zu erstellen. Ein Beispiel dafür ist etwa der Mod „Fall of Islam" für das Spiel „Europa Universalis IV" (Salvati 2019).

Auch wenn es aufgrund der medialen Berichterstattung anders zu sein scheint: Insgesamt ist die digitale Spielcommunity nicht deutlich sexistischer, rechter oder neigt zu mehr verbaler Gewalt als Menschen in anderen Zusammenhängen. Nicht übersehen werden dürfen zudem die Initiativen, die dagegen auftreten: Mit „Kein Pixel den Faschisten!" besteht etwa seit 2020 ein Netzwerk von Forscher*innnen, Streamer*innen und Autor*innen, die aktiv gegen Sexismus und Radikalismus in der Spielszene vorgehen.

Als letzter kritischer Punkt sollen die schlechten Arbeitsbedingungen in der Spielebranche angesprochen werden. Filme wie „Die dunkle Seite der Videospielindustrie" (Hasan Minjah), „The Video Game Industry Can't Go On Like This" (Kotaku) oder „All Work and All Play" (Reallifemag) zeichnen ein Bild vom psychischen und physischen Druck, schlechter Bezahlung und Mobbing, mit dem die Angestellten konfrontiert sind.

Den wohl populärsten und lukrativsten Aspekt der digitalen Spielkultur stellt die *E-Sport*-Szene dar. Im Wesentlichen beschreibt der Begriff alle Arten öffentlichen und kompetitiven Spielens digitaler Spiele, wobei dem*der Gewinner*in meist ein Preisgeld zusteht. Die Öffentlichkeit besteht in Zuseher*innen, die über Streamingdienste (in manchen Ländern auch über Fernsehübertragungen) oder in Veranstaltungshallen vor Ort den Events beiwohnen. Es gibt eigene E-Sport-Bars, in denen sich Fans treffen und gemeinsam ihrem Lieblingssport beiwohnen. Einzelne Teams erfreuen sich einer riesigen Fangemeinde und die besten Spieler*innen verdienen Millionen. Erst im Sommer 2019 erklärte der „Deutsche Olympische Sportbund" (DOSB), dass es sich bei E-Sport nicht um Sport im eigentlichen Sinne handelt, weil der körperliche Aspekt fehlt (Deutscher Olympischer Sportbund 2018). Für die E-Sport-Bünde wie den „E-Sport-Bund Deutschland" (ESBD) und den „E-Sportverband Österreich" (ESVÖ) geht es dabei nicht nur um Prinzipien. Die offizielle Anerkennung als Sport bedeutet vor allem auch Fördergelder und die würden, bei der gegebenen Beliebtheit, entsprechend hoch ausfallen, was anderen Sportarten empfindliche Einkommensverluste bescheren könnte. Dennoch stellt E-Sport ein globales Phänomen mit stetig wachsenden Zuschauer*innenzahlen dar. Die internationale Interessensvertretung der E-Sport-Ligen ist die „International Esports Federation" (IESF).

Ihren Ursprung nahmen diese Entwicklungen in den *LAN-Partys* der 90er-Jahre, die durch die neuen Netzwerkoptionen und die ersten Spiele mit Unterstützung netzwerkbasierter Multiplayeroptionen ermöglicht wurden. Bis dahin konnte man nur durch *Hot-Seat-Multiplayer,* bei dem mehrere Spieler*innen ein rundenbasiertes Spiel auf demselben System spielten, und *Split-Screen-Multiplayer,* bei dem mehrere Spieler*innen jeweils ein Teil des Bildschirmes zugeordnet wurde, gegeneinander oder miteinander spielen. Die zunehmende Verbreitung bandbreitenstarker Internetverbindungen führte dazu, dass immer mehr Entwickler Server für *Online-Multiplayer-Spiele* zur Verfügung stellten. Die Konsequenz daraus waren einerseits digitale Spiele mit vorwiegend kompetitivem Charakter, also die heute gängigen E-Sport-Spiele, und andererseits reine Online-Spiele, die nur über Serverzugriff gespielt werden können. Das berühmteste Beispiel hierfür ist das MMORPG „World of Warcraft". In diesem wird auf die Fantasy-Welt der „Warcraft"-Reihe, ursprünglich ein Echtzeit-Strategiespiel, zurückgegriffen. Spieler*innen entscheiden sich für eine Fraktion, erstellen ihren eigenen Charakter und sind damit Teil einer virtuellen Gemeinschaft. Das Zugehörigkeitsgefühl zur jeweiligen Fraktion, zum Team oder zur Gilde ist oft hoch emotionalisiert und erinnert zum Teil an ein sportliches Zugehörigkeitsgefühl. Mit Millionen Spieler*innen, die dem Spiel zum Teil über Jahre treu blieben und bleiben, entstand rund um dieses Spiel eine Subkultur mit Cosplay, Fan-Fiction und Veranstaltungen.

Gleichzeitig intensivierte sich in den letzten Jahrzehnten der *künstlerische Anspruch* digitaler Spiele und ihrer Produzenten. Computerspiele sind ‚erwachsener' geworden. Dieser Trend betrifft nicht nur Serious Games, digitale Spiele allgemein befinden sich in einer Phase, in der die Konventionen des Mediums und deren Grenzen ausgetestet und teilweise bewusst überschritten werden. Dazu gehören Spiele, die vielfach wie Art-House-Filme der konventionellen Nutzung entgegenstehen („The Stanley Parabel" (Galactic Cafe 2013)) oder das Genre des Walking Simulators, das die Interaktivität beinahe vollständig der Narration opfert. In „Donkey Kong" (Nintendo 1981) reichte Mario (eigentlich noch Jumpman) ein fasswerfender Gorilla und eine generische Prinzessin als Motivation für sein 2D-Jump&Run Abenteuer. Hingegen muss sich Madeline in „Celeste" (Matt Thorson/Noel Berry 2018), ebenfalls ein 2D-Jump&Run Spiel, mit ihren Selbstzweifeln und depressiven Schüben auseinandersetzen und kann schließlich nur durch die Akzeptanz ihrer Fehler ans Ziel kommen.

Die Popularität des Kulturguts Spiel steht auch mit der generellen Gamifizierung der Gesellschaft im Zusammenhang (Jöckel 2018, 45–77): *Gamification* bezeichnet den Einsatz von Spielelementen und -prozessen in spielfremden Kontexten. In der einfachsten Form von Rabatt- und Treuepunktesystemen geht es etwa darum, beim Einkaufen Punkte zu sammeln, die wiederum als Belohnungen eingetauscht werden können. Besonders gängig sind auch die für Smartphones und Smartwatches entwickelten Fitness-Tracker, mit denen Nutzer*innen durch spielhafte Elemente wie Herausforderungen und Level-Aufstiege zu mehr Bewegung oder einem gesünderen Lebensstil angehalten werden sollen. Weitere Elemente einer solchen Gamifizierung können Bestenlisten, Fortschrittsbalken, Belohnungs- und Rückmeldesysteme sein (Wimmer 2013, 155–171). Je nach Anwendung gibt es ‚Genres' wie Enterprise Gamification oder Customer Gamification. Ziele einer Gamifizierung können die Herstellung intrinsischer Motivation, die Intensivierung von Interaktionsprozessen oder die Effizienzsteigerung von Lernprozessen sein. Sie kommen bei betrieblichen Change-Prozessen, Simulationsprozessen oder in der Hochschuldidaktik mittlerweile zum Einsatz (Egenfeldt u.a. 2016). Durch Spiele lassen sich Verhaltensänderungen, etwa im Rahmen von Nudging-Maßnahmen, unauffällig initiieren.

Was die *Zukunft des Gamings* betrifft, zeichnen sich bestimmte Trends bereits ab: Sollten die Internetdienste ausreichend schnell sein, so könnten digitale Spiele zukünftig über Plattformen gespielt werden, ohne dass sie lokal installieren zu müssen. Googles „Stadia" etwa bietet bereits Cloud-Gaming an. Keine Zukunftsmusik mehr sind *Virtual Reality-Brillen,* die mittlerweile als konventionelle Systeme kaufbar sind. Dabei hält sich der*die Spielende in einer über die Brille simulierten dreidimensionalen Räumlichkeit auf und agiert mittels realer Steuerelemente. Reine Zukunft ist hingegen *Augmented Reality:* Hierbei wird über die Realität ein digitaler Layer gelegt. Anders als Virtual Reality ist der*die Benützer*in also nicht in der virtuellen Welt abgeschlossen, sondern interagiert in der Realität mit den digitalen Inhalten.

4. Game Studies und Spielanalyse

4.1 Digitale Spiele in der Wissenschaft

Die akademische Beschäftigung mit digitalen Spielen ist nach wie vor alles andere als selbstverständlich. Einzelne Organisationen wie die 1970 gegründete „International Simulation and Gaming Association" (ISAGA) bearbeiteten schon früh auf akademischer Ebene digitale Spiele (Mäyrä 2012, 5–11). Neitzel/Nohr (2010, 435) bezeichnen die Phase von den 1990er- bis in die frühen 2000er-Jahre als „Gegenstandsexploration", in der die Game Studies zunächst ihr eigenes Forschungsfeld bestimmten. Seit 2005, so der*die Autor*in, findet die Phase der Institutionalisierung als akademische Forschungsrichtung statt: einschlägige Ausbildungen entstehen, Lehrstühle werden eingerichtet und die Game Studies etablieren sich als Forschungsrichtung. Zentrum dieser Entwicklung waren über viele Jahre die skandinavischen Länder und die USA. An der Vielfalt und Zahl der Publikationen, die seit den 2000er-Jahren entstanden sind, lässt sich die Dynamik des Feldes ablesen. Das liegt nicht zuletzt an der dynamischen Entwicklung des digitalen Spiels selbst: Genrehybridisierungen, mediale Crossover-Produktionen, technische Entwicklungen wie die VR-Brille oder neue interaktive On- und Offline-Formate (z.B. Pókemon Go) führen zu einer permanenten Innovation der Spiele und ihrer wissenschaftlichen Beforschung. Zunächst waren es die Pädagogik, die Erziehungswissenschaften und die Jugendpsychologie und schließlich die einzelnen Fachdidaktiken, die sich intensiv mit Computerspielen auseinandersetzten. Nach und nach entdeckten weitere Disziplinen den Gegenstand für sich. Exemplarisch sei Husts Sammelband (2018) „Digitale Spiele. Interdisziplinäre Perspektiven zu Diskursfeldern, Inszenierung und Musik" oder der Einführungsband zu den Game Studies des Autorenkollektivs GamesCoop (2012) genannt, die die ganze Bandbreite wissenschaftlicher Zugänge eröffnen. Der von Neitzel/Bopp/Nohr (2010) herausgegebene Sammelband vereint vielfältige Zugänge am Beispiel von „Silent Hill" (Konami u.a. 1999). Darin werden die narrativen Strukturen des Spiels ebenso analysiert wie Konzepte der Raumordnung, psychologische Aspekte oder historische Bezüge. Neben soziologischen, anthropologischen, medientheoretischen und psychologischen Zugängen sind kulturwissenschaftliche Perspektiven häufig in den Game Studies anzutreffen. Ihre Transdisziplinarität kommt dem Forschungsgegenstand entgegen, sowohl kulturwissenschaftliche Perspektiven (Gender, Postkolonialismus, Identität etc.) als auch analytische Konzepte und Methoden (Erzähltheorie, Filmanalyse, Szenenanalyse etc.) werden auf digitale Spiele übertragen. Die wissenschaftliche Bearbeitung von Computerspielen kann dementsprechend herausfordernd sein: Wie lassen sich etwa Spielverläufe so dokumentieren, dass sie gespeichert, bearbeitet oder zitiert werden können? Reicht es, den Spielverlauf zu dokumentieren oder sollte auch das Verhalten von dem*der Spieler*in aufgezeichnet werden? Werden lineare Fließtexte der Komplexität nonlinearer Spielverläufe gerecht oder bräuchte es andere Formen der wissenschaftlichen Bearbeitung? Einigkeit besteht nicht einmal über die Zitationsform von Videospielen. Remake- und Remasterversionen, unterschiedliche Eingabegeräte, Patches und DLCs führen dazu, dass ein Spiel in stark voneinander abweichenden Varianten vorhanden sein kann (Arndt u.a. 2020, 345–362).

Neben der Multidisziplinarität der Zugänge ist die Transdisziplinarität ein weiteres Charakteristikum der Game Studies, das bereits durch die kulturwissenschaftliche Perspektive vorgezeichnet ist: Forschungsobjekte wie Avatare, Steuerungsmechanismen oder Game-Communitys weisen technische und soziale Aspekte auf. Dieser Doppelcharakter ist im digitalen Spiel selbst angelegt, das sowohl nach automatisierten Regeln, aber auch durch performatives Handeln funktioniert. Je nach Fokus kann Wissenschaft das Spiel, den*die Spieler*in oder eben die Interaktion zwischen Spiel und Spieler*in in den Blick nehmen.

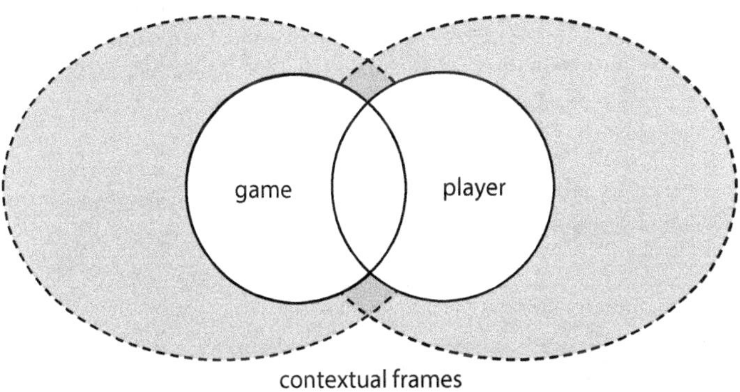

Abb. 6: Game, Player, Gameplay und Kontext (Mäyrä 2012, 2)

Grob lässt sich das Forschungsfeld der Game Studies in drei Bereiche einteilen, die im Englischen als Game, also der Regelkomponente, Player, dem*der Spieler*in, und, im Bereich ihrer Überschneidung, als

Gameplay bezeichnen werden. Der Game-Bereich beschäftigt sich etwa mit der Konzeption, mit dem Design und der Produktion von Spielen. Die Player-Seite behandelt den Konsum und die Rezeption von Spielen. Viele Untersuchungen finden an der Schnittstelle von Regelkomponente und Spieler*innenaneignung statt, denn die ästhetische Realisierung, die Art der Steuerung im Spiel, die Inszenierung durch Musik, Scripts und Filmelemente und letztlich die performative Umsetzung der Regeln im Akt des Spielvollzugs machen das Computerspiel insgesamt aus. Daneben existiert noch der weitere Kontext, dessen Aspekte etwa der Game Culture zuzurechnen sind: Dies berührt Themen wie E-Sports, Game-Branche, Cosplay, Subkulturen, Spiele-Communitys, Spieleforen, Modding, Interferenzen zwischen digitalen Spielen und anderen Künsten oder den Bereich der Medienkunst.

Ein Zugang, wie ihn etwa Shaw vertritt, zielt dabei auf eine möglichst holistische und breite Einbindung der unterschiedlichen Aspekte des digitalen Spiels ab und geht über die metaphorische Lektüre (digitale Spiele als Metapher von Kultur) hinaus: „Placing video games within larger cultural discourses is important, as video games themselves are the product of larger cultural contexts." (Shaw 2010, 410) Shaw sieht digitale Spiele etwa am Schnittpunkt von Technologie, kultureller Veränderung, Interface, sozialer Interaktivität und Spieldesign. Expandiert die Bedeutsamkeit von digitalen Spielen derart, so dreht sich das Verhältnis von Spiel und Kultur um: „That is, we should look at video games in culture rather than games as culture." (Shaw 2010, 416)

Die folgenden beiden Tabellen bieten einen exemplarischen Überblick über wissenschaftliche Publikationsorgane und Institutionen, die sich mit dem digitalen Spiel beschäftigen:

Digra. Transactions of the Digital Games Research Association	http://todigra.org/index.php/todigra
Games and Culture Journal	http://journals.sagepub.com/home/gac
IEEE Transactions on Games	http://transactions.games
International Journal of Computer Games Technology	www.hindawi.com/journals/ijcgt
International Journal of Game-Based Learning	www.igi-global.com/journal/international-journal-game-based-learning/41019
International Journal of Gaming and Computer-Mediated Simulations	www.igi-global.com/journal/international-journal-gaming-computer-mediated/1125

International Journal of Serious Games	http://journal.seriousgamessociety.org/index.php/IJSG
Paidia. Zeitschrift für Computerspielforschung	www.paidia.de
The Computer Games Journal	www.springer.com/journal/40869
The International Journal of Computer Game Research	www.gamestudies.org
Eine Liste mit weiteren namhaften internationalen Publikationen findet sich unter dem folgenden Link:	www.rkowert.com/resources/games-research-journals

Tab. 2: wissenschaftliche Publikationsorgane, die sich mit digitalen Spielen beschäftigen (Auswahl)

AG-GamesArbeitsgemeinschaft Games der Gesellschaft für Medienwissenschaft (GfM)	www.ag-games.de
Computerspielmuseum in Berlin	www.computerspielemuseum.de
Digarec. Zentrum für Computerspielforschung	www.digarec.de
Digital Games Research	www.digra.org
European Communication Research and Education Association, Section Digital Games Research	http://ecrea.eu/Digital-Games-Research
Finnish Museum of Games	http://visittampere.fi/en/articles/finnish-museum-of-games
Gesellschaft für Medienwissenschaft, AG Games	http://gfmedienwissenschaft.de/gesellschaft/ags/games
Internationale Computerspielsammlung	http://internationale-computerspielesammlung.de/de
Media Art Database	http://mediaarts-db.bunka.go.jp
Medienmuseum Karlsruher ZKM	http://zkm.de/de/medienmuseum
New York „Museum of Moving Image"	www.movingimage.us
Stiftung digitale Spielekultur	www.stiftung-digitale-spielekultur.de
Universitäre GameLabs	Berlin: www.gamelab.berlin/de/home Hamburg: www.geschichte.uni-hamburg.de/arbeitsbereiche/public-history/forschung/gamelab.html Wien: http://gamelab.univie.ac.at

Tab. 3: wissenschaftliche Institutionen, die sich mit digitalen Spielen beschäftigen (Auswahl)

4.2 Ein Modell der allgemeinen Spielanalyse

Das umfassendste Analysemodell für digitale Spiele bietet Fernández-Vara. In ihrem Buch „Introduction to Game Analysis" (Fernández-Vara 2019) unterteilt sie die Analyse von digitalen Spielen in die drei Bereiche „Context" (Kontext), „Game Overview" (Spielüberblick) und „Formal Aspects" (formale Aspekte). Sie betont, dass die Gewichtung dieser Teile zwar von Forschungsfeld und -frage abhängt, das Modell aber grundsätzlich fächerübergreifend angewendet werden kann.

Die Eingrenzung durch die Forschungsfrage, das genaue Bestimmen dessen, was die Analyse untersuchen soll (und was nicht), stellt einen wichtigen ersten Schritt dar (Fernández-Vara 2019, 19). Im Unterrichtskontext wird sich eine komplette Analyse weder durchführen lassen noch ist dies didaktisch sinnvoll. Kleine Analysephasen unter Berücksichtigung ausgewählter Fragestellungen haben vor allem den Zweck, die Medienreflexion der Schüler*innen zu vertiefen und ein Arbeitswissen zu einem bestimmten digitalen Spiel verfügbar zu machen. Was hier getrennt dargestellt wird, lässt sich bei der Analyse freilich nur sinnvoll integrativ umsetzen: Etwa, wenn über die Analyse der Spielmechanik auf das intendierte Publikum geschlossen wird.

Bereiche der Analyse		Beispiele
Kontext	technische und medienbedingte Aspekte	• *Erscheinungsjahr und -ort* • *Genre (Simulations- oder Narrationsanspruch)* • *Plattform* • *Distributionsweg* • *Verbindung zu anderen Medien (z. B. Filmumsetzung)*
	gesellschaftliche und wirtschaftliche Aspekte	• *Publisher und Producer* • *(vermutetes) Zielpublikum* • *Produktionsabsicht (profitorientiert/kulturell)* • *Werbeanalyse* • *Was sagen historische Elemente im Spiel über die Zeit und Gesellschaft, in der das Spiel produziert wurde, aus?* • *Wurde das Spiel für verschiedene Lokalisationen verändert? Existiert das Spiel in verschiedenen Varianten?*
	Kontext im Spiel (nur bei Teilanalyse)	• *Welches Level/Kapitel/Element wird analysiert?* • *Warum wird dieses analysiert?* • *Wo im Spiel findet sich das untersuchte Element?* • *Was passiert darin?* • *Unterscheidet sich das untersuchte Element vom Rest des Spiels?* • *In welcher Verbindung steht es mit dem Rest des Spiels?*

Bereiche der Analyse		Beispiele
Spielüberblick	spielseitige Elemente	• *Regeln (soweit für den*die Spieler*in erkennbar)* • *Ziele* • *Spielmechanik* • *fiktionale Spielwelt* • *Story* ↑
		• Gamespace: Beziehungen zwischen Regeln, Spielwelt, Präsentation und Interaktionsform des Spiels
	spieler*innenseitige Elemente	↓ • *Gameplay-Erfahrung* • *Spieler*innenanzahl* • *Communitys* • *PvE/PvP/Coop*
Formal	Mechaniken und technische Eigenschaften	• *Regeln (die der Spielwelt zugrunde liegen und somit bei ‚normaler' Nutzung nur als Teil der Simulation wahrgenommen werden)* • *Umgang mit Speicherständen* • *Steuerung und Steuerungselemente* • *audiovisuelle und haptische Repräsentation* • *Mediation* • *Level Design*
	performanzbezogene Eigenschaften	• *Entscheidungsfreiheit* • *regelorientiertes/zielorientiertes Spiel* • *Spieler*innenidentität* • *Abstraktion* • *Schwierigkeitsgrad/Game-Balance* • *diagetische/extradiagetische Elemente*

Tab. 4: Videospielanalyse nach Fernández-Vara (2019)

Kontext (Fernández-Vara 2019, 95–130): Dieser Bereich bietet Platz für alles, was den Produzenten und die Rezipient*innen sowie die Umstände der Entstehung und des Vertriebs und des Konsums des Spiels betrifft. Es geht darum, so viele Kontextdaten des Spiels in Erfahrung zu bringen, ohne den Inhalt des Spiels selbst zu behandeln. Der Bereich „Kontext“ gliedert sich in weitere Teilbereiche, die technische und medienbedingte Aspekte abdecken. Ein gesonderter Bereich ist der „Kontext im Spiel“, bei dem es darum geht, eine Spielsequenz im Rahmen des gesamten Spiels zu verorten. So wird erklärt, in welchem Zusammenhang der gewählte Teil vorkommt, welche Rolle er in der Gesamtheit des Spiels einnimmt und warum gerade seine Analyse interessant ist. Besonders bei zeitintensiven Spielen ist es sinnvoll, nur einen Teil zu analysieren oder zumindest die Analyse des gesamten Spiels durch Teiluntersuchungen zu strukturieren. Beispielsweise könnte man sich bei „Red Dead Redemption 2“ (Rockstar Games 2018) auf die Analyse der Kleidung oder der Geschlechterrollen beschränken. An der Kategorie „Kontext im Spiel“ lässt sich kritisieren, dass die Einordnung der jeweiligen Sequenz rein spielimmanent vorgenommen wird und keine spielexternen Zusammenhänge berücksichtigt. Daher wäre dieser Analyseaspekt wohl besser im Spielüberblick zu verorten, doch Fernández-Vara geht es wahrscheinlich darum, den zu analysierenden Teil eines digitalen Spiels genau zu definieren, bevor das digitale Spiel weiter behandelt wird.

Spielüberblick (Fernández-Vara 2019, 60–94): Der Spielüberblick soll erklären, worum es in einem digitalen Spiel geht, insbesondere dann, wenn es dem*der Leser*in unbekannt ist. Eine solche Beschreibung wird zwangsläufig interpretative Qualitäten aufweisen, zeigt also auch, wie das Spiel vom*von der Verfasser*in der Analyse verstanden wird. Bei diesem Bereich gilt es also besonders darauf zu achten, sich persönliche Gefühle und Meinungen dem Spiel gegenüber bewusst zu machen, und darauf zu achten, dass diese möglichst geringen Einfluss auf die Analyse nehmen. Die historische Analyse digitaler Spiele etwa soll nicht den Spielspaß oder die technische und spielmechanische Umsetzung bewerten, sondern sich mit den historischen Inhalten auseinandersetzen. Der Spieleüberblick soll ein digitales Spiel folglich nicht empfehlen oder davon abraten, sondern dem*der Leser*in ermöglichen, das behandelte Spiel zu identifizieren, es von anderen zu unterscheiden, und darlegen, warum sich damit eine Auseinandersetzung in historischer Hinsicht lohnt.

Die Elemente des Spielüberblicks lassen sich in spieler*innenseitige und spielseitige unterteilen. Spieler*innenseitige Elemente sind die Gameplay-Erfahrung, Spieler*innenanzahl und Spieler*innen-Communitys. Mit diesen Aspekten wird etwa beschrieben, wie viele Spieler*innen in kooperativen oder kompetitiven Spielsequenzen involviert sind, welchen Organisationsprinzipien die Community unterliegt und wie sich das Spielerlebnis qualitativ beschreiben lässt. Die Analyse spielseitiger Elemente untersucht die Interaktionsregeln und -formen in der Spielwelt und zwischen Spieler*innencharakteren und Nichtspieler*innencharakteren. Weiters gehören zu dieser Kategorie die Regeln und Ziele des Spiels, die Spielmechanik, die fiktionale Spielwelt und die Story. Zwischen spieler*innenseitigen und spielseitigen Elementen platziert Fernández-Vara den Begriff „Gamespace“. Die Bezeichnung kann mit dem Wort „Spielraum“ nur unzureichend übersetzt werden. Gemeint sind damit die Beziehungen zwischen Regeln,

Spielwelt, Präsentation und der Spieler*inneninteraktion im Rahmen des Spiels.

Formale Aspekte (Fernández-Vara 2019, 131–200): Dieser Bereich beschreibt die formalen Elemente eines digitalen Spiels (Grafik, Sounddesign, Hintergrundmusik etc.) und welche Wirkung diese auf das Spielerlebnis und die Präsentation der Inhalte entfalten. Die formalen Elemente der Analyse digitaler Spiele umfassen zum einen Aspekte, die das Spiel, seine Mechaniken und die technischen Umstände beschreiben. Dazu gehören die Regeln der Spielwelt (denen das System folgen muss und die folglich den Interaktionsspielraum bestimmen), der Umgang mit Speicherständen, Steuerung und Eingabe, die audiovisuelle und haptische Repräsentation, die Mediation (wie der Spielinhalt medialisiert wird) und das Level-Design. Zum anderen umfassen sie aber auch Aspekte, die sich auf die Interaktion zwischen Spiel und Spieler*in beziehen, wie etwa den Grad der Entscheidungsfreiheit. Dazu gehört etwa die Unterscheidung zwischen regelorientiertem Spiel, etwa „Tetris" (Electronorgtechnica 1984), und zielorientiertem Spiel, etwa „Assassin's Creed III" (Ubisoft 2012). Weitere Untersuchungskategorien sind etwa die Spieler*innenidentitäten, die während des Spiels konstruiert werden, sowie der Grad an Abstraktion und der Schwierigkeitsgrad (Game-Balance). Bei der Analyse der Präsentation macht zudem die Unterteilung in diagetische Elemente, also solche, die in der Spielwelt stattfinden und von den Entitäten dort ‚wahrgenommen' werden, und in extradiagetische Elemente, die nur für den*die Spieler*in gedacht sind (wie zum Beispiel Hintergrundmusik), Sinn. Gerade im schulischen Kontext können solche Beobachtungen viel dazu beitragen, das Spiel und die darin vermittelten historischen Inhalte als ein Produkt und etwas von Menschen Hergestelltes wahrzunehmen. In einem weiteren Schritt wird damit die Einsicht gefördert, dass auch jedes im digitalen Spiel transportierte historische Narrativ von den Entwicklern konstruiert wurde und somit einer kritischen Fragestellung unterzogen werden sollte.

5. Digitale Spiele als Teil der Geschichtskultur

5.1 Public History, Geschichtsbewusstsein und Geschichtskultur

Ausstellungen, Spielfilme und Mittelaltermärkte, populärwissenschaftliche Zeitschriften oder historische Kinder- und Jugendbücher sind Teil eines ‚Geschichtsbooms', der seit den 1970er-Jahren bis in die Gegenwart anhält. Zu ihm gehören auch seit jüngster Zeit Computerspiele.

Die Public History entstand in den 1970er-Jahren (Lücke 2018) in den USA vor dem Hintergrund dieses immer größer werdenden öffentlichen und massenmedial vermittelten Interesses an Geschichte. Public Historians beforschen außeruniversitäre Geschichtsdarstellungen, etwa hinsichtlich tendenziöser Narrative, bestimmter medialer Darstellungsformen oder deren Beeinflussung durch ökonomische Entscheidungen. Arbeitsgebiet der Public History ist damit Geschichtskultur, also „die Art und Weise, wie eine Gesellschaft mit Vergangenheit und Geschichte umgeht." (Mayer u.a. 2014, 86) Sehr breit ist daher auch die Definition. Nach Zündorf beinhaltet Public History einerseits „jede Form der öffentlichen Geschichtsrepräsentation, die sich an eine breite, nicht geschichtswissenschaftlich vorgebildete Öffentlichkeit richtet, und beinhaltet andererseits die geschichtswissenschaftliche Erforschung derselben." (Zündorf 2016) Der Begriff bezeichnet eine Forschungsdisziplin und den Forschungsgegenstand gleichermaßen.

Während die Public History auf den übergreifenden, gemeinschaftlichen und öffentlichen Umgang mit Geschichte abzielt, bezeichnet Geschichtsbewusstsein den Prozess der historischen Sinnbildung, der auf individuelle oder kleinteilige Gruppenidentitäten abzielt. Nach Baumgärtner (2015, 31–32) umfasst Geschichtsbewusstsein Formen des Wissens (z.B. Fakten) und deren Deutung (z.B. Konzepte wie Revolution) und wird immer durch die subjektive Lebenswelt bestimmt und auf die Gegenwart bezogen funktionalisiert. Geschichtsbewusstsein ist der „Sinnbildungsmodus [...], der Kontingenz [...] abarbeitet und damit der Orientierung in der Temporalität von Vergangenheit, Gegenwart und Zukunft dient" (Mayer u.a. 2014, 81) und dem Subjekt die Ausbildung einer stabilen historischen Identität ermöglicht. Die mit dem Bewusstsein verbundenen Vorstellungen können beschreibende (deskriptive) oder vorschreibende (normative)

Aspekte beinhalten. Während das Geschichtsbewusstsein individueller Natur ist, ist der Begriff der Geschichtskultur auf die kollektive Dimension historischer Sinnproduktion bezogen: „Geschichtskultur lässt sich [...] definieren als praktisch wirksame Artikulation von Geschichtsbewusstsein im Leben einer Gesellschaft“ (Rüsen 1994, 5). Beide Konzepte sind politisch instrumentalisierbar, haben eine ethische und eine ästhetische Komponente und können umstritten in ihrer je spezifischen kontextbezogenen Realisierung sein (Lehrpläne, Denkmäler, Aussagen von Politiker*innen). Das Konzept des Geschichtsbewusstseins ist zu einer zentralen Kategorie der Geschichtsdidaktik geworden und es wurde seit den 1970er-Jahren durch unterschiedliche Konzepte von Karl-Ernst Jeismann, Hans-Jürgen Pandel und Jörn Rüsen geprägt. Ob und gegebenenfalls wie digitale Spiele das Geschichtsbewusstsein und damit auch die -kultur beeinflussen, ist eine zentrale Fragestellung der Public History und mit ihr der historischen Game Studies.

Digitale Spiele gehören zu den Formen populärer Geschichtspräsentationen, „die Wissen über die historische Vergangenheit in einer verständlichen, attraktiven Weise präsentieren und ein breites Publikum erreichen, das aber nicht unbedingt ein Massenpublikum sein muss.“ (Korte/Paletschek 2009, 13) Formen von sogenanntem Infotainment oder Histotainment gehen meist einher mit pointierten und durchgängigen Erzählungen, mit dramaturgischer Inszenierung und einer unterhaltenden sowie einfachen Vermittlung, wodurch sie lebensweltlich anschlussfähig für Rezipient*innen und etwa ein Teil ihrer Freizeitgestaltung werden. Gleichzeitig entstehen neuen Formen der Komplexität, etwa über popkulturelle Referenzen. Ganz besonders trifft dies auf digitale Spiele zu: „Computerspiele sind ein Teil der modernen Popkultur, Popkultur wiederum interpretiert die Welt mit all ihren Konflikten. [...] [G]enau wie Musiker, Regisseure oder Schriftsteller bewegen sich auch Gamedesigner in einem gesellschaftlichen Kontext und verarbeiten damit auch bewusst oder unbewusst Politisches in ihren Spielen.“ (Schiffer 2011, 67)

Vermessen wäre es, diesen Formen der Geschichtsdarstellung für die und in der Öffentlichkeit aus akademischer Perspektive verächtlich zu begegnen. Die populärkulturelle Verwendung von Geschichte ist die dominante Form, in der die Mehrzahl der Menschen nach der Schule Geschichte wahrnimmt. Chapman schlägt daher einen rezeptionsbezogenen Perspektivenwechsel vor: Anstatt Geschichte als akademische Sinnproduktion über Vergangenheit zu verstehen, sollte jeder vergangenheitsbezogene Diskurs unabhängig des Mediums und der Herkunft als prinzipiell historisch verstanden werden, eben weil er als historisch wahrgenommen wird (Chapman 2016, 11). Die Diskussion verläuft auch vor dem Hintergrund eines umfassenden Medien(system)wandels, der die klare Trennung von Produzent*in und Konsument*in auflöst (Humborg/Nguyen 2018): Der ‚Produser' erstellt und rezipiert (historische) Inhalte gleichermaßen. Wie die traditionellen Massenmedien stehen aktuell auch andere Institutionen und gesellschaftliche Funktionsbereiche unter dem Veränderungsdruck der fortschreitenden Digitalisierung, was darauf hinausläuft, dass sie ihre Flaschenhalsfunktion zunehmend verlieren. Breitenwirksame Bedeutung wird, egal ob im Journalismus oder im Bereich der Wissensproduktion, immer weniger in Redaktionen oder auf Universitäten generiert. Letztlich findet die wissenschaftliche Beforschung von Computerspielen auch vor dem Hintergrund einer zunehmenden Digitalisierung aller Lebensbereiche statt. Die Geistes- und Kulturwissenschaften sind dabei um eine eigene Standortbestimmung im Rahmen der Digital Humanities bemüht. Auch die Public History wird zunehmend digital, denn das Internet ist zum zentralen Ort der historischen Wissens- und Bedeutungsproduktion geworden. Es ist der Ort, an dem nichtakademisches Wissen produziert wird und wo sich Geschichtskultur beforschen lässt. Die Menge an Texten sowie die Nutzungsintensität übersteigen dabei jene der traditionellen wissenschaftlichen Textproduktion bei Weitem (Danniau 2013).

Individuelles Geschichtsbewusstsein, Geschichtskultur und Public History sind miteinander verwoben: Public History trägt dem nicht-akademischen Interesse, der medialen Dynamik bei der Darstellung an und von Geschichte Rechnung; sie beforscht die Genese, den gegenseitigen Austausch und die Veränderung des Geschichtsbewusstseins und der Geschichtskultur durch die Analyse populärer Geschichtsrepräsentationen. Gleichzeitig kreieren Public Historians auch populäre Geschichtsdarstellungen, etwa für Ausstellungen, Blogs oder als explainity-Videos auf YouTube und verändern somit wiederum individuelles Geschichtsbewusstsein und kollektive Geschichtskultur. Bei all diesen Prozessen sind digitale Spiele zu einem essenziellen Teil populärkultureller Vermittlung (Schubert 2018) geworden. Passenderweise bezeichnet Whitaker (2016) einen Aufsatz mit dem Titel „Backward compatible: Gamers as a public history audience".

5.2 Digitale Spiele als populärkulturelle Medien historischer Sinnbildung

Medien spielen in der Geschichtswissenschaft eine zentrale Rolle, da die Vergangenheit nicht unmittelbar zugänglich ist, sondern nur mittelbar über schriftliche, mündliche und dingliche Quellen als Geschichte rekonstruiert werden kann. Dennoch werden Quellen innerhalb der Geschichtswissenschaften in ihrer Eigenlogik als Medien nur selten wahrgenommen (Köstlbauer/Pfister 2018, 97), da die stillschweigende Annahme gilt, dass der Inhalt über der Form stehe. Digitale Spiele können zwar meist (noch) nicht als historische Quellen dienen, die Forschungsperspektive der Public History versteht sie, wie oben dargestellt, aber als Vermittler von historischen Sinnbildungsprozessen. Wie traditionelle Quellen sind sie „Medien, die Geschichte nach einem Prozess der Auswahl und Deutung rekonstruieren [...], d.h. Geschichtsbilder anbieten.“ (Schwarz 2009, 318) Sie lassen sich als Generatoren und Transformatoren historisch-populärer Sinnbildung begreifen, die Geschichtsbewusstsein erzeugen und verändern.

Wie lässt sich der Zusammenhang zwischen Geschichtsbewusstsein, Geschichtskultur und digitalem Spiel konzipieren? Die im digitalen Spiel umgesetzten Inhalte referenzieren, je nach Thematik, auf das entsprechende Wissensfeld. Vielfach werden aber keine fachwissenschaftlichen Wissensformen umgesetzt, sondern triviales oder populärkulturelles sowie wissenschaftlich-präkonzeptuelles Wissen. Die wissenshaltigen Elemente werden zur spielerischen Umsetzung ausgewählt, bewertet und verknüpft und damit zu einem Modell gemacht (Modellierung). Das Computerspiel verwandelt die Modellierung durch Abstraktion und Formalisierung in ein automatisiertes System, das die Spielregeln exekutiert. Entsprechend des hier abgebildeten Schemas von Heinze (Abb. 7) verbinden sich so im digitalen Spiel die strukturlogische Regelseite mit der lebensweltlich-geschichtskulturellen Seite des Spiels im Vorgang des Spielens. Digitale Spiele zu spielen bedeutet, Elementen des historischen Wissens im Rahmen einer formalen Logik zu begegnen.

Den Zusammenhang zwischen individuellem Geschichtsbewusstsein und kollektiver Geschichtskultur im digitalen Spiel stellt Giere in seinem Modell dar. Spielentwickler wählen aus dem geschichtskulturellen Feld Wissensbestände aus, reduzieren diese hinsichtlich ihrer Komplexität und transformieren sie, etwa in medialer und ästhetischer Hinsicht, zu einer historisierenden digitalen Spielwelt (2.). Im Akt des

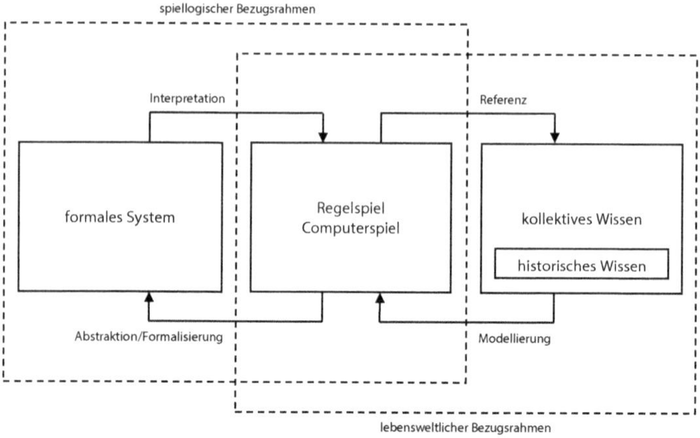

Abb. 7: Computerspielen als Überschneidung zwischen formalem und lebensweltlichem Rahmen (Heinze 2014, 102)

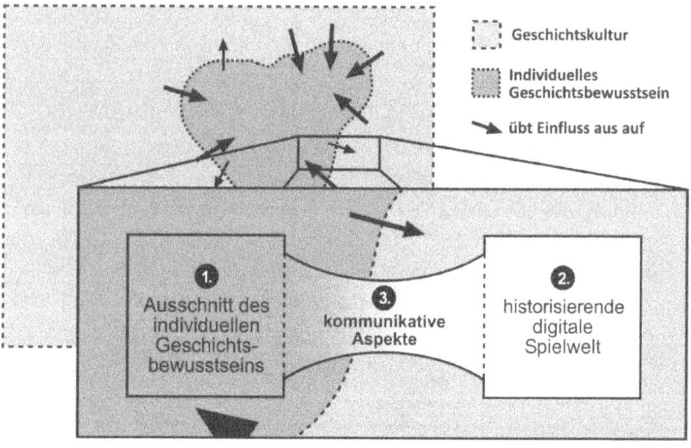

Abb. 8: Geschichtskultur und Computerspiel (Giere 2019, 51)

Spielens (3.) kommt es durch den*die Spieler*in zu einer Aneignung der Spielwelt und der mit ihr verbundenen populärkulturellen Geschichtsbilder. Dies verändert das individuelle Geschichtsbewusstsein (1.).

Da Computerspiele ein Teil der „kulturelle[n] Praxis" (Bevc 2010, 170) sind, wird der*die Spieler*in mit den durch sie vermittelten Wissensformen, Wertsetzungen, Konzepten, Geschichtsbildern und Ideologien konfrontiert. Dies betrifft natürlich auch andere Wissensfelder, wie etwa Zmaróczy (2017) anhand der durch Spiele vermittelten Vorstellungen und Konzepte im Bereich der Internationalen Beziehungen zeigt. Computerspiele sind, stärker als andere Medien, dazu geeignet, Geschichtsbewusstsein zu verändern: Das liegt am Immersions-Effekt, den sie auslösen, an der Möglichkeit des aktiven Handelns und am Anspruch historischer ‚Richtigkeit', den sie ihren Konsument*innen mitunter suggerieren. Sie versprechen häufig, ‚authentische historische Wirklichkeit' abzubilden und Geschichte als kontrafaktisches Probierfeld zu nutzen. Geschichte wird so im Modus des Ludischen ‚erfahrbar' gemacht (Groot 2016). Wie alle anderen Medien, so sind auch Computerspiele keine neutralen Vermittler von Vergangenheit, sondern sie transportieren ihre Vergangenheitsversion mit den entsprechenden Identitätskonzepten, Werten und Normen, beeinflusst durch ihre spezifischen medialen Charakteristika. Für eine Geschichtswissenschaft, die interaktive digitale Spiele als erinnerungskulturelle Medien im Rahmen einer Erinnerungskultur 2.0 ernst nimmt, eröffnen sich damit gedächtniskulturelle Fragen: Wie, in welcher Form, mit welcher Nachhaltigkeit können digitale Spiele gedächtnisbildend oder als „erinnerungskulturelle Wissenssysteme" (Nolden 2019) wirken? Gibt es gedächtnisreflexive und -produktive Spiele? Inwiefern lassen sich spieler*innengenerierte Mods, Foren und Videos als Arbeit am Gedächtnis begreifen? Entstehen durch die mediale Eigenlogik digitaler Spiele bestimmte Formen geschichtskultureller Vorstellungen? Chapman etwa bezeichnet digitale Spiele nicht nur als moderne Form von Museen, sondern auch als „digital-ludic reenactment" (Chapman 2016, 187) und damit als Form einer ‚living history', wie Rejack bereits 2007 schrieb: „With the continuing development of gaming technology, the experience of playing a video game has become increasingly similar to reenactment." (Rejack 2007, 413) Die Möglichkeit, Geschichte in einem simulierten Rahmen ‚wiederzuerleben', macht Computerspiele als Lernmedien gerade im Geschichtsunterricht so interessant. Auf der einen Seite der Produktionskette werden die Spielentwickler*innen zu ‚developer historians' (Wojdon 2020), indem sie ihre Geschichtsvorstellungen umsetzen und für den*die Spieler*in in Form von digitalen Spielen naturalisieren. Am anderen Ende produzieren Spieler*innen kontrafaktische historische Erzählungen, deren Verläufe sie in elektronischen ‚Laborsimulationen' testen und interpretieren, also zu ‚player historians' werden. Beide sind gleichermaßen an einem Prozess beteiligt, den Chapman als Historisieren („*historying*“ (2016, 266)) bezeichnet.

Damit stellen sich Fragen nach den Möglichkeiten, Grenzen und Folgen der digital-ludischen Geschichtsinszenierung, insbesondere im Bildungskontext. Kann das Massenmedium Computerspiel Geschichtsbewusstsein nachhaltig verändern? Wenn ja, zu welchen Transfereffekten kommt es? Und ist diese Form des Lernens effizienter als ‚konventionelle' schulische Vermittlungsformen? Fragen wie diese treiben insbesondere die fachdidaktische Beschäftigung mit digitalen Spielen bis heute an und bilden zentrale Fixpunkte der historischen Game Studies.

5.3 Geschichtswissenschaft, digitales Spiel und historische Game Studies

Der geschichtswissenschaftliche Zweig der Game Studies beschäftigt sich, sehr allgemein gesprochen, mit der Produktion und Rezeption historischer Sinnbezüge im digitalen Spiel – „the study of those games that in some way represent the past or relate to discourse about it“ (Chapman 2016, 16). Da digitale Spiele nicht akademisches, historisches Wissen verarbeiten und für ein Massenpublikum ausgelegt sind, fällt ihre Beforschung in den Bereich der Public History.

Die Geschichte der deutschsprachigen historischen Game Studies (Köstlbauer/Pfister 2018, 92–94) beginnt um das Jahr 2010; Schwarz (2010/2012) publizierte damals den vielzitierten Sammelband „‚Wollten Sie auch immer schon einmal pestverseuchte Kühe auf Ihre Gegner werfen?' Eine fachwissenschaftliche Annäherung an Geschichte im Computerspiel“ sowie eine Reihe weiterer Aufsätze. 2012 erschien Benders Arbeit „Virtuelles Erinnern“ (2012) zu Kriegsdarstellungen in Computerspielen, 2014 Heinzes Publikation „Mittelalter Computer Spiele“ (2014) sowie Kerschbaumer/Winnerlings Sammelband „Frühe Neuzeit im Videospiel“. Letzterer war aus einer Tagung in Düsseldorf 2013 hervorgegangen, wo ein Netzwerk an Forscher*innen entstanden war, das 2015 den „Arbeitskreis Digitale Spiele und Geschichtswissenschaft“ (AKGWDS) gründete. International bedeutsam für die historische Beforschung digitaler Spiele waren u.a. McCalls „Gaming the Past“ (2011), Chapmans „Digital Games as History“ (2016) und der Sammelband von Kapell/Elliott „Playing with the Past“ (2017). Im Bereich der empirischen Fachdidaktik erschienen zuletzt Gieres „Computerspiele – Medienbildung – historisches Lernen“

(2019) und für die politische Bildung Motykas „Digitales, spielbasiertes Lernen im Politikunterricht" (2018). Die steigende Zahl an geschichtswissenschaftlichen und fachdidaktischen Arbeiten über digitale Spiele weist auf das ungebrochene Interesse am Thema hin. Die Vielfalt der historischen Game Studies stellt die nachfolgende Tabelle exemplarisch vor:

Arbeitskreis Geschichtswissenschaft und Digitale Spiele	http://gespielt.hypotheses.org
ArchaeoGames	http://archaeogames.net
Blogs wie Nico Noldens „Keimling" (http://keimling.niconolden.de), Eugen Pfisters „Spiel-Kultur-Wissenschaft" (http://spielkult.hypotheses.org/author/spielkult) oder „Geekgeflüster" (http://geekgefluester.de/tag/geschichte-und-popkultur)	
GameLabs wie jene der Universität Hamburg oder Wien	www.geschichte.uni-hamburg.de/arbeitsbereiche/public-history/forschung/gamelab.html, https://gamelab.univie.ac.at/
Historia Games	www.histogames.com/index.php
Historical Game Studies Network	Facebook- und twitter-Gruppe
History Respawned	„History Respawned" kontextualisiert digitale Spiele historisch und betreibt einen YouTube-Kanal und einen Podcast (Whitaker 2019). (www.historyrespawned.com/)
International Journal of Serious Gamines	http://journal.seriousgamessociety.org/index.php/IJSG
Playing History	www.playinghistory.org/
Play the Past	www.playthepast.org, hier findet sich eine umfangreiche Literaturliste: http://gamingthepast.net/theory-practice/bibliography
Videospiel Geschichten	www.videospielgeschichten.de

Tab. 5: Institutionen, Publikationen und Informationsquellen der historischen Game Studies (Auswahl)

Schwarz nennt drei geschichtswissenschaftliche Blickwinkel, die im Zusammenhang mit digitalen Spielen relevant sind: „der geschichtsdidaktische, der geschichtswissenschaftliche mit Blick auf historische Genauigkeit, der geschichtswissenschaftliche mit Blick auf die Art von Geschichtspopularisierung und ihre Einbettung in eine allgemeine Erinnerungskultur oder Präsenz von Geschichte in der Öffentlichkeit." (Schwarz 2015, 400) Stand im Rahmen der Historical-Correctness-

Debatte (s.u. zur Authentizitätsdebatte), wie sie sich etwa an den vielen Artikeln zur „Civilization“-Reihe zeigt, zunächst die historische ‚Richtigkeit‘ von Computerspielen viele Jahre im Vordergrund, so haben sich im letzten Jahrzehnt die Forschungsperspektiven in Richtung Geschichtskultur und -bewusstsein verlagert. Praktiken einer nichtakademischen Aneignung und Produktion von Geschichte im Kontext von digitalen Spielen etwa durch Modding, Forendiskussionen, Vermarktungsstrategien oder Inszenierungsformen des kollektiven Gedächtnisses stehen heute im Vordergrund. Damit entwickelt sich die historische Computerspielforschung parallel zum immer diverser werdenden Feld der Game Studies insgesamt. Geschuldet ist diese Entwicklung aber sicherlich auch den vielen innovativen, aufgrund ihres Symbolgehalts und ihrer thematischen Komplexität anspruchsvollen digitalen Spielen, die in den letzten Jahren erschienen sind.

Gerade im Kontext geschichtskultureller Überlegungen konfrontiert das digitale Spiel den*die Historiker*in mit besonderen Anforderungen: Wie zuvor schon dargestellt, lassen sich digitale Spiele stärker als Regelzusammenhang oder als Erzählung beforschen; der Vorgang des Spielens ist ludo-narrativ, verbindet also regeltechnische und narrative Komponente zu einem sinngebenden Ganzen. Tatsächlich argumentiert die Mehrzahl der Aufsätze spielimmanent, berücksichtigt also den Akt des Spielens und den*die Spieler*in nicht weiter und geht damit gleichsam von universellen Sinnbezügen aus. Die Vorstellung von einem*einer passiven Rezipient*in liegt vielen Arbeiten damit mehr oder weniger stillschweigend zugrunde und auch die Praktiken von Produzent*innen und Rezipient*innen historischer Computerspiele sind bisher kaum beforscht (Chapman u.a. 2017, 365–366). Ein anderes, insbesondere für Historiker*innen interessantes Feld stellt die Speicherung, Bewahrung und zukünftige Nutzung von digitalen Spielen dar (Lange 2012).

2010 hatte Shaw (2010, 408) den Game Culture-Begriff durch eine Auswertung von Belegstellen in US-amerikanischen Zeitungen empirisch zu fundieren versucht; auffallend waren damals die wiederholt aufgerufenen Abgrenzungen (Gewalt, Sucht) und Bezugspunkte (Gamer-Stereotype: männlich, weiß, jugendlich; Geek oder Nerd), mittels derer in Zeitungen über Spiele im gesellschaftlichen Kontext berichtet wurde. Die Bewertung der digitalen Spielkultur mag sich in den letzten Jahren zwar verändert haben, noch immer haftet der wissenschaftlichen Beschäftigung mit digitalen Spielen jedoch zumindest etwas Exotisches an. In ihrem Übersichtsartikel zu den historischen

Game Studies schreiben Chapman/Foika/Westin (2017, 359), dass spielaffine Historiker*innen nach wie vor recht defensiv ihr Thema vertreten und sich noch immer rechtfertigen würden. Am ehesten akzeptiert scheinen digitale Spiele im fachdidaktischen Zusammenhang. Angesichts der Aufhebung der Differenz von Hoch- und Subkultur in den Kulturwissenschaften, der Ausweitung des Text-Begriffs auf unterschiedliche mediale Formen, des Postmodernismus und -strukturalismus und einer generellen Digitalisierung plädieren die Autor*innen für ein stärkeres Selbstbewusstsein und einer akademischen Selbstverständlichkeit im Umgang mit digitalen Spielen. Immer wieder weisen Forscher*innen darauf hin, dass die dem Computerspiel entgegengebrachte ablehnende Haltung der gleichen historischen Veränderung unterliegen werde, wie die Kritik, mit der die Gattung des Romans, das Radio oder Film und Fernsehen zu ihrem Entstehungszeitpunkt konfrontiert waren (Schwarz 2012, 8).

Aus erkenntnistheoretischer Perspektive ist die Frage, warum digitale Spiele im Vergleich zu schriftlichen Quellen als weniger seriös oder ‚wertvoll' gelten, alles andere als selbstverständlich. In seiner Dissertation setzt sich Chapman (2016) damit auseinander: Er meint, dass textuellem Sinn automatisch ein höherer Geltungsstatus im Vergleich zu anderen Medien und Codes zugestanden werde. Dies könnte daran liegen, dass Sprache das Medium des Denkens, der Kommunikation und des Großteils aller bewussten Sinnbildungsbildungsprozesse ist. Allerdings müssten auch viele nicht-textuelle Entitäten erst durch den*die Historiker*in zum Sprechen gebracht, also textualisiert, werden. Genau dies passiert bei der Programmierung eines digitalen Spiels mit historischen Inhalten (McCall 2012, 13). Dem Pauschalvorwurf, Spiele würden Geschichte reduziert und ideologisiert darstellen, hält Chapman entgegen, dass dieser auch auf historiographische Texte zutrifft; Geschichte wird immer durch Auswahl, Anordnung und Interpretation von als historisch relevant gesetzten ‚Fakten' im Rahmen einer Erzählung geschrieben. Auslassungen, spezifische Anordnungen und individuelle Wertungen, freilich entsprechend wissenschaftlicher Kriterien möglichst plausibel und intersubjektiv nachvollziehbar, sind Tätigkeiten, die jede*r Historiker*in vornimmt, wenn er*sie ‚seine'*‚ihre' historische Erzählung konstruiert. So wird auch der*die Spieleproduzent*in zum „developer historian" (Chapman 2016, 37), dessen*deren Arbeitsweise der eines*einer Historiker*in ähnelt. Multimediale Formen gelten auch deswegen als ungleich vertrauensunwürdiger, weil mehr Leerstellen besetzt werden müssen, als dies in Texten der Fall ist.

Gestik, Mimik, Geräusche, Stimme oder Aussprache sind allesamt Erscheinungsformen des Historischen, denen sich der*die Autor*in schriftlicher Texte nur dann stellen muss, wenn er*sie diese für seine*ihre Argumentation benötigt. Eine Rolle spielt sicherlich auch die Nonlinearität des digitalen Spiels, die die Sinnpotenziale von Geschichte vervielfacht. Während mehrere Leser*innen sich auf den Inhalt eines Textes wohl einigen können, kann das Spielerlebnis des gleichen Spiels von mehreren Spieler*innen als deutlich unterschiedlich erfahren werden. Die Nutzungs- und, daraus folgend, Rezeptionsstrategien können sehr unterschiedlich ausfallen. Ohne empirischer Forschung digitalen Spielen ein einheitliches Sinnpotenzial, etwa im Bereich der historischen Bewusstseinsbildung, zu unterstellen, ist daher nur bedingt zielführend. Am stärksten ins Gewicht bei der ‚Abwertung' digitaler Spiele im Vergleich zu textueller Sinnbildung fällt aber wohl der Code-Wechsel: Historiker*innen verwandeln Quellen in textuelle Erzählungen; Spieleproduzent*innen produzieren aus Quellen Algorithmen und Simulationen. Die mit Letzterem einhergehende Quantifizierung und in Kausalzusammenhänge transformierende Modellierung gilt den meisten Historiker*innen als im besten Fall fragwürdig. Chapman plädiert dagegen für eine Gleichstellung von Text und digitalem Spiel: „Let us play, and perhaps in doing so find that in ‚the great game of history' the control pad (or mouse and keyboard) may yet serve as an alternative to the pen." (Chapman 2013, 328)

5.4 Fallbeispiel: „Sid Meier's Civilization"-Reihe und die historischen Game Studies

Die „Sid Meier's Civilization"-Reihe steht wie keine andere seit Jahrzehnten für die Umsetzung von historischer Globalstrategie im digitalen Spiel. Ausgangspunkt war das 1980 erschienene Brettspiel; der erste digitale Teil kam unter der Bezeichnung „Sid Meier's Civilization" 1991 auf den Markt, weitere Teile folgten 1996, 2001, 2005, 2010 und 2014. Der sechste und bis dato letzte Teil erschien 2016. Zu keiner anderen Spielreihe sind über die Jahre hinweg so viele geschichtsbezogene Artikel erschienen. Die Forschungsgeschichte des Spiels kann damit als ein repräsentativer Abriss der Arbeitsweise der historischen Game Studies mit ihren wechselnden Perspektivierungen und Zugängen gelesen werden (Chapman u.a. 2017, 362).

„Civilization" ist ein Rundenstrategiespiel, bei dem man auf Stadtebene Arbeitskräfte platziert (Worker Placement-Game), Ressourcen generiert und deren Verwendung koordiniert. Der*die Spieler*in blickt von oben, ab dem zweiten Teil isometrisch, auf eine in Vierecke und später in Hexagonalfelder eingeteilte Spielwelt, baut Städte, Gebäude und Einheiten mit unterschiedlichen Funktionen und kontrolliert Forschung und Diplomatie. Gespielt wird mit den beziehungsweise gegen die anderen computergesteuerten oder menschlichen Mitspieler*innen. Die Input-Faktoren der Spielwelt werden durch die Städte eingesammelt und in Output-Faktoren (Wissenschaft, Produktion, Kultur, Religion etc.) transformiert. Die Spieler*innenzivilisation beginnt als ein urzeitlicher Stamm (4000 v. Chr.), dessen zivilisatorische Entwicklung zunehmend die spielerischen Möglichkeiten erweitert. Jede Runde umfasst zunächst mehrere hundert und im späteren Spielverlauf nur noch wenige Jahre; ein kompletter Durchlauf beträgt insgesamt 6000 Jahre.

Frühe Arbeiten stellten den narratologisch-historischen Aspekt der Reihe in Frage: Friedman argumentierte etwa anhand von „Civilization II", dass es um ein „learning to think like a computer" (1999, 135) und nicht um historische Erwägungen gehe. Ähnlich argumentiert auch Fogu: „[W]hatever the strategy, winning in SMC [Sid Meier's Civilization, AP] *is* to learn the procedural code of the computer." (2009, 118) Galloway charakterisiert Civilization, am Beispiel des dritten Teils, als Kontroll-Allegorie der Gegenwart: „Das Spiel spielen heißt, den Code des Spiels zu spielen. Und ein Spiel zu interpretieren heißt daher, seinen Algorithmus zu interpretieren – seinen parallelen ‚Algorithmus' zu entdecken." (2007, 275) Daraus entstehe der Eindruck, Geschichte unterliege einer Berechenbarkeit und sei letztlich steuerbar. Der*die Spieler*in entscheide von der Mikro- bis hin zur Makroebene über eine Vielzahl relevanter organisatorischer und verwaltungstechnischer Optionen. Seine*ihre Rolle im Institutionengefüge des Staates lässt sich nicht verorten und benennen und schwankt zwischen göttlichem Totalzugriff und lokalem Beamtenstatus. Diese Form des steuernden Reduktionismus' findet sich selbst in der optischen Darstellung des Spiels wieder: Tabellen, Diagramme, Icons und Schaltflächen sind Formen akkumulierten Herrschaftswissens, der*die Spieler*in wird zum*zur Verwalter*in mechanischer Gesellschaftsprozesse. Das Entscheidungskriterium der Staatsführung zielt dabei auf eine einfache Kosten-Nutzen-Mechanik ab, die es zu maximieren gilt. Geschichte würde, so die Kritik, bis zur Unkenntlichkeit abstrakt. Bürger*innen müssen etwa über Luxusgüter zufrieden gestellt werden. Passiert dies nicht, werden sie unglücklich, was die Effizienz der Produktionsfaktoren verringert – Klassenkonflikte, Armut oder religiöse Unruhen spielen keine Rolle.

Die Kritik an der Unterkomplexität von „Civilization" wurde auf weitere Aspekte des Spiels übertragen, etwa auf den Umgang mit nationalen Identitäten, die Verwendung eines linearen Epochenkonzepts und teleologischer Fortschrittsvorstellungen. Nicht nur sind die Fraktionen im Spiel scheinbar naturgegeben nationalstaatlich organisiert, sondern auch die ihnen zugeordneten kulturellen Merkmale wurden als äußerst simpel und stereotyp kritisiert, was hier am Beispiel von „Civilization III" gezeigt werden soll:

Civilization	Commercial	Expansionist	Industrious	Militaristic	Religious	Scientific
Americans		X	X			
Aztecs				X	X	
Babylonians					X	X
Chinese			X	X		
Egyptians			X		X	
English	X	X				
French	X		X			
Germans	X	X				
Greeks	X					X
Indians	X				X	
Iroquois		X			X	
Japanese				X	X	
Persians			X			X
Romans				X		
Russians		X				X
Zulus		X		X		

Tab. 6: Völker aus „Civilization III" (Galloway 2007, 280)

In „Civilization II" wurden die Zulus als „aggressiv" charakterisiert, während die US-Amerikaner als „zivilisiert" und „rational" gelten und die Deutschen zwar ebenfalls „aggressiv" sind, dies jedoch mit den Eigenschaften „zivilisiert" und „perfektionistisch" kombinieren. Diese Merkmale ‚nationalstaatlicher Identitäten' bleiben im Spiel über Jahrtausende aufrecht und suggerieren dem*der Spieler*in eine überzeitliche Vorstellung von Kultur, Volk und Nation. Kultureller Transfer oder Formen kultureller Hybridität haben in „Civilization“ keine Spielrelevanz. Das europäische Staatsmodell wird als quasi natürliche historische Organisationform verwendet (Reichert 2008).

Problematisch ist auch die pars-pro-toto-Repräsentation der Nationen durch die ‚Feldherrnperspektive‘ historischer Persönlichkeiten (z.B. Saladin für die Araber, Montezuma für die Azteken, Perikles für die Griechen). Simpel ist auch die Konzeptualisierung der Epochen: Antike, Mittelalter, Industrielles Zeitalter und Moderne, so etwa in „Civilization II“, folgen nahtlos aufeinander. Sie unterscheiden sich vor allem dadurch, dass jede Epoche der vorherigen überlegen ist (Kubetzky 2012, 89). Dieser lineare Fortschrittsoptimismus wird vor allem durch den Technologiebaum repräsentiert: je mehr Technologie, desto ‚besser‘ (effizienter, produktiver, militärisch überlegener) die Fraktion. Der nur wenig verzweigte Pfad der zusammenhängenden Forschungsergebnisse wird in einem Baumdiagramm dargestellt und ist für alle Fraktionen der Gleiche. Sowohl das umgesetzte Wissenschaftskonzept als auch der Epochenverlauf folgen der Auffassung eines historischen Stufenmodells fortschreitender und fortschrittsgläubiger Entwicklung mit „Anklängen an eine bestimmte Prägung des Historismus“ (Kubetzky 2012, 94). Überdies sei im Spiel die gesellschaftliche und sozio-politische Entwicklung immer mit der technologischen Entwicklung verbunden, wodurch die historische Entwicklung, so wurde kritisiert, als etwas durch den technischen Fortschritt Determiniertes gedacht werde.

Aus all diesen Linearitäten, Pfadabhängigkeiten und Ressourcenaggregationen lässt sich eine dominante Sieg-Strategie ableiten, die ebenfalls oftmals Zielscheibe historischer Kritik gewesen ist: „Civilization“ gehört zur Kategorie der 4X-Games (eXplore, eXpand, eXploit, eXterminate). Eine noch nicht erschlossene Welt wird im Spielverlauf entdeckt, durchdrungen und ausgebeutet, ganz nach der Ideologie des US-amerikanischen Frontier-Mythos. Der Kontakt zu anderen Zivilisationen kann friedlich verlaufen; das Spielprinzip und die Siegbedingungen, besonders der Teile I-III, legen aber eine militärische Konfrontation nahe. In „Civilization II“ gibt es etwa neben dem Weltraum-Sieg (Bau eines Raumschiffs für den Flug nach Alpha Centauri) nur noch den militärischen. Die vom Computer gesteuerten Stämme, die wie der*die Spieler*in die Spielwelt von Anfang an bevölkern, werden als Barbaren bezeichnet und erfüllen keinen anderen Zweck, als erobert zu werden. Das Verhältnis zwischen den Nationen wird von der Spielreihe damit als ein über Jahrtausende dauerndes Wettrennen gedacht, bei dem sich die leistungsfähigere zuletzt durchsetzt, um die anderen zu dominieren, egal welcher Sieg am Ende errungen wird. Einige Autor*innen sehen darin ein eurozentrisches Eroberungs- und Expansionsmodell – „a pure manifestation of the imperial grand narrative“ (Ford 2016) –, dessen Subtext als kolonialistisch bezeichnet werden kann (Kerschbaumer 2018). Andere Themen, so die Kritik, wurden hingegen über die Jahre ausgeblendet und/oder problematisch umgesetzt. Sklavenhaltergesellschaften sind im Spiel, dessen Beginn immerhin 4000 v. Chr. angesiedelt ist, kein Thema. Dies wurde besonders an „Colonization“, eine auf die Besiedelung Amerikas fokussierte Variante von „Civilization“, moniert („spreadsheet of cultural domination“ (Mir/Owens 2017, 103)).

Insgesamt ließen sich zentrale Spielmechaniken als Ausdruck von populären Sozial-, Wirtschafts- und Geschichtstheorien verstehen. Kaindel/Steffelbauer schreiben dazu: „[T]he developers of strategy games are forced to ‚make a statement‘ on these points by integrating them into their basic ‚rulebook‘. In doing so they – unwillingly and often unknowingly – state their views on social and political matters.“ (2010, 255) Im Falle der „Civilization“-Reihe handelt es sich um die Vorstellung eines linearen, technologiedeterminierten Verlaufs von Geschichte, einer Naturalisierung von Staatsnation und einem Masternarrativ, das dem Schema vom Aufstieg und Fall großer Nationen im ‚Clash of Cultures‘ folgt – insgesamt also um Konzepte des 19. Jahrhunderts, die in populärer Form vermittelt werden.

Die über die Jahre kontinuierliche und ausführliche Bearbeitung von „Civilization“ hat zur Folge, dass Artikel entstanden sind, die versuchen, die Kritik an der Reihe zu relativieren oder zu delegitimieren. So wird etwa angeführt, dass die jüngeren Teile der Reihe in vielerlei Hinsicht differenzierter sind: Nicht nur existieren jetzt mehr Siegbedingungen, etwa der kulturelle oder diplomatische Sieg, ausdifferenziert wurden auch Konzepte wie Religion oder Staatsform, die aus verschiedenen Elementen modular zusammengesetzt werden und damit vielfältiger und heterogener sind. Der Klimawandel, der in „Civilization II“ bereits Bestandteil war, ist im VI. Teil durch einen DLC zu einem zentralen Spielmechanismus geworden. Insgesamt ist der Komplexitätsgrad der Reihe über die Jahre gewachsen. Nicht zu übersehen ist auch das karikierende Potenzial der Titel: Die Texte der „Zivilopädie“, eines spielinternen Nachschlagewerks, sowie die grafische Gestaltung der Anführer*innen sind eindeutig als humoresk zu erkennen

(Donecker 2014, 288). Der Vorwurf, „Civilization“ sei unterkomplex, gehe ebenfalls fehl, wie andere meinen: Eine Monographie, die auf ein historisches Detailproblem fokussiere, würde nicht der Vorwurf gemacht werden, sie habe nicht alle Faktoren, sondern eben nur die ‚wesentlichen‘, berücksichtigt. McCall spricht von digitalen „microworlds“, die laborähnlich und wie wissenschaftliche Arbeiten auf bestimmte Sachzusammenhänge fokussieren würden, um sie deutlicher herausarbeiten zu können. Erst durch die Reduktion von Komplexität seien sinnvolle Entscheidungen im digitalen Spiel überhaupt möglich: „Tabling this and other problems of accuracy, *Civilization*, [...] provides students the ability to make choices within virtually imposed geographic, political, and cultural constraints.“ (McCall 2012, 15)

Die Zerlegung der Spiele in problematische Wissensformen sagt freilich nichts über deren empirische Prägekraft aus, also was von den Spielenden als wissens- und vorstellungsrelevant übernommen wird. So macht etwa Carr (2007) anhand von Diskussionen in „Civilization“-Foren darauf aufmerksam, dass die Spieler*innen die Inhalte entweder vorwiegend regeltechnisch, und damit ohne kulturellen Kontext (ludus), oder eben als narrativ und kulturbezogen (paideia) wahrnähmen. Je nach Spielstrategie eröffnen sich unterschiedliche Rezeptions- und Interpretationsperspektiven, die individuell angenommen werden. Während viele der nichtempirischen Aufsätze also ein bestimmtes Nutzungsmodell dem Spieler*innenverhalten zugrunde legen würden, sei die tatsächliche Nutzung durch die Spieler*innen doch deutlich heterogener. Es ist also eine Sache, Spielinhalte hinsichtlich ihrer Wissenshaltigkeit und Optimierbarkeit hin abzuleiten, und eine andere, die Interpretation der Spieler*innen selbst zu beforschen.

5.5 Formen von Geschichte und Politik im digitalen Spiel

Ein kursorischer Blick auf Computerspieltitel zeigt, dass ein nicht unerheblicher Teil historische Bezüge aufweist. Empirische Untersuchungen, wie groß der Anteil ist, liegen kaum vor (für 1981–2011 siehe Schwarz 2012, für 1981–2015 siehe Rochat 2019). Ganz generell stellt sich die Frage, was überhaupt als historisches Spiel gelten kann und welche Formen historischer Bezugnahmen es im digitalen Spiel gibt. Die historischen Game Studies haben unterschiedliche Systematisierungen und Definitionen vorgenommen (für eine Übersicht siehe Nolden (2019, Abschnitt 2.3) oder Siller (2010, 51; 2012)). Brauchbar, wenngleich sehr allgemein, ist die Definition von Heinze, nach der ein Spiel als historisch gilt, „wenn eine funktional relevante Menge seiner

Spielelementen [sic!] auf Bedeutungen verweist, die durch einen historischen Diskurs konstruiert wurden und die dem kollektiven historischen Wissen zugehörig sind." (Heinze 2014, 85) Diese „funktional relevante Menge" wird in unterschiedlichen Konzepten verschiedentlich bestimmt. Ganz generell ziehen die Autor*innen entweder stärker die historischen Elemente (die Frage nach dem Was) oder ihre Verwendung (die Frage nach dem Wie) zur Bestimmung heran.

Wesener (2007) etwa arbeitet mit einer dreigeteilten Skala zur Klassifizierung historischer Bestandteile im digitalen Spiel: (1.) Historische Ereignisse und Biografien können nachgespielt werden (z.B. „Codename: Panzers, Phase One" (THQ Nordic 2004)). (2.) Das Historische bildet lediglich die Kulisse für das Computerspiel (z.B. „Empire – Total War" (SEGA 2009)). (3.) Es werden lediglich einige wenige historische Elemente übernommen (z.B. „Die Sims Mittelalter" (EA Games 2014)).

Schwarz (2009, 331–335) klassifiziert die historischen Bestandteile nach ihrer Verwendung: Geschichte werde (1.) zur Kontextualisierung des Spielgeschehens und als Kolorit, (2.) als Vergangenheit zum Nacherleben oder (3.) zur kontrafaktischen Neuerzählung verwendet. Metzger/Paxton (2016) verwenden zur Systematisierung eine Mischung aus Inhalten, Verwendungs- und Wirkabsichten: (1.) Antiquarian: Hierbei steht die möglichst ‚realistische' Darstellung von Geschichte im Zentrum, etwa durch gutrecherchierte technische Hintergründe bei historischen Fahrzeugsimulationen. (2.) Monumental: Geschichtliche Elemente werden glorifiziert, emotionalisiert und dramatisiert. (3.) Critical: Absicht dieser Inszenierung von Geschichte im digitalen Spiel ist es, kritische Zugänge zu erschließen. Dies geschieht etwa durch Perspektivenwechsel oder konterfaktuale Geschichtserzählungen. (4.) Wishistory: Geschichte wird in einer aktuellen, erwünschten Form – im Sinne von Political Correctness – verwendet. Etwa wird Gewalt an der Zivilbevölkerung in Spielen des Zweiten Weltkriegs konsequent ausgeblendet. (5.) Composite imagination: Elemente aus unterschiedlichen historischen Kontexten werden fiktionalisiert und stilisiert verwendet, etwa in einem Fantasy- oder Steam-Punk-Setting. (6.) Borrowed authenticity: Bestimmte und in sich stimmige historische Elemente werden in ein ansonsten nicht glaubwürdiges Setting übernommen. In dem nicht weiter realistischen „God of War" (Sony Computer Entertainment 2005) wird etwa auf die griechische Götterwelt zugegriffen. (7.) Historical provenance: Hierbei werden heutige Probleme in die Vergangenheit übertragen. Etwa wenn Gender-

Aspekte in einem Mittelalterspiel genutzt werden. (8.) Legitimization: Die betrifft die Vermarktung und Bewerbung des Spiels, bei denen plausibilisierte Geschichte als verkaufsförderndes Element eingesetzt wird.

Das Klassifikationsmodell von Giere (2017/2019, 43–46) ist besonders gut im Unterricht einzusetzen. Den Grad des Historischen im digitalen Spiel bestimmen bei ihm die historische Dichte (Bedeutsamkeit historischer Elemente), Versprechen (Eigenauskunft des Spiels über die historische ‚Authentizität') und Kohärenz (lose historische Versatzstücke oder komplexes historisches Arrangement). Je nach Ausprägung sind folgende vier historische Bezugnahmen möglich:

- Historisierende digitale Spielwelt: Spielwelten dieser Konzeption nutzen zumindest einen historischen Bezugspunkt, auch wenn dessen Rolle von untergeordneter Wichtigkeit für das Funktionieren des Spiels ist. Dies geschieht etwa im Mittelalter-Setting bei Fantasy-Rollenspielen.
- Pseudohistoristische digitale Spielwelt: Diese Spiele versprechen eine zwar akkurate historische Darstellung, werden aber dieser nicht gerecht. Giere führt hier etwa „Die Sims Mittelalter" (EA Games 2011) als Beispiel an.
- Historistische digitale Spielwelt: Diese Spiele nutzen historische Elemente in einem zumindest abgeschlossenen Bereich auf eine kohärente Art und Weise. Giere nennt „This War of Mine" (11 bit studios 2014): Das Spiel stellt das Leben von Zivilist*innen im Kriegsgebiet in anschaulicher, stimmiger, glaubwürdiger und detaillierter Art und Weise dar, allerdings haben gibt es keine historische Referenz bezüglich des dargestellten Konflikts.
- Historische digitale Spielwelt: Diese Spiele stellen, im Sinne der Geschichtswissenschaft, historische Prozesse ‚akkurat' dar. Giere nennt hier die überaus komplexen Simulationen von Paradox (etwa „Europa Universalis IV" (Paradox Interactive 2013)).

Eine weitere vielzitierte und elaborierte Einteilung von Geschichte im digitalen Spiel stammt von Chapman (2016, 59–170, Tab. 7): Quer über eine Vielzahl von Spielen arbeitet er zwei dominante Simulationsstile (realistisch und konzeptuell) heraus, die jeweils mit einer bestimmten epistemologisch-historischen Position (rekonstruktiv und konstruktiv) verbunden sind. Die von ihm aggregierten Positionen sind dabei als Archetypen zu verstehen, die in vielen Spielen in gemischter Form auftreten.

<table>
<tr><th colspan="5">historische Simulationsstile und deren epistemologischen Konsequenzen</th></tr>
<tr><td>Stil</td><td colspan="2">realistisch</td><td colspan="2">konzeptuell</td></tr>
<tr><td>Epistemologie</td><td colspan="2">rekonstruktiv</td><td colspan="2">konstruktiv</td></tr>
<tr><td>Zeit: Spielzeit vs. fiktive Zeit vs. historische Zeit</td><td colspan="2">1 : 1 : 1
realistische Zeitverhältnisse</td><td colspan="2">X : X : X
diskontinuierliche Zeitverhältnisse</td></tr>
<tr><td>Zeithorizont</td><td colspan="2">Präsens</td><td colspan="2">Präsens und Vergangenheit</td></tr>
<tr><td>Raum</td><td colspan="2">erzählerische Gärten</td><td colspan="2">erzählerische Leinwände</td></tr>
<tr><td>narrative Rahmung</td><td>determiniert</td><td colspan="2">offen (teilstrukturiert)</td><td>offen-ontologisch</td></tr>
<tr><td>Beispiele</td><td colspan="2">Call of Duty-Reihe, Medal of Honor-Serie, Verdun, Red Orchestra-Reihe</td><td colspan="2">Making History, Civilization-Reihe, Spiele der Paradox-Reihe, Total War-Reihe</td></tr>
</table>

Tab. 7: grafische Zusammenfassung von Chapman (2016, 59 – 70)

Realistische Simulationen suggerieren eine historische Wirklichkeit, die verspricht, so zu sein, ‚wie es wirklich war' und die vorwiegend über visuelle, vielfach cinematische Repräsentationsformen inszeniert wird. Vielfach wird das Erleben einer ‚authentischen' Geschichte zu Marketingzwecken beworben. Spiele dieser Kategorie simulieren ein lebensweltliches Engagiertsein und Handeln in einer virtuellen Welt. Andere realitätssimulierende Effekte (zeitgenössische Gestiken, Sprache, Rituale) oder Themen (Heimatfront, friendly fire, Gewalt gegen die Zivilbevölkerung) werden hingegen weitgehend ausgeblendet. Durch ihre personenbezogene Perspektivierung sind viele dieser Spiele stark präsentisch orientiert, die Spielzeit und fiktive Zeit stehen in einem direkten Verhältnis (1:1). Die Raumstruktur der realistischen Simulationen charakterisiert Chapman durch die Metapher der narrativen Gärten. Der*die Spieler*in beschreitet vorgegebene Wege, von denen er*sie nie oder nur selten abweichen kann. Dies dient dazu, die Erzählung stark zu rahmen und ihr so Dramatik und Spannung zu verleihen. Elemente wie Cutscenes, Missionsziele oder unvermeidbare Ereignisse steuern die Erzählung und reduzieren den Einfluss der Spieler*innenaktivitäten stark, sodass einfach zu interpretierende Narrative mit klaren Konflikten und überakzentuierten Werten entstehen. Epistemologisch lassen sich diese Spiele als repräsentative und rekonstruktive Form von Geschichte beschreiben.

Konzeptuelle Simulationen sind hingegen abstrakt und präsentieren nicht durch konkrete, sondern durch symbolische Formen Geschichte. Historische Prozesse werden aus der Distanz, der Feldherrn- und Historiker*innen-Perspektive dargestellt und sind daher den semiotischen Repräsentationen der Wissenschaft prinzipiell näher als die realistischen Simulationen. Historische Prozesse werden in Grafiken, Diagramme und Zahlen gegossen und visualisiert, die durch Menüs geordnet und ausgewertet werden können. Konzeptuelle Simulationen sind dadurch in der Lage, große, langandauernde und komplexe historische Abläufe zu simulieren, etwa indem sie mit aggregierten oder kollektiven Akteuren (Staaten, Wirtschaft, Militär) arbeiten. Persuasiv wirken diese Spiele nicht aufgrund der direkten Involvierung, sondern aufgrund ihrer prozeduralen Rhetorik (Schrape 2012, 89–94). Sie entwickeln also Überzeugungskraft durch ihre Regeln, ihre Handlungsmöglichkeiten und ihre Prozesshaftigkeit. Es sind vielfach indirekt-wirkende Regelmechanismen und Spielprinzipien mit denen der*die Spieler*in konfrontiert wird. Historisch-konzeptuelle Simulationen sind damit weit weniger offenkundig strukturiert wie ihr spielerischer Gegenpart. Die Spieler*innenhandlungen und mit ihnen die Spielweltentwicklung werden im Rahmen der regeltechnischen Möglichkeiten unabsehbar, die Entwicklung des Spielverlaufs ist offen. Chapman spricht von offen-ontologischen historischen Erzählungen, die diese Spiele anbieten. Die lebensweltliche Perspektive realistischer Simulationen wird bei den konzeptuellen hinsichtlich der Zeit- und Raumstrukturen aufgehoben. Bei Rundenstrategiespielen können einzelne Runden für Jahrzehnte oder Jahrhunderte stehen; Spielzeit, fiktive und historische Zeit stehen in einem asymmetrischen Verhältnis. Während der Raum in realistischen Simulationen deutlich strukturiert ist, kann der Raum in konzeptuellen Simulationen manipuliert werden. Die Darstellung dieses Raums erfolgt vielfach aus der Vogelschauperspektive, etwa durch eine isometrische Ansicht. Die abbildende Realität der realistischen Simulationen wird dabei konzeptuell reduziert, um sie übersichtlicher für die Steuerungsprozesse zu machen. Konzeptuelle Simulationen verfügen über ontologisch-offene Welten und sie sind für Chapman daher Teil einer konstruktivistischen Epistemologie.

Im Gegensatz zu den realistischen Simulationen, die die historische Narration im Spiel stark rahmen, müssen bei den konzeptuellen Simulationen die Einzelelemente vom*von der Spieler*in selbsttätig narrativ verbunden werden. So sind etwa komplexe Computerspiele durch den*die Spieler*in hinsichtlich ihres regeltechnischen Funktionierens nicht völlig zu durchdringen, sodass Sinnbildungsprozesse etwa über trivial-alltagsweltliche, historische oder politische Theorien durch den*die Spieler*in zur Interpretation herangezogen werden. Der*die Spieler*in nähert sich bei der Interpretation seines*ihres Spieldurchgangs der Arbeit des*der Historiker*in an („player-*historians*" (Chapman 2016, 233)). Gerade der Akt der historisch-digitalen Spieleinterpretation zeigt sehr anschaulich den Unterschied zwischen Vergangenheit und Geschichte auf. Während realistische Simulationen Geschichte, also eine spezifische gegenwartsbezogene Erzählung, umsetzen, zwingen konzeptuelle Simulationen den*die Spieler*in dazu, das ungeordnete, unstrukturierte Spielerlebnis (Vergangenheit) sinngebend zu ordnen (Geschichte).

Politische Aspekte in digitalen Spielen sind im Vergleich zu historischen deutlich weniger beforscht (Motyka 2018, 150). So geht das von Sanders herausgegebene „Handbuch politische Bildung" im Beitrag von Besand („Mit digitalen Medien lernen" (2014)) in drei Sätzen auf digitale Spiele ein, der Beitrag von Scholz (2014) zu Spieleformen in der politischen Bildung gar nicht. Mit der Arbeit von Motyka (2018) liegt die erste politikdidaktische Monografie vor, darüber hinaus gibt es einige vereinzelte Aufsätze und Sammelbände (siehe Ausnahmen wie Bevc (2007)). Anders als beim Fach Geschichte ist der Gegenstand der politischen Bildung ungleich schwieriger zu bestimmen; die Suche nach dem, was Politik ist, ist Teil der Diskussion innerhalb der Fachdidaktik selbst. Die Positionen reichen von einem eher geschlossenen, politikwissenschaftlichen Politikbegriff bis hin zu einer breiteren, sozialwissenschaftlichen Perspektive. Die gleiche Opposition zieht sich auch durch die Diskussion der Bildungsziele, ob nämlich politische Bildung auf (vor-)wissenschaftliche, kognitive Aspekte und auf akteursbezogenes beziehungsweise institutionelles Wissen oder stärker persönlichkeitsbildend, auf die politische Kultur und auf Politik als Handlungstyp abzielen soll. Mehrheitlich wird in der Didaktik ein weiter Politikbegriff vertreten (vgl. Sander u.a. 2017, 126; Kühberger 2009, 116). Davon ausgehend können vermutlich in jedem Spiel politische Aspekte entdeckt werden, da überall gesellschaftliche Handlungsbereiche angesprochen werden: von der mit aggregierten Metasubjekten arbeitenden Städtebausimulation bis hin zu einem Adventure, in dem der Protagonist sein tägliches Leben vor dem Hintergrund eines diktatorisch-dystopischen Systems bestreiten muss.

Chapmans Kategorisierung lässt sich auch auf digitale Spiele mit politischen Bezügen übertragen und erweitern. Während Spiele wie die „Die Sims"-Reihe (EA Games 2000–2014) oder „Beholder"

(Alawar Premium 2016) auf Einzelfiguren fokussieren und daher realistisch sind, können Städtebausimulationen, etwa „Cities: Skylines" (Paradox Interactive 2015), dem konzeptuellen Stil zugeordnet werden. Neben den von Chapman übernommenen Kategorien, die den spielbezogenen Simulationsstil definieren, werden hier die politikbezogenen Kategorien Politikbezug und Erfahrungsbereich hinzugenommen. Im politikwissenschaftlichen Kontext lassen sich die Spiele innerhalb der polity-/policy-/politics-Einteilung verorten, wobei kein Spiel ausschließlich in eine der Dimensionen fällt, sondern immer nur dominante Aspekte hinsichtlich einer Kategorie aufweist.

<table>
<tr><th colspan="7">politische Simulationsstile und deren epistemologische Konsequenzen</th></tr>
<tr><td>Stil</td><td colspan="3">realistisch</td><td colspan="3">konzeptionell</td></tr>
<tr><td>Avatar</td><td colspan="3">realweltlich-konkret, individuell, körpergebundene Semiotik, subjektivierend</td><td colspan="3">abstrakt,
Meta-Subjekt, Super-Subjekt, aggregierte Subjektposition</td></tr>
<tr><td>Darstellung</td><td colspan="3">auf Subjekt zentriert</td><td colspan="3">symbolisch-abstrakt (Graphen, Statistiken), isometrisch</td></tr>
<tr><td>Zeit</td><td colspan="3">Präsens
1 : 1</td><td colspan="3">Präsens und Vergangenheit
X : X</td></tr>
<tr><td>Raum</td><td colspan="3">erzählerische Gärten</td><td colspan="3">erzählerische Leinwände</td></tr>
<tr><td>narrative Rahmung</td><td colspan="2">determiniert</td><td colspan="2">offen-teilstrukturiert</td><td colspan="2">offen-ontologisch</td></tr>
<tr><td>Politikbezug</td><td colspan="2">polity (Form):
politische Kultur</td><td colspan="2">policy (Inhalte)</td><td colspan="2">politics (Prozess):
Politiksimulationen</td></tr>
<tr><td>Erfahrungsbereich</td><td colspan="2">Alltagshandlungen, individuelle Erfahrung, narrativ-rekonstruktiv</td><td colspan="2">Mesoebene: individuell und systemisch; Handeln im Rahmen einer Institution</td><td colspan="2">Stadt-, Landesregierung, Weltregierung, systemische Ebene, systemisch-konstruktiv</td></tr>
<tr><td>Beispiele</td><td colspan="2">Begrabe mich, mein Schatz, Beholder</td><td colspan="2">This is the Police, 911 Operator</td><td colspan="2">Urban Empire, Democracy 3, Fate of the World</td></tr>
</table>

Tab. 8: nach Chapman (2016, 59 – 170) bearbeitet und um eigene Kategorien erweitert

Realistische politikbezogene Spiele der polity-Dimension zielen auf eine narrativ überformte Erzählung ab, die sie über einen lebensweltlich-konkreten Avatar umsetzen. Politische Bezüge werden aus einer individuellen Perspektive, thematisch gebunden an Alltagserfahrungen, wahrgenommen. So ‚erlebt' der*die Spieler*in etwa bei „Begrabe mich, mein Schatz", einem Smartphone-Adventure, aus Sicht eines im syrischen Bürgerkrieg in Homs Zurückgebliebenen die Flucht seiner Frau nach Europa. Die Darstellung des Fluchtalltags, etwa das Lagerleben, die Selbstorganisation in der Fremde oder die Transiterfahrungen dominieren das Spiel. In „Beholder" wird der*die Spieler*in mit dem tristen Arbeitsalltag eines*einer Beamt*in in einer an George Orwell erinnernden Dystopie konfrontiert, während er*sie gleichzeitig seine*ihre Familie versorgen muss. Der realistische Spielstil zielt auf kollektive Subjektvorlagen (der flüchtende Mensch, der Mensch im Kommunismus) ab. Spiele wie diese beschäftigen sich weniger mit sachpolitischen Themen als vielmehr mit Formen der politischen Kultur.

Spiele der policy-Dimension liegen zwischen der polity- und der politics-Form. Dies betrifft etwa die Handlungs-, Darstellungs- und Steuerungslogik: In „This is the Police" (THQ Nordic 2016) und „911 Operator" (Games Operators/PlayWay S.A. 2017) muss der*die Spieler*in Polizei-, Feuerwehr- und Rettungseinheiten situativ so effizient einsetzen, dass er*sie zivile Notfälle lösen kann. Das Spiel zirkuliert zwischen einer auf der individuellen Ebene angesiedelten Planungsphase (Dienstplanerstellung für Mitarbeiter*innen mit individuellen Fähigkeiten) und einer strategischen Ansicht, in der die zur Verfügung stehenden Ressourcen symbolisch dargestellt werden. Es existiert zwar eine rahmende Handlung, während der strategischen Spielphasen ist der*die Spieler*in allerdings recht frei im Einsatz der Mittel.

In Computerspielen der politics-Dimension nimmt der*die Spieler*in die Rolle von kollektiven Akteur*innen wie der Stadtregierung („Urban Empire" (Kalypso Media Digital 2017)), der Bundesregierung beziehungsweise dem Bundesrat/Nationalrat („Democracy 3" (Positech Games 2013)) oder einer fiktiven Weltregierung („Fate of the World" (Soothsayer Games 2011)) ein. Thematisch werden alle gesellschaftlichen Grundfunktionen (Wirtschaft, Kultur, Gesellschaft) im Zusammenhang mit Politik angesprochen. Der*die Spieler*in wird herausgefordert, in systemischen Zusammenhängen zu denken, um den Spielverlauf interpretieren zu können. Wie konzeptuelle Spiele mit historischem Bezug den*die Spieler*in zum*zur ‚player-historian' machen, so werden Spieler*innen bei konzeptuellen politischen Spielen zu Sozialwissenschafter*innen. Konzeptuelle politische Spiele stehen damit bezüglich der Wissensverhandlung dem klassischen Lehrbuchwissen nahe und induzieren ein forschend-entdeckendes Lernen.

5.6 Die Konstruktion ‚echter' Geschichte – Authentizitätsstrategien im digitalen Spiel

Der ‚Authentizitätsgrad' von Geschichtspräsentationen im digitalen Spiel wird von den Spieler*innen als Qualitätsmaßstab herangezogen und ist gleichzeitig eine Auszeichnung, die die Hersteller mitunter gern ihren Spielen angedeihen lassen. Geht man nun von der Auffassung aus, dass Geschichte immer mittels Medien konstruiert wird, muss jede Hoffnung auf eine Form ‚authentischer' Geschichte (‚so, wie es wirklich war') enttäuscht werden. Geschichtswissenschaft will nicht im Sinne Rankes erforschen, wie es gewesen ist, da dieser Anspruch nicht einlösbar ist. Übertragen auf die historischen Game Studies würde dies bedeuten, den Wert von digitalen Spielen rein an ihrem ‚korrekten' Abbildcharakter einer historischen ‚Wirklichkeit' zu bemessen. Ganz in diesem Sinne schrieb Grosch in der ersten fachdidaktischen Monographie zum digitalen Spiel: „Spielerisches Lernen erfolgt zwar, und auch historische Inhalte werden spielerisch vermittelt, doch fehlt jedes Qualitätsbewusstsein. Als Lehrmittel sind Computerspiele deshalb (noch) unbrauchbar." (Grosch 2002, 9) Auch 2009 schrieb Bevc noch, bezogen auf politische Inhalte im digitalen Spiel und deren Brauchbarkeit für die Politische Bildung: „Durch diese totale Komplexitätsreduzierung geht eine Erfahrungsverhinderung einher. Man kann nicht mehr davon sprechen, dass die Realität, die selbstverständlich zu komplex ist, um sie in einem Computerspiel darzustellen, hier komplexitätsreduziert ist, sie ist vielmehr überhaupt nicht mehr komplex." (Bevc 2009, 157). In beiden Zitaten wird eine historische und eine politische Wirklichkeit vorausgesetzt, die im digitalen Spiel nur unvollkommen gespiegelt wird.

Die gegenwärtigen historischen Game Studies lehnen die Perspektive, dass digitale Spiele mit Geschichtsbezug ‚korrekte' Bilder liefern könnten oder müssten, als nichtzielführend ab („Historical-Correctness-Debatte", siehe die Beiträge in Lorber/Zimmermann 2020): „Ansprüche auf historische Treue in Spielen (wie im Film) sind nicht nur problematisch, weil sie eine grundsätzliche Ignoranz gegenüber besonderen medialen Bedingungen und Prägungen der Geschichtswissenschaft bedeuten, sondern auch, weil sie stattdessen die Möglichkeit einer ‚direkten', wahrhaftigen Repräsentation von Vergangenheit unterstellen." (Köstlbauer 2013, 2) Schwarz plädiert daher für einen Perspektivenwechsel. Es gehe „letztlich […] bei der Betrachtung von populären Medien und Genres weniger um die Frage, ob sie eine

Norm oder Normen angemessen vermitteln, sondern vielmehr darum, was sie überhaupt vermitteln, wie sie das tun und wie dieses Angebot rezipiert wird.“ (Schwarz 2009, 336) Wie McCall schreibt, spielt die vermeintliche ‚Wissenschaftlichkeit‘ digitaler Spiele für die Konsument*innen keine Rolle, denn Computerspiele „communicate messages about the past that reach considerable numbers of people. They should not be ignored by anyone concerned with how the past is perceived, portrayed, and played.“ (McCall 2019, 46) Zudem erheben viele Spielentwickler*innen nicht den Anspruch, Geschichte oder Politik ‚richtig‘ darstellen zu wollen: „history is designed with the goal of knowledge, understanding, and enlightment in mind; video games are designed to be played.“ (Elliott/Kapell 2017, 13) Entsprechend des obigen Klassifikationsschemas kann die historische Bezüglichkeit als rein illustrativer Hintergrund verwendet („Rock of Ages“ (SEGA 2012)) oder unter dem Verweis auf eine Zusammenarbeit mit Expert*innen als dokumentarisch vermarktet werden („Attentat 1942“ (Charles University/Czech Academy of Sciences 2017)). Ganz im Sinne der Public History und der Erforschung des individuellen Geschichtsbewusstseins und der kollektiven Geschichtskultur ist es hingegen interessanter zu beforschen, wie digitale Spiele mit Geschichtsbezug genutzt, verstanden, instrumentalisiert, neuinterpretiert und popularisiert werden. Dies gilt ganz besonders für die schulische Nutzung: Historische Fehler in digitalen Spielen nachzuzeichnen, wird einem kritisch-reflexiven Umgang mit medial vermittelten Geschichtsbildern nicht gerecht. Letztlich macht es für historisch interessierte Laien vielfach keinen Unterschied, ob Spiele mehr oder weniger ‚historisch akkurat‘ sind – konsumiert werden sie unabhängig davon und prägen damit die Geschichtskultur.

Viele Spiele reklamieren einen hohen ‚Authentizitätsgrad‘ für sich: Geschichte wird im digitalen Spiel als Marke verwendet (Schüler/Schmitz/Lehrmann 2012) und so zum Kommunikationsmittel zwischen Produzenten und Konsument*innen, da der historische Bezug Inhalte und Anforderungen in einer gewissen Bandbreite erwartbar macht. Ähnlich wie bei der Verwendung des Authentizitätsmaßstabs als extern-bewertende Kategorie machen auch digitale Spiele bei der Selbstdarstellung den ‚Authentizitätsgrad‘ als Qualitätsmerkmal stark und werben damit, ein besonders ‚authentisches‘, ‚echtes‘ oder ‚wahres‘ Spielerlebnis zu bieten. Dazu nutzen die Spiele die Möglichkeiten der Objekt- und Subjektauthentizität: Formen der Ersteren liegen vor, wenn Expert*innen zitiert, akademische Institutionen angegeben,

Quellen verwendet oder besonders detailreich recherchierte und umgesetzte Objekte, wie Fahrzeuge und Waffen, verwendet werden (Köster 2017, 34–35). Formen der Subjektauthentizität werden etwa dann verwendet, wenn das Spiel ein ‚authentisches' Spielerlebnis verspricht: „You don't play – you volunteer" („Medal of Honor: Frontline" (EA Games 2002)). Digitale Spiele werben vielfach, wie Kingsepp das nennt, mit einer „*immersive historicity,* or an atmosphere of being personally involved in a re-enactment of history" (2006, 60–61). Im Kontext von Spielen zum Zweiten Weltkrieg („*BrandWW2*" (Salvati/Bullinger 2017, 163)) sprechen Salvati und Bullinger von einer „*selective authenticity*", die durch eine besonders detailreiche und aufwändige Darstellung bei der Repräsentation von Waffen *(„technology fetishism")*, einem Dokumentarstil *(„cinematic conventions")* oder der Quellendarstellung *(„documentary authority")* erfolgen kann. Selektiv ist die ‚Authentizität' insofern, als dass einige Aspekte als ‚authentisch' markiert und betont werden, während vielen andere Elemente unberücksichtigt und unerwähnt bleiben.

Die Authentifizierungsstrategien lassen sich, aufgrund des uneinlösbaren Anspruchs, Geschichte abzubilden ‚wie sie wirklich war', auch als „Authentizitätsfiktionen" (Buchberger/Kühberger 2013, 40) bezeichnen; sie werden ebenfalls von anderen Medien (Spielfilm, Dokumentation, Hörspiel etc.) verwendet und sollen deren Glaubwürdigkeit erhöhen. Die Mittel und Strategien dieser Authentizitätsfiktionen unterliegen wandelbaren Konventionen. Etwa, weil Konsument*innen populärer Geschichtsdarstellungen Elemente erwarten, die sie aus anderen populären Darstellungen kennen und deren Verwendung quasi für die transmediale ‚Echtheit' bürgt. Ein Beispiel dafür ist beispielsweise das „German-English" mit seinen Phrasen und seiner Sprachmelodie, das als konventionalisiertes popkulturelles Element für „Nazi-ness" (Kingsepp 2006, 78) steht. Das ‚Authentische' ist das „Ergebnis gesellschaftlicher Kommunikations- und Aushandlungsprozesse" (Pirker/Rüdiger 2010, 21), über dessen Konventionen etwa in Foren als „Auslegungsgemeinschaften" (Koch/Raupach 2013, 213) diskutiert wird.

Daneben gibt es eine wesentlich komplexere narrativ-audiovisuelle Ebene, deren Authentifizierung der crossmedialen Geschichtsdarstellung entspringt: Ausgangspunkt vieler Titel zum Zweiten Weltkrieg ist etwa die Bilderwelt von Spielbergs einflussreichem Spielfilm „Saving Private Ryan" (1998). Die D-Day-Sequenz, bei der die Alliierten auf Omaha Beach landen, wird etwa in Ego-Shootern wie

„Medal of Honor: Frontline“ (2002) oder im wesentlich aktuelleren „Call of Duty: WW2“ (2017) aufgegriffen. Der*die Spieler*in erreicht zunächst mit einem Landungsboot den Strand. Wie im Film wird das Boot nach dem Öffnen der Landungsklappe von einem MG-Schützen beschossen und die Spielfigur springt rechts ins Wasser und taucht unter. Die Perspektive wird unscharf, Kugeln schlagen ein. Betäubt läuft der*die Spieler*in zum Strand in den Schutz der Panzersperren. Spielbergs Film erhob den Anspruch, besonders detailliert und historisch korrekt in der Darstellung zu sein, etwa indem Zeitzeug*innen interviewt und Dokumente ausgewertet worden waren. Darauf bauen digitale Spiele zum Zweiten Weltkrieg auf, indem sie die als ikonisch zu bezeichnenden Bild- und Erzählkonventionen von „Saving Private Ryan“ dazu verwenden, ihre eigene ‚Authentizität‘ unter Beweis zu stellen. Kingsepp benennt dies, unter Rückgriff auf Jean Baudrillard, als *„hyperreality“* (2006, 65): Realität wird durch eine Kopie ersetzt, die letztlich selbst für das Reale steht.

5.7 Merkmale einer spielbaren Geschichte

Dieses Kapitel fasst pointiert allgemeine Merkmale des Historischen im digitalen Spiel zusammen. Diese abstrakten Charakteristika sind für Einzeltitel mitunter unzutreffend und sollen daher nur eine grobe Übersicht, wie mit Geschichte im digitalen Spiel umgegangen wird, bieten.

Kontrafaktisches Erzählen: Herausragendes Charakteristikum von konzeptuellen historischen Simulationen in digital-spielerischer Form sind deren Kontrafaktizität (Schwarz 2017, 180–200). Simulationen ermöglichen es etwa, Szenarien auszuprobieren oder historische Verläufe und Parameter zu ändern. Komplexe Simulationen, wie jene aus den verschiedenen Paradox-Reihen, können sogar ablaufen, ohne dass ein*eine menschliche*r Spieler*in aktiv in den Spielverlauf eingreift. Digitale Spiele werden daher zu historischen Laboratorien, in denen der historische Prozess unter wechselnden Faktoren und mit unterschiedlichen Ergebnissen ablaufen kann. Während Simulationen dem*der Spieler*in eine Vielzahl von alternativen Entwicklungen anbieten, eröffnen realistische Simulationen wie First-Person-Shooter oft nur einen beschränkten Entscheidungsraum. In beiden Fällen ermöglicht aber die Wiederholbarkeit simulierter Entscheidungen im historischen Kontext eine intensive Reflexion über kontrafaktische Geschichte. Dies macht digitale Spiele für den didaktischen Einsatz besonders interessant.

Historische Handlungsmacht: Geschichte wird in vielen Globalstrategie-, Echtzeitstrategiespielen und Städtebausimulationen teleologisch, fortschrittsoptimistisch, linear und als planbar umgesetzt. Ego-Shooter werden oft durch einfache historische Narrative strukturiert, in denen ein Einzelindividuum die Möglichkeit zum geschichtsverändernden Handeln hat. In der „Wolfenstein"-Reihe etwa sind es die Mitglieder der Familie Blazkowicz, die in einem alternativhistorischen Setting den Widerstand gegen die Nationalsozialisten anführen. Die Planbarkeit und Rationalität, mit der sich die meisten Aufgaben innerhalb von digitalen Spielen lösen lassen, verbunden mit dem direkten Feedback des Computerspiels, führen zu einer intrinsischen Motivation. Der*die Spieler*in wird zum wirkmächtigen historischen Subjekt: „Games offer a sense of exploration, of control, of possibility, possibly of sense of sober consideration, not just passive determinism. As such they can helpfully move history education beyond the archetypal monotony of ‚one damned thing after another'." (McCall 2019, 35)

Historische Planbarkeit, Überinformiertheit und Zielgerichtetheit: Eng mit der Handlungsmacht verbunden ist ein hoher Grad an historischer Planbarkeit für den*die Spieler*in. Dieser wird etwa in Strategiespielen durch diagrammatisch-organisierte Daten hergestellt: Dank Statistiken, Diagrammen und Kennziffern kann der*die Spieler*in von „Civilization" von Spielbeginn an seine*ihre Einnahmen und Ausgaben optimieren, das Bevölkerungswachstum steuern und die Grenzverläufe seiner Zivilisation überwachen. Das Gefühl der Kontrolle, der Plan- und Steuerbarkeit ist Basis für die Erfahrung von (Selbst-)Wirksamkeit im digitalen Spiel und Ausdruck für eine populäre Auffassung von der Steuerbarkeit von Gesellschaft und Geschichte. Simulationen bieten im Schlachtgeschehen die Perspektive des Feldherrnhügels oder im Kampagnenmodus die übersichtliche Draufsicht auf die Spielwelt an. In First-Person-Shootern oder Sidescrollern ist es die Gewissheit des*der Spieler*in, mit den zur Verfügung stehenden Handlungsmöglichkeiten das Spiel bewältigen und, oftmals wortwörtlich, die Welt retten zu können. Verstärkt wird diese Selbstwirksamkeitserfahrung noch durch klar definierte und operationalisierbare Quests, (Zwischen-)ziele und Aufgaben. Szenen, in denen der*die Spieler*in handlungsohnmächtig wird, sind dementsprechend oft gescriptet oder werden als filmische Sequenzen ausgeführt.

Krieg als Mittel, der historische Prozess als Wettbewerb: Der historische Prozess in Simulationen ist oftmals mit einer Wettbewerbssituation verbunden, deren Endziel die Dominanz eines Akteurs ist. Daher sind Kriege beziehungsweise gewalttätige Mittel in vielen Spielen der Endzweck der Produktionsketten, der technischen Innovation und damit des spielerischen Handelns. Formen politischen Handelns stellen oftmals ein Simulationsproblem dar, da computergesteuerte Akteure mitunter nicht sinnvoll und taktisch geschickt genug agieren können.

Reduktion historischer Komplexität: Wie in allen public history-Formaten wird Geschichte in komplexitätsreduzierter Weise dargestellt: Klischees und Stereotype werden verwendet, Gut-Böse-Dichotomien strukturieren häufig die Erzählungen, bekannte Konzepte und Ordnungsschemata werden übergeneralisiert (z.B. Nationen, Kultur, Ethnie) und bestimmte Plots ‚erzählen' die historischen Ereignisse. Die Gründe dafür sind wiederum in der historischen Agency zu suchen: Die Reduktion von Komplexität stellt die Handlungsmacht und die Erfahrbarkeit von Kontingenz für die*den Spielende*n sicher.

Gegenwartsperspektive: Digitale Spiele sind gemachte und interpretierte Geschichte, wie jede andere Form der Geschichtsdarstellung auch. Vielfach wird die Gegenwartsperspektive auf die Vergangenheit übertragen, etwa um aus heutiger Sicht Inhalte politisch-korrekt darzustellen. Andere Themen werden gezielt ausgeblendet, wie etwa Sklaverei, Kriegsverbrechen oder der Holocaust.

*Der*die Spieler*in als ‚Produser' von historischem Sinn:* Digitale Spiele sind immer verbunden mit einem, wie Chapman es nennt, „doing" und „reading". Sie fordern den*die Spieler*in als aktiven*aktive Rezipient*in heraus. Er*sie muss Ereignisse in einen narrativen Zusammenhang bringen, interpretieren, Leerstellen füllen und sie mit einem historischen Referenzrahmen, der freilich dem individuellen Geschichtsbewusstsein des*der Spieler*in entspricht, in Beziehung setzen: „The player is both narrator and audience." (Chapman 2018, 34) Die Rezeptions- und Produktionsmöglichkeiten von Geschichte im digitalen Spiel sind deshalb im Vergleich zum Text weit offener und vielfältiger, etwa wenn historische Verläufe durch ein Modding-Projekt kontrafaktisch inszeniert werden.

5.8 Die historische Spielanalyse

Die historische Analyse digitaler Spiele benötigt ein eigenes Schema mit speziell darauf abgestimmten Fragestellungen. Eine Möglichkeit, wie ein solches Schema aussehen kann, wird hier vorgestellt. Wie das in Kapitel 3.2. schon dargestellte Modell von Fernández-Vara (2019) unterteilt auch Giere sein historisches Analysemodell von Computerspielen in die Bereiche „Spielwelt", „Spieler" und „Spielen" (Giere

2019, 33), während Heinze in seinem Bezugsrahmenkonzept zur Verortung von Geschichte im digitalen Spiel die Bereiche „formales System“, „digitales Spiel“ und „historisches Wissen als Teil des kollektiven Wissens“ (Heinze 2014, 84) verwendet. Die meisten Analysemodelle zu digitalen Spielen folgen einer Einteilung in drei Bereiche, von denen sich einer der Welt um das Spiel, einer mit dem Spiel selbst und einer der Interaktion mit dem Spiel widmet.

Im Folgenden wird das Modell von Fernández-Vara adaptiert und soll so speziell auf die Eigenheiten politischer und historischer Fragestellungen Rücksicht nehmen. Dazu werden den unterschiedlichen Bereichen der Analyse (mögliche) spezifisch historische oder politische Erkenntnisinteressen zugeordnet. Die Erkenntnisinteressen entstammen zum Teil dem „Manifest“ des Arbeitskreises „Digitale Spiele und Geschichtswissenschaft“ (Arbeitskreis Digitale Spiele und Geschichtswissenschaft 2016, Bereich „B“). Der Arbeitskreis selbst ist ein Forum zur Vernetzung all jener im deutschen Sprachraum, die sich mit dem Thema digitale Spiele in der Geschichtswissenschaft beschäftigen. Laut dem Manifest entstehen für Spieler*innen „in individuell inszenierten, historisch anmutenden Situationen eigene Erfahrungen, deren Plausibilitätsansprüche dabei weit über denen ‚klassischer‘ Geschichtsschreibung liegen können.“ (Arbeitskreis Digitale Spiele und Geschichtswissenschaft 2016) Diese ‚Inszenierungen‘ im Rahmen einer historischen oder politischen Fragestellung schlüssig dekonstruieren zu können, sollte das Ziel der geschichtsdidaktischen Behandlung von digitalen Spielen darstellen. In einer Broschüre, die die Autoren für „Zentrum polis“ zum Thema digitale Spiele im Unterricht herausgegeben haben, findet sich dieses Modell in ähnlicher Form (Aumayr/Preisinger 2020, 8–10).

Die hier angeführten Forschungsinteressen und Forschungsfragen verstehen sich als Anregungen, die für den schulischen Bedarf kombiniert, gekürzt, erweitert oder angepasst werden können. Der Zeitdruck einer einzelnen Schulstunde wird eine Stundenplanung, die alle drei Bereiche der Analyse abdeckt, kaum zulassen. Die Analyseaspekte lassen sich auch einzeln anwenden beziehungsweise bietet sich bei manchen Spielen ohnehin ein Schwerpunkt auf nur einen bestimmten Teilbereich an. Ziel ist es, den Schülern*innen einen medienreflexiven Blick auf digitale Spiele zu ermöglichen. Darauf etwa, welchen Einfluss die mediale und spielmechanische Eigenlogik des jeweiligen Spiels auf individuelles Geschichtsbewusstsein und geschichtskulturelle Vorstellungen haben können.

Kategorie		Fragen
Kontextanalyse: Erinnerungskulturelle Wissenssysteme und zeitgeschichtliche Rückkopplungen	historisches/politisches Erkenntnisinteresse unter medienbedingten Aspekten	• Wie und warum wird Geschichte von wem inszeniert? • Wurde die historische Erzählung dem Genre/der medialen Darstellung angepasst oder umgekehrt? • Gibt es alternative historische Erzählungen, wird Geschichte als konstruiert fassbar oder inszeniert sich das Spiel als dokumentarisch? • Überwiegt der Narrations- oder der Simulationsanspruch? • Gibt es Möglichkeiten der didaktischen Verwertung?
	historisches/politisches Erkenntnisinteresse unter gesellschaftlichen und wirtschaftlichen Aspekten	• Mit welchen historischen Vorstellungen und Erwartungen spielt die Werbung des Spiels? • Wird der Spielinhalt als ‚authentische' Repräsentation von Geschichte beworben? • Verwendet das Spiel eine bestimmte historische Erzählung? • Bedient das Spiel Motive einer kollektiven Identität (ist es auf bestimmte Bevölkerungsgruppen ausgelegt)? • Welche Position nimmt das Spiel im erinnerungskulturellen Feld ein? • Welche tradierten Geschichtsbilder kommen zum Einsatz, welche anderen werden ‚verschwiegen'? • Inwiefern handelt es sich bei dem Spiel um ein Produkt seiner Zeit (welche Diskurse, welcher Forschungsstand werden aufgegriffen)? • Schließt das Spiel an andere Produkte mit historischen Bezügen an (Comics, Romane, Filme)?
Spieleüberblick: Technikkulturelle Geschichte des Spiels und Historizität der Story	historisches/politisches Erkenntnisinteresse bei spielseitigen Elementen	• Steht das Spiel in einer bestimmten Tradition (Genre, Vorbilder, Spielreihe)? • Wurden Historiker*innen bei der Entwicklung herangezogen? • Wurden bewusste Änderungen bei der Darstellung historischer Abläufe oder Personen zugunsten der Handlung vorgenommen (etwa um eindeutige Protagonist*innen und Antagonist*innen zu schaffen)? • Werden bestimmte historische Aspekte zugunsten der Story ausgeblendet? • Inwiefern und wie wird die Komplexität historischer Darstellung zugunsten der Handlung reduziert? • Gibt es Dokumente, die darauf hinweisen, wie die Entwickler*innen Geschichte nutzen wollen? • Wird die dargestellte Geschichte als ‚authentisch' vermittelt? • Welche Formen alternativer Geschichtsschreibung lassen sich finden?
	historisches/politisches Erkenntnisinteresse bei spieler*innenseitigen Elementen	• Ist historisch-politisches Sachwissen für den Spielerfolg notwendig, hilfreich oder bedeutungslos? • Findet eine Beeinflussung der Spielerfahrung durch fachspezifisches Vorwissen statt? • Gibt es Foren, Diskussionsplattformen etc., in denen aus historischer Perspektive das Spiel diskutiert wird? • Verwendet das Spiel eine bestimmte historische Erzählung? • Wie fassen die Spieler*innen den historischen Gehalt des Spiels auf und bemächtigen sich Teile der Community der vermittelten Geschichte, um sie in ihrem Sinn auszulegen? • Werden Neuadaptionen, Anpassungen oder Modifikationen (Modding) durchgeführt, um bestimmte historische Aspekte zu betonen oder zu verändern (etwa „Realism-Mods", Mods für historische Bezeichnungen)?

Kategorie		Fragen
formale Analyse: Eigenschaften als geschichtsvermittelndes Regelsystem	historisches/politisches Erkenntnisinteresse bei technischen Eigenschaften	• Wie beeinflussen die technischen Eigenschaften und Möglichkeiten (Grafik, Sound, Speicherlimitationen, Fähigkeiten der KI, Eingabe) die Darstellung historischer Inhalte? • Welche für Serious Games typischen Elemente werden genutzt? • Werden bestimmte historische Aspekte zugunsten der Spielerfahrung ausgeblendet? • Welche regelmechanische Eigenlogik hat das Spiel in Bezug auf die historischen Inhalte? • Wie und wo vereinfachen Steuerung und Spielmechanik komplexe historische Abläufe? • Sind Handlungen möglich/nicht-möglich, die historisch zutreffend/unzutreffend sind?
	historisches/politisches Erkenntnisinteresse bei performanzbezogenen Eigenschaften	• Welchen Eindruck, welche Geschichtsbilder etc. hinterlässt das Spiel bei den Spielenden? • Ändert sich die Vorstellung über historische Abläufe und Personen durch den Konsum des digitalen Spiels?

Tab. 9: Kategorien der historischen Analyse von Spielen

Die hier angeführte Analyse stellt hohe kognitive Ansprüche und wird im schulischen Kontext am ehesten im Projektunterricht der Sekundarstufe II oder in vorwissenschaftlichen Arbeiten umgesetzt werden können. In ihrem Kern ist die historische Spielanalyse eine Form der Medienanalyse. Je nach Fragestellung wird das zu untersuchende digitale Spiel beschrieben und hinsichtlich bestimmter Aspekte analysiert. Zu diesem Zweck ist es sinnvoll, diverse Methoden der Soziologie und der Kommunikationswissenschaft heranzuziehen. Als praktikabel erweist sich hierfür eine Kombination aus Mayrings „Qualitative Inhaltsanalyse" (2010) und Rösslers „Inhaltsanalyse" (2017), die in die historische Spielanalyse integriert werden. Ein solcher Methodenmix wurde für die historische Analyse von digitalen Spielen in „Der frühe moderne Staat im digitalen Spiel" (Aumayr 2019, 58–72) adaptiert und angewandt und wird hier überblicksartig vorgestellt.

Um die qualitative Inhaltsanalyse nach Mayring anwenden zu können, wird das digitale Spiel als „Text" verstanden, und zwar dahingehend, dass es sich um eine Form fixierter Kommunikation handelt, die sich systematisch, regel- und theoriegeleitet analysieren lässt. Bei dieser Analyse wird das Ziel verfolgt, Rückschlüsse auf bestimmte Aspekte dieser Kommunikation ziehen zu können (Mayring 2010, 14). Von anderen Medien unterscheidet sich das digitale Spiel als Text durch einen geringeren Grad der ‚Fixiertheit'. Während Bücher, Bilder und Filme zumindest in der erworbenen Ausgabe in ihrer Form feststehen, können digitale Spiele heute durch Patches selbst auf dem System des*der Nutzer*in noch von den Entwicklern erheblich verändert werden. Dieser Plastizität digitaler Spiele ist bei der Analyse unbedingt durch genaue Versionsangaben Rechnung zu tragen. Auch der Spielvorgang selbst kann von Spieler*in zu Spieler*in höchst unterschiedlich ausfallen. Die Inhaltsanalyse beschränkt sich nicht auf ‚Inhalte' im Sinne der ‚Story', sondern, wie oben schon beschrieben, berücksichtigt formale Kriterien ebenso wie das Umfeld des untersuchten Mediums. In diesem Sinn schlägt Mayring den Ausdruck „kategoriengeleitete Textanalyse" vor. Um Rückschlüsse auf bestimmte Aspekte der Kommunikationsform ‚Computerspiel' ziehen zu können, werden diese Aspekte verschiedenen Kategorien zugeteilt, angeleitet durch die Forschungsfrage. Um diese Kategorien und ihre Anwendung in Form einer Analysemethode zu strukturieren, wird Rösslers System zur Erstellung eines Codebuches verwendet (Rössler 2017).

Das „Codebuch", das Rössler für die medienwissenschaftliche Analyse konzipierte, beschreibt Kategorien, nach denen formale und inhaltliche Aspekte eines digitalen Spiels untersucht werden. Das Codebuch enthält, erstens, die Auswahleinheiten, die zur Untersuchung ausgewählter Medieninhalte verwendet werden, also das digitale Spiel/die digitalen Spiele oder Ausschnitte davon. Zweitens die Analyseeinheit, also die Systematik, nach der die Kategorien ausgewählt wurden. Diese müssen der (geschichtswissenschaftlichen) Forschungsfrage entsprechen. Im Falle von Aumayrs Publikation waren dies zum Beispiel die Merkmale des frühen modernen Staates (Aumayr 2019, 62–63), die aus der Forschungsliteratur erarbeitet wurden (u.a. Freist 2008, Hui 2005, Reinhard 2002, Reinhard 2009). Drittens die Codiereinheit, die ein einzelnes für die Analyse relevantes Merkmal und dessen dazugehörige, mögliche Ausformungen darstellt.

Die folgende Tabelle fasst die zentralen Konzepte noch einmal zusammen. Ein Beispiel für eine Analyseeinheit wäre „Merkmale des frühen modernen Staates und politische Ideen" und eine Codiereinheit dazu wäre „Darstellung eines einheitlichen Staatsgebiets" mit den möglichen Ausprägungen „nicht verwirklicht" oder „verwirklicht" (Beispiele aus Aumayr 2019, 29–83).

Einheitsbezeichnung	Beschreibung der Einheit	Beispiel
Auswahleinheit	Gegenstand der Analyse	Empire: Total War (Sega 2009)
Analyseeinheit	Aspekt, unter dem die Auswahleinheit untersucht wird, grenzt das Forschungsinteresse ein	Merkmale des frühen modernen Staates
Codiereinheit	einzelnes für die Analyse relevantes Merkmal mit festgelegten Ausprägungen	Darstellung eines einheitlichen Staatsgebiets. Mögliche Ausprägung: nichtverwirklicht/verwirklicht

Tab. 10: Elemente des Codebuchs (nach Aumayr 2019, 29–83)

Anregungen für Analyse- und Codiereinheiten können den oben genannten Kategorien einer historischen Spielanalyse entnommen werden. Jede dieser Einheiten kann mehrfach in einem Codebuch vorkommen. So wäre etwa die Analyse eines spezifischen Aspekts (Analyseeinheit/Codiereinheit) in mehreren Spielen (mehrere Auswahleinheiten) genauso denkbar, wie eine detaillierte Analyse eines einzelnen Spiels.

Ein solches „Codebuch“ kann dann auf ein digitales Spiel angewendet werden und liefert objektivierte (und mitunter quantifizierbare) Aussagen über dieses Spiel beziehungsweise die Art der Darstellung historischer Inhalte. Die Schwierigkeit dieser Methode liegt sicherlich im Erstellen des Codebuchs, in der Vorbereitung der Analyseeinheiten und im Formulieren der einzelnen Codiereinheiten. Im schulischen Kontext bietet es sich an, nur Teile des Codebuchs, je nach Unterrichtsplanung, vor oder nach dem Spielen erstellen zu lassen. Will man etwa den Schülern*innen nicht gleich ein fertiges Codebuch zur Verfügung stellen, könnten diese die Analyseeinheiten durch zur Verfügung gestellte Quell- oder Sekundärtexte selbstständig entwerfen. Beispielsweise könnte man auf Basis eines in mehrere Abschnitte unterteilten Textes zur mittelalterlichen Gesellschaft die Kapitelüberschriften als Analyseeinheiten festlegen und die Schüler*innen in Gruppen für je einen Abschnitt einzelne Codiereinheiten erarbeiten lassen. Durch diese Art Scaffolding kann man Schüler*innen an die Methode heranführen, ohne sie anfangs zu überfordern. Die Auswahleinheit, also das zu analysierende Spiel, sollte schon im Vorfeld bekannt sein.

Das so gewonnene Codebuch kann schließlich von jedem*jeder Schüler*in selbst auf das entsprechende Spiel oder weitere Spiele angewendet werden. Nach der Auswertung zeigt sich die Brauchbarkeit des Codebuchs. Die Diskussion darüber kann ein wichtiger Teil der Nachbearbeitung sein, da sie zu einem weiteren Nachdenken über das betreffende Spiel führt und allgemein die medienreflexive Kompetenz stärkt.

Ein weiteres, besonders für die schulische Anwendung brauchbares Analysekonzept entwickeln Buchberger/Kühberger (2013). Sie verwenden eine Reihe von Fragestellungen und Arbeitsaufträge, die sich auf die historische Dekonstruktion digitaler Spiele konzentrieren und die Reflexion des analysierenden Subjekts berücksichtigen (Tab. 11).

Phase	Intention	exemplarische Aspekte der Spielanalyse
Einstieg	• sich selbst befragen • nach der Charakteristik der historischen Darstellung fragen	• Ersteindruck des Spiels/Cover und Selbstdarstellung des Spiels/eigene Empfindungen während des Spielens • Gattung und Beschreibung des Spiels • Hauptintention des Spiels mittels Rezensionen, Spielverlauf etc. erschließen • Unternehmensphilosophie des Produzenten • Zahlen zu Verbreitung unter verschiedenen Altersgruppen
Hauptteil	• Analyse auf empirischer Ebene • Analyse auf narrativer Ebene • Analyse auf normativer Ebene	• Vergleich bestimmter Aspekte des Spiels mit historischen Quellen, Übereinstimmung von Ereignissen und Abläufen mit historischen Quellen oder Stand der Forschung, dargestellte Aspekte mit Fachliteratur vergleichen • zeitliche Zusammenhänge beschreiben: Aufstiegs- und Abstiegsgeschichte oder Auf und Ab der Kräfte • Authentifizierungsstrategien erarbeiten • Simulation einer individuellen, historischen Erfahrung durch das Spielen einer bestimmten Sequenz (‚Reenactment') • Erklärungsangebote für historische Zusammenhänge analysieren • Vergleich der Darstellung verschiedener Menschengruppen • emotionale Lenkungsabsicht der eingesetzten Musik • Werden verschiedene Strategien oder Entscheidungen vom Spiel bewertet, etwa der Einsatz tödlicher Gewalt? • Beschreibung der im Spiel dargestellten Männer- und Frauenbilder
Schlussphase	• Selbstreflexion und Intention verbinden	• Vergleich der Einschätzung der Einstiegsphase mit den Erkenntnissen der Analysephase • Unterlagen durchsehen, Ergebnisse hervorheben und festhalten

Tab. 11: historische Analyse digitaler Spiele nach Buchberger/Kühberger (2013), leicht verändert

Der Vorteil dieses Analyserasters liegt in der niederschwelligen Umsetzbarkeit und der überschaubaren Anzahl an Arbeitsschritten. Ein Nachteil ist, dass die Arbeitsschritte der Analysephase ein beträchtliches Begriffs- und Methodenrepertoire voraussetzen, um sinnvoll umgesetzt werden zu können. Wenn die Schüler*innen überhaupt keine oder wenig Erfahrung mit der historischen Analyse digitaler Spiele haben, sind vor allem die Reflexionsteile der Einstiegs- und Schlussphase empfehlenswert. Wählt man hingegen die Analyseschritte des Hauptteils, so ist es wichtig, sich auf einige spezifische Fragen zu beschränken.

6. Historisches Lehren und Lernen mit digitalen Spielen

6.1 Digital Game-Based Learning und Serious Games – Systematisierung und Konzepte

Das ‚Digital Game-Based Learning' (DGBL) entstand aus dem sogenannten ‚Edutainment', also der Verbindung aus unterhaltenden (Entertainment-) und belehrenden (Education-)Elementen, sowie aus der Serious Games-Bewegung im Brettspielbereich ab den 1950er-Jahren. Mit den 1990er-Jahren wurden erste E-Learning-Konzepte entwickelt. Ganz allgemein gelten als Startschuss für DGBL-basierte Formen Prenskys Veröffentlichung „Digital Game-Based Learning" (2001) sowie die Einführung des Begriffs ‚Serious Game' durch Rejeski und Sawyer (2002). Sowohl die Digitalisierung von Lehrmittel und Unterrichtsvorgängen als auch die Gamifizierung von pädagogischen Inhalten waren zu Beginn an von einer euphorischen Erwartungshaltung begleitet. Mittlerweile sind die Bewertungen aber wesentlich realistischer geworden. So etwa haben sich die Hoffnungen, dass reines E-Learning effektiver, kostensparender und motivierender als ‚konventionelle' Unterrichtsformen ist, nicht erfüllt (Ganguin 2010, 190–191).

Die begriffliche Vielfalt (Seaborn/Fels 2015) im Bereich des DGBL ist verwirrend und uneinheitlich (z.B. Gamification, Gameful Design, Persuasive Games, Playfulness, Meaningful Games, Ludification); vielfach werden Serious Games und DGBL gleichgesetzt, was inhaltlich aber nur teilweise richtig ist. Diese Ausführung folgt der Begrifflichkeit Breuers (2010): Das DGBL gehört zu den Methoden des E-Learnings. Damit wird der bewusste und zielgerichtete Einsatz digitaler Medien zu Lernzwecken verstanden (Ganguin 2010, 189–190), sodass eine rein elektronische Lernumgebung entstehen kann. Klassische Multimedia-Lernprodukte trennen etwa zwischen Spiel- und Lernphasen, sodass die Spielhandlung Teil einer Belohnung ist und nicht eigentlicher Teil des Lernvorgangs. Als Entertainment Education werden alle digitalen Formen verstanden, die einen Lernvorgang medienimmanent anleiten. Als Game-Based Learning werden alle Formen von spielebasiertem Lernen bezeichnet, egal ob digital (Computerspiele) oder analog (Brettspiele). Dementsprechend werden als DGBL bildungsbezogene Inhalte in Form von digitalen Spielen bezeichnet. Als Serious Game lässt sich prinzipiell jedes Spiel und auch Formen der Videospielkunst bezeichnen, die über die reine Unterhaltung hinausgehen. Die Bezeichnung Serious Game steht auch für ein eigenes Genre; es handelt sich dabei um Spiele, die explizit dafür gemacht sind, über den Spielspaß hinaus ein weiteres Ziel zu verfolgen. Über die Steuerung, Spielmechanik und die Aufgabenstruktur des Spiels (siehe Genre-Begriff 2.3) sagt der Begriff nichts aus. Prinzipiell kann jedes „Commercial off-the-Shelf"-Spiel mit der entsprechenden didaktischen Einbettung als Serious Game genutzt werden – „[i]n theory, any video game can be a serious game, depending on its use in practice, and the player's perception of the game experience." (Smith u.a. 2013, 230)

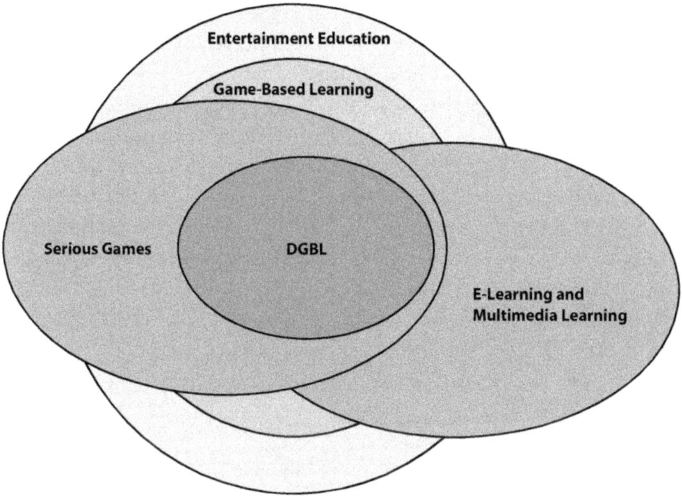

Abb. 9: DGBL und verwandte Konzepte (Breuer 2010, 18)

Für die schulische Praxis sind Serious Games beziehungsweise die Verwendung von Spielen im Sinne von Serious Games relevant. Die Bezeichnung Serious Game ist irreführend, denn sie unterstellt eine Gegenüberstellung und Hierarchisierung von Ernst und Spiel (Ganguin/Hoblitz 2013). Abt etablierte den Begriff mit der gleichnamigen Publikation „Serious Games", allerdings für non-digitale Spiele. Erst Rejeski/Sawyer (2002) bezogen ihn später auf digitale Spiele, wobei es freilich schon vor Etablierung des Begriffs Spiele gab, die dessen Strukturmerkmalen entsprachen (Djaouti 2011). Da nach obiger Definition der Kontext beziehungsweise der Einsatz des Spiels zur Klassifikation als Serious Game führt, wäre es sinnvoller, den Vorgang des Spielens ins Zentrum zu stellen und eigentlich von Serious Gaming zu sprechen. Serious Games lassen sich je nach Thema untergliedern, etwa existieren Business Games oder Therapy Games. Das wohl bekannteste wie auch umstrittenste Beispiel ist „America's Army" (United States Army 2002), das zur Anwerbung von Rekrut*innen gemacht wurde.

Der Serious Game-Entwickler Yu-kai Chou formuliert acht Kernelemente („Core Drives"), die diese Form des Spiels als pädagogische Mittel interessant machen (Chou o.A.): (1.) Spiele machen Handlungen bedeutsam, etwa durch eine Aufgabe oder ein zentrales Narrativ („Epic Meaning & Calling"). (2.) Spiele prüfen den*die Spieler*in, machen den Vergleich zwischen den Spieler*innen möglich und haben daher Wettbewerbscharakter, der motivierend wirkt („Development & Accomplishment"). (3.) Spiele geben durch Feedback-Systeme Rückmeldung und motivieren so zum Ausprobieren („Empowerment of Creativity & Feedback"). (4.) Spiele laden zum Sammeln von Punkten oder virtuellen Besitztümern ein, was wiederum motiviert, Zeit in sie zu investieren („Ownership & Possession"). (5.) Digitale Spiele führen zu sozialer Interaktion unterschiedlicher Art und werden in unterschiedliche soziale Kontexte eingebunden („Social Influence & Relatedness"). (6.) Viele Spiele arbeiten mit unterschiedlichen Verzögerungsformen bei der Erlangung wertvoller Gegenstände oder Inhalte. Diese Exklusivität erhöht das Prestige durch Begehrlichkeit („Scarcity & Impatience"). (7.) Digitale Spiele sprechen die menschliche Neugierde an und bauen Spannung auf („Unpredictability & Curiosity"). (8.) Spieler*innen können das Gefühl entwickeln, dass ihr Fortschritt verloren geht, wenn sie nicht weiterspielen. Dies kann etwa ein bestimmtes Zeitfenster betreffen oder einen bestimmten Spielfortschritt. Sie werden daher Interesse daran haben, die digitale Interaktion fortzusetzen („Avoidance").

Diese Motivationsaspekte setzen jedoch voraus, dass Lernhandlung und Spiel nahtlos verbunden sind. Ist das Spiel nur Mittel zum Zweck für eine Lernhandlung („chocolate-covered broccoli" (Granic/Lobel/Engels 2014, 74)), verringert dies das Motivationspotenzial beträchtlich.

6.2 Was durch Digital Game-Based Learning gelernt werden kann

Als Lernen werden *„relativ überdauernde Verhaltensveränderungen aufgrund von Erfahrungen“* (Lukesch 2001, 21) verstanden, also der Aufbau und die Veränderung kognitiver Strukturen. Kennzeichnend für Lernvorgänge ist der „‚Transfer‘ […] von erworbenem Wissen und Können auf neue Situationen oder Lernbedingungen“ (Steiner 2010, 164). Sie werden beeinflusst von Emotion, Motivation, Umwelteinflüssen und persönlichkeitsbezogenen Faktoren. Ob und/oder inwiefern digitale Spiele tatsächlich Lernprozesse auslösen, befördern oder effizient gestalten können, ist bis heute eine intensiv diskutierte Frage der empirischen Forschung.

Folgt man Breuer, dann besteht eine strukturelle Ähnlichkeit zwischen (Computer-)Spielen und Lernen (Breuer 2010, 12):

„1. Es gibt zuvor verbindlich formulierte Ziele
2. Spieler/Lerner widmen im Idealfall ihre ganze Aufmerksamkeit der Aufgabe
3. Erfolgserlebnisse vermitteln ein Gefühl der Selbstwirksamkeit
4. Fortschritte sind für den Spieler/Lerner spürbar
5. Spieler/Lerner erhalten eine Rückmeldung über ihre Leistung
6. Spieler/Lerner sind idealiter motiviert, die Ziele zu erreichen
7. Die Schwierigkeit der Aufgaben nimmt mit dem Fortschritt der Spieler/Lerner zu
8. Das Lösen der Aufgaben erfordert ein bestimmtes Maß an Anstrengung
9. Spieler/Lerner sollen weder unter- noch überfordert werden
10. Spieler/Lerner müssen selbst aktiv sein“

Die strukturelle Ähnlichkeit von Spielen und Lernen bleibt in vielen Studien zur Lerneffizienz digitaler Spiele jedoch deutlich unterbestimmt, wie die Metastudie von Wu u.a. (2012) zeigt, da vielfach lerntheoretische Bezugnahmen fehlen. Zwar zeigen sie, dass durch digitale Spiele gelernt wird, erklären jedoch nicht, wie. Die klassischen Lerntheorien (Behaviorismus, Kognitivismus, Konstruktivismus, Humanismus und Soziales Lernen) lassen sich freilich zur Analyse von Lernprozessen durch digitale Spiele genauso anwenden, wie auch bei nichtdigitalen Lernformaten.

Four major learning theories	Learning principles
Behaviourism	Direct instruction
	Programmed instruction
	Social learning theory
Cognitivism	Attribution theory
	Elaboration theory
	Cognitive development
	Conditions of learning
Humanism	Experiential learning
Constructivism	Social development theory
	Case-based learning
	Cognitive apprenticeship
	Discovery learning
	Problem-based learning
	Situated learning
	Activity theory
	Actor-network theory

Abb. 10: ‚klassische' Lerntheorien (Wu u. a. 2012, 269)

Die umfassendste Darstellung von Lerntheorien im Zusammenhang mit DGBL findet sich in Beckers „Choosing and Using Digital Games in the Classroom" (2017) und wird hier verkürzt wiedergegeben:

Behavioristische Modelle basieren auf der Herstellung des gewünschten Verhaltens durch externale Motivatoren, die durch Belohnung und Bestrafung zustande kommen. In digitalen Spielen findet dies etwa durch zu erreichende Belohnungen (Punkte) oder Formen der Bestrafung (Verlust von Lebenspunkten) statt. Der Lernzuwachs bei einfachen, repetitiv ausgeführten Handlungen, wie Klettern, Schießen und Springen, sind durch diese Theorie gut erklärbar.

In *kognitivistischen Modellen* funktioniert Lernen über das Denken und die Fähigkeit des Gedächtnisses, neue Informationen durch spezifische Verfahren einzugliedern. Etwa können Spieler*innen, die mit einem bestimmten Genre vertraut sind, weitere Spiele des gleichen Genres schneller erlernen, indem sie Bekanntes durch Schemata erschließen. In vielen Spielen steigt mit fortschreitendem Spielverlauf der Schwierigkeitsgrad, indem Spielmechanismen immer wieder neu und anspruchsvoller verbunden werden. Die Spieler*innen sind dadurch gezwungen, bereits erlernte Routinen neu zu komplexeren zu verbinden.

Die *konstruktivistischen Lerntheorien* gehen von der Wissensaneignung durch ein aktives Subjekt aus. Open-World-Spiele mit offenen Handlungsentscheidungen und kaum festgelegten Spielabläufen entsprechen am ehesten dieser Form des Lernens.

Theorien des *Sozialen Lernens* betonen den sozialen Kontext, in dem Lernen immer stattfindet. MMOs mit ihren Communitys sind dafür gute Beispiele.

Humanistische Lerntheorien sehen den Lernprozess als etwas Ganzheitliches und stellen das autonome Individuum mit seinen sozialen Beziehungen in den Mittelpunkt ihrer Überlegungen. Die meisten digitalen Spiele unterstützen Handlungen des Ausprobierens und Experimentierens und geben durch verschiedene Formen des Feedbacks die Möglichkeit, Selbstwirksamkeit und persönliches Wachstum zu erfahren. Typisch für digitale Spiele ist der beim Spielen entstehende Flow-Effekt, der als Teiltheorie humanistischer Lerntheorien gilt.

Auch ohne eine lerntheoretische Fundierung führen viele Aufsätze (exemplarisch Thoma 2017; Lee/Probert 2010) jeweils recht ähnliche Argumente an, wenn es darum geht, Computerspiele als effiziente Lehr- und Lernmittel darzustellen. Wesentliches Merkmal sei deren intrinsisches Motivationspotenzial, das etwa durch die in den meisten digitalen Spielen vorhandenen Belohnungssysteme (Messung durch Punkte, Gegenstände, Erweiterung der Handlungsmöglichkeiten etc.) gefördert werde. Unterstützt wird das auch durch die Möglichkeit, digitale Spielerlebnisse zu modifizieren und an das eigene Anforderungsprofil anzupassen (z.B. Einstellung des Schwierigkeitsgrades). Stimmen Herausforderungs- und Anspruchsniveau überein, kommt der*die Spieler*in in den vielzitierten Flow-Zustand. Damit wird ein Zustand bezeichnet, in dem das (spielerische) Handeln und das Bewusstsein des*der Spieler*in ineinander aufgehen. Dazu müssen die spielerischen Anforderungen so gestaltet sein, dass sie eine Herausforderung darstellen, die Spielaufgabe muss klar definiert und die Spielhandlung eindeutig evaluiert werden (Niggemann/Heinzerling 2013, 128–129). Letzteres geschieht beim Computerspiel durch Feedback-

Systeme, die Erfolg und Misserfolg unmittelbar rückmelden. Dies wiederum führt zu einer Selbstwirksamkeitserfahrung, zu Selbstvertrauen und einer Stärkung persönlichkeitsbezogener Kompetenzen. Niederlagen sind ebenfalls ein Teil dieses Lernprozesses und können zu erhöhter Frustrationstoleranz führen. Computerspiele ermöglichen es, Handlungen in einem weitgehend konsequenzlosen Setting zu wiederholen, sie laden damit zum Ausprobieren und Experimentieren ein. Ist der*die Spieler*in kompetent im Umgang mit der spielerischen Handlung, so kommt es zur Funktionslust. Der Rahmen, in dem diese Erfahrungen möglich werden, ist vielfach durch eine Wettbewerbs- und Konkurrenzsituation mit anderen Spieler*innen geprägt. Das eigene Können im Vergleich zu anderen zu erleben, stellt für viele Menschen einen Motivationsfaktor dar.

Ein weiteres wichtiges Argument für die Nutzung des digitalen Spiels als Lernmedium ist dessen aktivierendes Potenzial; der virtuelle Raum ermöglicht selbstgesteuerte Probehandlungen und damit simulierte Erfahrungen, die in der Realität vielfach so nicht möglich sind. Vielzitiert ist in diesem Zusammenhang das Involvierungsmodell der Medienwissenschaftlerin Neitzel (2012, 75–103), das zeigt, wie vielfältig Spieler*innenhandlungen im virtuellen Raum sein können. Sie unterscheidet zwischen einer aktionalen, ökonomischen, temporalen, sensomotorischen, audiovisuellen, räumlichen, emotionalen und sozialen Involvierung. Je vielfältiger diese Involvierungsmechanismen sind, desto stärker wird der Effekt der Immersion durch den*die Spieler*in erlebt.

Durch die Involvierung entsteht der Kompetenzzuwachs: Die Identifikation mit virtuellen Identitäten und das aktionale Probehandeln führen zu sozialem und emotionalem Lernen. Gefördert wird beides auch durch die Kommunikation im Zusammenhang mit/über/in Computerspielen in unterschiedlichen Spieler*innengruppen. Eine Verbesserung der technischen Medienkompetenz erfolgt durch den Umgang mit dem Computer, mit Netzwerken oder Peripheriegeräten.

Gebel und andere Autor*innen haben die verwendeten Kompetenzbereiche im Kontext digitaler Spiele in einer Studie systematisiert:

Kompetenz-/ Fähigkeitsbereich	relevante Komponenten
Medienkompetenz	Medienkunde, selbstbestimmter Umgang, aktive Kommunikation, Mediengestaltung
kognitive Kompetenz	Wahrnehmung, Aufmerksamkeit, Konzentration, Gedächtnis, Abstraktion, Schlussfolgern, Strukturverständnis, Bedeutungsverständnis, Handlungsplanung, Lösen neuer Aufgaben, Problemlösen
soziale Kompetenz	Perspektivenübernahme, Empathiefähigkeit, Ambiguitätstoleranz, Interaktions-, Kommunikations-, Kooperationsfähigkeit, moralische Urteilskompetenz
persönlichkeitsbezogene Kompetenz	Selbstbeobachtung, Selbstkritik/-reflexion, Identitätswahrung, emotionale Selbstkontrolle
Sensomotorik	Koordination, Reaktionsgeschwindigkeit

Tab. 12: Kompetenzförderung durch digitale Spiele (Gebel u. a. 2009, 80)

Lernen und der Zugewinn an Kompetenzen durch die Nutzung digitaler Spiele ist zum einen mit den Nutzungsmotiven (Tab. 13), zum anderen annäherungsweise mit dem Genre des Spiels verbunden (Abb. 11), wie dies Granic u. a. am Beispiel der Sozialkompetenz darstellen.

Dimension	Nutzungsmotiv	Beschreibung
lebensweltliche Dimension	Strukturelle Kopplung	• Lebenstypische Auswahl von Computerspielen
leistungsbezogene Dimension	Herausforderung	• Ausgang ist ungewiss: „Bestehe ich die Aufgabe?"
	Wettbewerb	• Austesten der eigenen Fähigkeiten • Hohe Motivation
	Erfolg	• Erfolgserlebnis im Spiel steigert Selbstwertgefühl (z. B. Weiterentwicklung der eigenen Fähigkeiten)
personale Dimension	Identitätsbildung	• Spielfiguren, Inhalte = Angebot für Identitätsflächen • Erprobung von unterschiedlichen Rollen und Identitätsentwürfen • Erfolge im Spiel – Erhöhung der Zuversicht, sich auch im realen Leben zu behaupten und zu bestehen

Dimension	Nutzungsmotiv	Beschreibung
kompensatorische Dimension	Ausübung von Macht und Kontrolle	• Virtuelle vs. reale Möglichkeiten • Ausleben von bestimmten Bedürfnissen
	Eskapismus	• Flucht aus dem Alltag • Verdrängung
	Stress- und Aggressionsabbau	• Wunsch nach Reduktion von Stress und Ärger • Wunsch nach Erholung, Spannung und Lust
	Bekämpfung von Langeweile	• Wunsch nach Unterhaltung • Häufig sind aber PC-Spiele ,zweite Wahl' • Gewalt = inszenierte Bedrohung verzögert ein Abflachen des Erregungsniveaus
soziale Dimension	Geselligkeit	• Vermittlung sozialer Gratifikationen • Gemeinsame Gespräche • Wettbewerb gegen andere
erlebnisbezogene Dimension	Fantasie, Spaß, Unterhaltung	• Virtuelle Welten • Handlungen und Szenarien, die unter realen Umständen nicht möglich sind (z. B. Rennwagen fahren, Abenteuer erleben etc.) • ,Elektronische Stellvertreter' = unterschiedliche Rollen bieten unterschiedliche Handlungsmöglichkeiten

Tab. 13: Motive zur Nutzung digitaler Spiele (Ganguin 2010, 245)

Untersuchungen zur Lerneffizienz digitaler Spiele gibt es viele; Meta-Studien (Boyle u.a. 2016, Breiner/Kolibius 2019, Clark 2016, Connolly u.a. 2012, Granic 2014, Sitzmann 2011, Vogel u.a. 2006, Wouters 2013) und Studienzusammenfassungen (Smith u.a. 2013, 241–244; Breuer 2017) weisen trotz unterschiedlicher Detailergebnisse auf bestimmte Trends hin:

Belegt ist etwa die positive Wirkung von digitalen Spielen auf das räumliche Vorstellungsvermögen und auf eine effizientere Aufmerksamkeitssteuerung. Wer spielt, ist eher in der Lage, Informationen rasch zu sichten, auszuwerten und effizient zu nutzen. Auf emotionaler Ebene führen die Feedback-Systeme digitaler Spiele zu einer erhöhten Selbstwirksamkeitswahrnehmung und, damit in Verbindung, zu einem erhöhten Selbstwert. Bekannt sind auch Effekte von Angst-

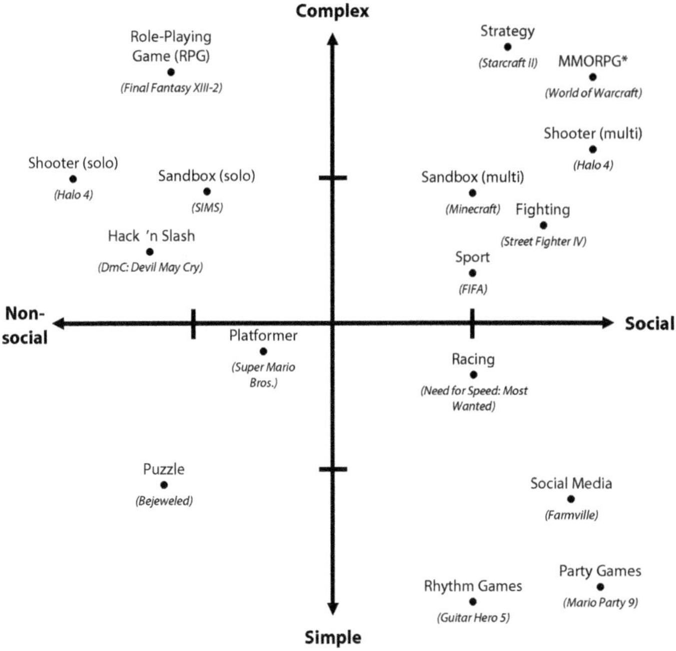

Abb. 11: Genres und sozialer Kompetenzerwerb (Granic u.a. 2014, 70)

verminderung, einer optimistischeren Haltung und die Steigerung positiver Gefühle. Da Spiele nicht nur positive Erfahrungen erlebbar machen, können sie zu einer Stärkung der Emotionsregulation und der Frustrationstoleranz führen. Computerspiele können Verhaltens- und Gedankenmuster verändern und werden deshalb in der psychotherapeutischen Intervention verwendet. Insbesondere bei Spieler*innen, die häufig online spielen, zeigen sich positive Effekte auf das prosoziale Verhalten, unabhängig davon, wie gewalthaltig das Spiel selbst ist. Spieler*innen verstärken mitunter ihr gesellschaftliches Engagement; Vorurteile werden abgebaut und die Empathiefähigkeit wird verbessert. Im kognitiven Bereich bestätigen Studien das Potenzial von digitalen Spielen, die zu erhöhter Kreativität und gesteigertem nonlinearen Problemlösungsverhalten führen. Digitale Spiele machen Lernprozesse für den*die Lernende*n rasch und deutlich wahrnehmbar, der Wissenserwerb findet so nachhaltiger statt.

Es gibt nur wenige Studien, die die Anwendung von Serious Games im Vergleich zu ‚konventionellen' Unterrichtsformen untersuchen. Jene von Eckardt u.a. (2017, 139–150) zeigt etwa, dass die Gamifizierung von Unterricht in den untersuchten Bereichen Lernerfolg, Motivation, Spaß und Zufriedenheit bessere Werte als der Frontalunterricht erzielen konnte. Sitzmann (2011) zeigt mit ihrer Meta-Studie zu digitalen Simulationen im Lernkontext, dass diese lernwirksamer werden, wenn sie als ein Mittel unter anderen in den Unterricht eingebettet und als aktiv zu bearbeitendes Unterrichtsmaterial verwendet werden. Insgesamt lässt sich erkennen, dass digitale Spiele lerneffizienter sind als ‚herkömmliche' Unterrichtsmethoden. Allerdings nimmt dieser Effekt ab, je aktivierender, schüler*innenzentrierter und handlungsorientierter der nicht-spielebasierte Unterricht erfolgt. Umgekehrt bestätigen diese Studienergebnisse auch, dass etwa problem- und gegenwartsbezogener, schüler*innenzentrierter Unterricht, etwa in Form des forschend-entdeckenden Lernens, generell die besseren Ergebnisse erbringt.

Die Studienergebnisse sind allerdings mehrfach problematisch: Die Vergleichbarkeit zwischen ihnen ist aufgrund unterschiedlicher Forschungsdesigns nur gering (subjektive und objektive Methoden, online und offline Maßnahmen). Es fehlen Vergleichsstudien und Meta-Analysen. Fähigkeiten wie Problemlösen gelten als methodisch nur schwer evaluierbar (Granic u.a. 2014, 69). Vielfach werden zudem nur Korrelationen, aber keine kausalen Beziehungen festgestellt. Des Weiteren werden digitale Spiele ausschließlich in Zusammenhang mit Kindern und Jugendlichen untersucht, jedoch nicht mit Erwachsenen. Breiner/Kolibius schreiben überdies, dass bislang keine Studie vorliege, die regelmäßigen Spielekonsum über einen längeren Zeitraum verfolgt habe (Breiner/Kolibius 2019, 177). Viele der Lerneffekte werden überdies nicht als direkte Folge des Computerspielens wahrgenommen, sondern erst durch die Evaluation im Rahmen einer wissenschaftlichen Auswertung von den Spieler*innen reflektiert. Die Lernprozesse, die bei digitalen Spielen stattfinden, sind hauptsächlich nicht-intentional und informell (Gebel u.a. 2005, 244) – letztlich handelt es sich beim Computerspielen um einen hochgradig individuellen Akt.

Die Frage, die in vielen Studien untersucht wird, ob nämlich digitale Spiele ein effizientes Lernmedium sind, ist jedoch genauso undifferenziert wie die Frage, ob Lebensmittel gesund sind; zu unterschiedlich und hybrid sind die einzelnen Computerspiele. Als abstrakteste analytische Einheit, die annäherungsweise zur Bildung kompetenzbezogener Gruppen führt, kann das Genre herangezogen werden (siehe Abb. 11). Allerdings können auch innerhalb des Genres die Spielprinzipien stark divergieren, ganz abgesehen von der Genre-Hybridität vieler Titel. Um vergleichbare und verlässliche Ergebnisse zu erzielen, müssten kleinteilig Merkmale spielübergreifend herausgearbeitet und entsprechend einer lerntheoretischen Fundierung evaluiert werden.

6.3 Wie durch Digital Game-Based Learning gelernt werden kann – das Transfermodell nach Fritz

Wie lässt sich das Lernen durch digitale Spiele konzeptionell darstellen? Ein in der Forschungsliteratur häufig rezipiertes Modell ist das sogenannte Transfermodell von Jürgen Fritz (1997, 2004, 2011), das an der Fachhochschule Köln ab 1995 entwickelt wurde. Fritz selbst bezeichnet das Modell als „modulare Theorie" (Fritz 2011, 13), um auch auf dessen in Entwicklung befindlichen Status hinzuweisen. Es fußt auf den Erkenntnissen der Systemtheorie und der Rezeptionsforschung und gehört den konstruktivistischen Lerntheorien (Siebert 2005) an. Fritz verwendet das Prinzip der strukturellen Kopplung nach Maturana und Varela als zentrales Konzept (Abb. 12). Auf das digitale Spiel übertragen bedeutet dies, dass das Computerspiel, die Umwelt und der*die Spieler*in durch die „Dynamik des Spiels" (Fritz 2011, 19) gekoppelt sind. Es ist eine Beziehung, die der*die Spieler*in mit all seinen*ihren Erwartungen, Vorerfahrungen und Nutzungsmotiven mit dem Spiel eingeht. Im Sinne des Konstruktivismus kommen den Medien damit nicht bestimmte Effekte zu, sondern ihre Wirkung entsteht im Zuge der Informationsverarbeitung durch das Subjekt. Die Präsentation, der Inhalt und die Regeln bilden gemeinsam jene Dynamik des Spielgeschehens, durch die der*die Spieler*in sich den Reizkonfigurationen des Spiels annähert.

Entsprechend der sozialkonstruktivistischen Theorie sind für Fritz Schemata, Muster oder Sequenzen Strukturen, die die Komplexität der Wirklichkeit reduzieren und damit Ereignisse erwartbar, bewertbar und steuerbar machen. Sie führen zu effizienten Handlungs- und Wahrnehmungsroutinen, die in vielen Standardsituationen entlastetes und effizientes Handeln möglich machen. Vielfach sind sie dem Subjekt nicht bewusst oder nur halbbewusst, da sie nur teilweise verbalisierbar sind. Bei der Nutzung digitaler Spiele kommt es durch den*die

Regelkreis der strukturellen Kopplung

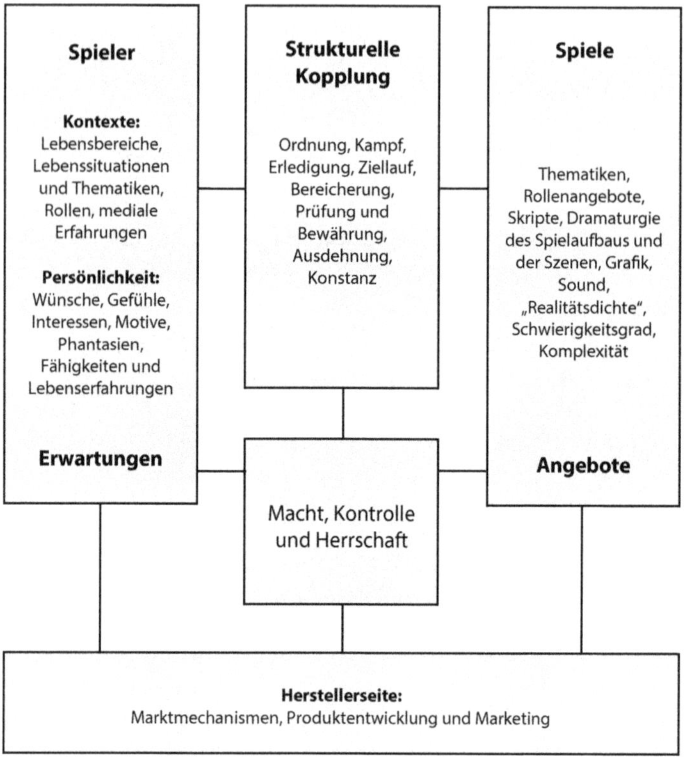

Abb. 12: strukturelle Kopplung von Spieler*in und Spiel (Fritz 1997, 68)

Spieler*in zur Ausbildung von Wahrnehmungs-, Denk- und Handlungsschemata im Bereich der Sensomotorik (pragmatische Schemata), der Bedeutungsübertragung (semantische Schemata), der Regelkompetenz (syntaktische Schemata) und der Selbstverortung (dynamische Schemata). Diese Schemata sind auch mit einer emotionalen Komponente verbunden. Ein digitales Spiel kann nur bewältigt werden, wenn der*die Spieler*in die Reizeindrücke einem vorhandenen Schema zuordnet (Assimilation) oder ein neues Schema entwickelt (Akkommodation). Assimilation und Akkommodation führen damit ständig zu einem dynamischen Prozess der Entstehung, Anpassung und Veränderung von Schemata und damit zur Umweltbewältigung.

Ist der*die Spieler*in etwa bei einem Ego-Shooter nicht schnell und präzise genug, muss er*sie seine*ihre pragmatischen Schemata durch Üben (Akkommodation) verbessern.

Spielt der*die Spieler*in ein neues Spiel eines ihm*ihr bekannten Genres, wird er*sie hingegen durch Assimilation bereits vorhandene Schemata integrieren und nur noch die spielspezifischen Ausformungen erlernen müssen. Reflexions- und Operationskreisläufe führen zu einer ständigen Evaluation und Anpassung der Schemata. Ihre Entwicklung kann als Lernen bezeichnet werden und in zwei Varianten stattfinden: Beim intramondialen Transfer findet der Austausch innerhalb einer Welt, etwa der virtuellen, statt. Beispielsweise werden sensomotorische Steuerungsschemata von einem Rennspiel auf ein anderes übertragen. Beim intermondialen Transfer findet die Übertragung von einer Welt (z.B. virtuelle Welt) in eine andere (z.B. mentale Welt) statt. Zu einem Lernen durch digitale Spiele kommt es in diesem Modell dann, wenn das Subjekt die im Zusammenhang mit dem digitalen Spiel erworbenen oder veränderten Schemata nutzt, um im lebensweltlichen Kontext seine Schemata anzupassen. Bei diesen Übertragungsprozessen verändert sich der ursprüngliche Reizeindruck; Transfer bedeutet also auch immer Transformation.

Fritz unterscheidet zwischen Handlungs- und Wahrnehmungsschemata und differenziert darunter weitere Muster aus, die sich nach ihrem Komplexitätsgrad ordnen lassen. Im Bereich des Handelns sind dies etwa:

- *Basale Kompetenzen:* Diese sind, im Vergleich zu den anderen Schemata, sehr abstrakt. Dabei handelt es sich etwa um die Aufmerksamkeitssteuerung, Formen der Wahrnehmung oder Geschicklichkeit im Kontext von digitalen Spielen. Da sie besonders abstrakt sind, lassen sie sich durch den intramondialen Transfer etwa zwischen Spielen mit gleichen Anforderungsprofilen übertragen.
- *Print-Ebene:* Dabei handelt es sich um einfache Handlungsmuster, wie etwa einen Wasserhahn aufdrehen oder ein Fenster öffnen. Sie werden von sensorischen und motorischen Bestandteilen begleitet.
- *Skript-Ebene:* Dies sind Ereignisabläufe oder musterhafte Standardszenen, wie etwa die Benützung öffentlicher Verkehrsmittel und die Abfolge sozialen Verhaltens im Restaurant. Sie können auch rein fiktiv sein (z.B. ein Zaubervorgang innerhalb der digitalen Welt). Im Vergleich zur Print-Ebene sind Skripts deutlich komplexer und kulturell beeinflusst. Je abstrakter ein Skript, desto

eher kann dessen Grundstruktur auf andere konkrete Kontexte übertragen werden.

- *Emotionen:* Digitale Spiele lösen Affekte und Emotionen aus, die sich ebenfalls auf lebensweltliche Situationen übertragen lassen. Umgekehrt findet die Flucht in digitale Spiele dann statt, wenn die dort ausgelösten Emotionen für das Subjekt positiver sind als die realweltlich erlebten.
- *Gesellschaftliche Grundmuster:* Diese sind durch Gesellschaft und Kultur konstruiert. Fritz führt hier etwa Bereicherung, Wachstum oder Wettkampf als Beispiele an. Digitale Spiele werden nicht im gesellschaftsfreien Raum gemacht, sondern sind kulturelle Produkte, die diese Konzepte, mitunter auch nur latent, aufgreifen.

Lernen im schulischen Sinn findet im Modell von Fritz durch den Transfer im kognitiven Bereich (Sachwissen/Kenntnisse) statt. Als Facts bezeichnet er kleinteilige Informationselemente, die etwa von der virtuellen in die reale Welt übertragen werden können. Werden Informationen aus unterschiedlichen Kontexten gebündelt, so spricht Fritz von Info-Segmenten. Sie haben eine deutlich höheren Strukturierungsreichweite als die Facts. Dazu gehört etwa das Wissen über historische Verläufe, popkulturelle Codes oder Kunststile.

Fritz systematisiert die Formen des Transfers, indem er sie nach Funktionen einteilt. Etwa gibt es problemlösende, emotionale, instrumentell-handlungsorientierte, ethisch-moralische, assoziative, realitätsstrukturierende und informationelle Transferformen. Empirisch sind die Transferformen kaum zu unterscheiden, die Liste scheint zudem auch beliebig verlängerbar. Für die Pädagogik beziehungsweise die Geschichtsdidaktik ist besonders der Transfer von Facts, Skripts und Prints von der digitalen in die mentale Welt interessant.

Der letzte Theoriebaustein in Fritz' Modell bezieht sich auf Goffman und dessen Rahmungskonzept: Schemata funktionieren immer nur in einem bestimmten Kontext, der als Rahmen bezeichnet wird. Rahmen sind kognitive Strukturen, die ein Schema in einen Bedeutungszusammenhang stellen. Ein solcher Rahmen innerhalb der digitalen Spielwelt wären etwa Nutzungsformen: Wird zur Unterhaltung gespielt oder als Vorbereitung auf ein E-Sport-Event? Je nach Rahmung wird das Nutzungsverhalten unterschiedlich ausfallen. Für das Lernen ist die referentielle Rahmungskompetenz entscheidend: Mit ihr legt das Subjekt fest, inwiefern die virtuellen Erfahrungen realweltliche Bedeutung haben.

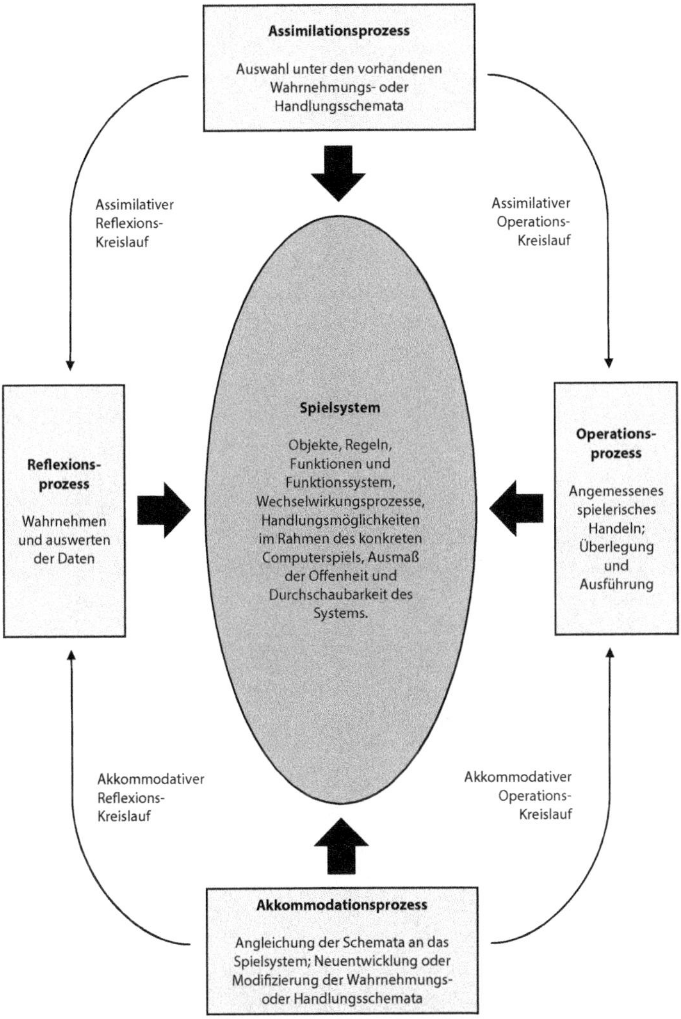

Abb. 13: Fritz' Transfermodell im Überblick (Fritz 2011, 74)

Fritz' Modell kommt innerhalb der deutschsprachigen Game Studies als Erklärungsansatz in einer Reihe von Arbeiten und Studien vor. So untersucht Gieselmann (2002) den intermondialen Gewalttransfer am Beispiel je eines Echtzeitstrategiespiels, eines Ego-Shooters und einer

Militärsimulation. Bigl (2009) führt eine Online-Befragung unter Usern von Internetforen durch, Wesener (2006), Witting (2007) und Siller (2010) verwenden Interviews, um intermondiale Transfereffekte nachzuweisen. Auch die geschichtsdidaktische Untersuchung von Giere (2019) stützt sich auf das Modell, um historische Transfereffekte nachzuweisen.

Die theorielastige Konzeption des Modells geht mit bestimmten Problemen einher. So sind etwa die einzelnen Module weder getrennt noch empirisch beforschbar. Kunczik/Zipfel kritisieren am Konzept, dass es „nur alte, auch von der […] Medienwirkungsforschung erkannte […] Probleme mit anderen Worten neu" (2006, 310) formuliere. Auch seien die Faktoren und Abläufe des Transferprozesses nicht geklärt. Das zeigen etwa die Studien, die mit qualitativen Interviews einen möglichen Transfer nachweisen wollen: Die Transferprozesse werden dem Subjekt vielfach erst durch die im Forschungsvorgang ausgelöste Reflexion bewusst. Es besteht jedoch ein Unterschied zwischen der Reflexion des intermondialen Transfers und einem tatsächlichen Kompetenzgewinn, der den eigentlichen Lernprozess auszeichnen würde. Digitale Spiele mit realweltlichen Situationen assoziativ zu verbinden, ist eben noch keine Form einer nachhaltigen Verhaltensänderung. Ob es tatsächlich zu einem Lernen, im Sinne eines Kompetenzerwerbs, gekommen ist, weisen die Studien nicht nach. Auch für die Erforschung der fachspezifischen Kompetenzen ist das Modell nur bedingt zu verwenden, da es kaum gelingen dürfte, mit dem Fact-/Skript-/Rahmen-Konzept die Kompetenzen zu reformulieren.

6.4 Digitale Medien in der Geschichtsdidaktik

Medienkompetenz lässt sich, wie etwa im ‚klassischen' Medienkompetenzmodell von Baacke, in die Teilbereiche Medienkritik, Medienkunde, Mediennutzung und Mediengestaltung aufteilen. Baacke bestimmt Medienkompetenz als die „Fähigkeit, in die Welt aktiv aneignender Weise auch alle Arten von Medien für das Kommunikations- und Handlungsrepertoire von Menschen einzusetzen." (Baacke 1996, 119) Tulodziecki u.a. bestimmen Medienkompetenz in Kombination mit dem Weinertschen Kompetenzbegriff „als Vermögen und Bereitschaft des Menschen in Medienzusammenhängen zu handeln." (Tulodziecki u.a. 2019, 185) Auf die fortschreitende Digitalisierung weiter Lebensbereiche haben die Schulaufsichtsbehörden in den letzten Jahren reagiert, etwa mit dem Strategiepapier „Bildung in der digitalen Welt" in Deutschland oder dem Konzept der „Digitalen

Grundbildung“ in Österreich. In den leitenden Konzepten wird die Medienkompetenz als Querschnittskompetenz über alle Fächer hinweg verstanden (vgl. für die unterschiedlichen Medienkompetenzmodelle Süss u.a. 2018).

Medien spielen gerade für die Geschichtswissenschaft und ihre Didaktik eine besondere Rolle. Ein direkter Zugriff auf die Vergangenheit ist nicht möglich, Geschichte ist immer nur mittelbar über Medien rekonstruierbar. Der Geschichtsunterricht gehört damit zu den „Fächern der Medienbildung par excellence“ (Bühler-Gramer 2018, 36) und Geschichtslehrer*innen könnten „sogar ‚die‘ Experten [sein], wenn es um Medien(-bildung) an der Schule geht“ (Kerber 2017, 75).

Aller Begeisterungen und Willensbekundungen einer fortschreitenden Digitalisierung zum Trotz sieht die schulische Realität deutlich anders aus, wie etwa die empirische Studie von Bernhard/Kühberger (2018) zur Digitalisierung im Geschichtsunterricht zeigt: Leitmedium ist nach wie vor das Geschichtsbuch; wenn überhaupt kommt als elektronisches Medium einzig der Beamer zum Einsatz, der in der Hälfte aller Anwendungen dazu verwendet wird, Bilder zu präsentieren. Die Schulen dürften insgesamt noch recht weit von der infrastrukturellen Digitalisierung und einer entsprechend gelebten Schulkultur entfernt sein. Das steht im starken Widerspruch zu den Anforderungen an die Lehrer*innen, die durch die medienpädagogischen Kompetenzmodelle formuliert werden: Harris u.a. (2009, 396–403) konzipieren die Kompetenzanforderungen an die Lehrkräfte am Schnittpunkt von technologischem, pädagogischem und inhaltlichem Wissen. Lehrer*innen benötigen Kenntnisse in allen drei Bereichen in Kombination, sodass sich von einem technologisch-pädagogischen Inhaltswissen sprechen lässt. Für die Vermittlung von fächerspezifischen Inhalten sollten die Lehrkräfte auf eine domänenspezifischer Mediennutzung zurückgreifen können; Inhalt, Form und Didaktisierung müssen im Unterricht aufeinander bezogen werden.

Innerhalb des mediendidaktischen Rahmens lassen sich Überlegungen zu einer spezifischen „digital game literacy“, für Schüler*innen wie für Lehrkräfte gleichermaßen, anstellen. Während ältere Konzepte (etwa Klimmt 2010) vor allem eine bewahrpädagogische Position einnahmen und auf den Selbstschutz des*der Spieler*in ausgerichtet waren und zur Reflexion von und Resilienz gegenüber unbewusste Spieleffekte (Spieldauer, Intensität, vermittelte Werte und Stereotypen) anleiten wollten, tragen aktuelle Konzepte der Medienreflexion und der -produktion gleichermaßen Rechnung. Ein solches medienbildungsspezifisches Kompetenzmodell der Computerspielbildung stammt etwa von Kepser (2012):

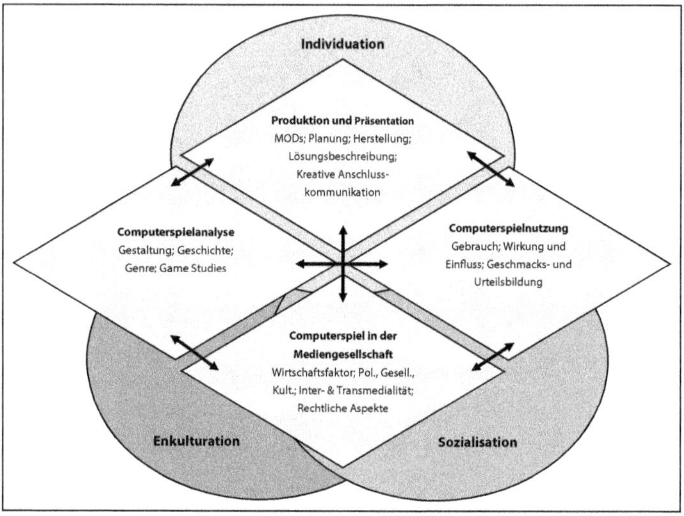

Kulturelles Handlungsfeld Computerspiel

Abb. 14: Kepsers Modell der Computerspielbildung (2012, 31)

Kepser konzipiert vier Bereiche, die sich gegenseitig beeinflussen: Die Computerspielanalyse untersucht digitale Spiele nach bestimmten Kriterien, ähnlich der hier vorgeschlagenen Spielanalysen (3.2, 4.8). Der Bereich Computerspielnutzung reflektiert das Verhalten, die Nutzung und die spielexterne Anschlusskommunikation der Spieler*innen. Im Teilbereich „Computerspiel in der Mediengesellschaft“ wird das Spiel im gesellschaftlichen Kontext bearbeitet. Hier geht es etwa um seine wirtschaftliche, kulturelle und politische Bedeutung. Der Bereich „Produktion und Präsentation“ umfasst schließlich die produktionsorientierte Verwendung. Darunter fallen die Bereiche Game Design, die Arbeit mit Editoren oder das Präsentieren von Spielinhalten.

Ein spezifisches Modell einer historischen Medienkompetenz liegt bislang nur in Grundzügen vor (Kerber 2015). Nach Kerber (2017, 48) lassen sich unterschiedliche Medienkompetenzmodelle im Wesentlichen auf Medienwissen, Medienbewertung und Medienhandeln reduzieren. Um ein domänenspezifisches Medienkompetenzmodell zu entwickeln, müssen diese auf den historischen (Schul-)Gegenstand bezogen und konkretisiert werden. Dies macht etwa Pallaske (2015, 140), in dessen Modell der*die Lerner*in den Mittelpunkt bildet, der*die mittels Medien wahrnehmen, rezipieren, produzieren oder historisch denken lernen. Bernsen/Kerber (2017b) stellen die historische Sachanalyse ins Zentrum ihrer Systematisierung und entwickeln einen domänenspezifischen, geschichtsdidaktischen Medienbegriff, der aus zwei Komponenten besteht: Die erste bettet die Reflexion der Medien im Rahmen eines Medienkulturbegriffs ein. Dies bedeutet, dass historische Inhalte immer medienhistoriographisch kontextualisiert werden sollen. Alle Medien bedingen jeweils ihre eigenen Formen der Produktion, Distribution und Rezeption, die ebenfalls einem historischen Wandel unterliegen. Die historischen Inhalte sind nicht von der Art ihrer medialen Darstellung zu trennen. Die zweite Komponente wird von den Autor*innen als kommunikativ-kritischer Medienbegriff betitelt. Sie umfasst die kritisch-reflexive Produktion und Rezeption von Medien im jeweiligen historischen Kontext.

Insgesamt kann festgehalten werden, dass die allgemeinen und domänenspezifischen Medienkompetenzmodelle Medien entweder in kritisch-bewertender Absicht oder, im technischen Sinn, als spezifische Tools der Rezeption und Produktion behandeln. Anders formuliert und systematisiert führen die Modelle von einem ‚handwerklichen' Arbeiten mit Medien (z.B. Anwendung einer bestimmten Software), einem technischen Verständnis von (domänenspezifischen) Recherchefertigkeiten über eine Verortung von medialen Praktiken im gesellschaftlichen Kontext (Mediensystem, Medienhistoriographie, Medienwirkung) hin zur kritischen Reflexion von Medien im (geschichts-)kulturellem Kontext (mediale Wirklichkeitskonstruktion, Medienkritik, digitale Geschichtskultur). Dies kommt auch in der Typologie von Bernsen (2017a, 39–40) zum Ausdruck, die das historische Lernen in Zusammenhang mit Medien durch vier Modi bestimmt und hier am Beispiel eines digitalen Spiels erläutert wird:

Digitale Spiele können damit im Rahmen aller medialen Modi des historischen Lernens eingesetzt werden. Die im Abschnitt 6.5 angeführten Methoden berücksichtigen dies und setzen die hier angeführten Lehrformen um.

Die Frage, ob digitale Spiele im Unterricht lerneffizient einzusetzen sind, lässt sich, wie bereits dargestellt, in dieser Allgemeinheit kaum beantworten: Weder gibt es ‚das' digitale Spiel, noch ‚den' Geschichtsunterricht. Die Erforschung spezifischerer Detailfragen und

Modi historischen Lernens mit Medien nach Bernsen (2017a, 39–40)	**am Beispiel „Valiant Hearts" (Ubisoft, 2014)**
Lernen an Medien: Mittels Medien wird fachspezifisches Wissen erworben (historische Quellen oder Darstellungen). Das Medium selbst wird nicht thematisiert.	Im Spiel gibt es digitale Sammelobjekte, die durch einen Begleittext historisch kontextualisiert werden und so Hintergrundinformationen zum Ersten Weltkrieg vermitteln.
Lernen mit Medien: Medien werden als Werkzeuge der historischen Sinnbildung verwendet. Sie dienen dazu, Lernprodukte zu erstellen, zu bearbeiten oder zu veröffentlichen.	Während des Spieldurchgangs werden Screenshots gemacht, die anschließend ausgedruckt und kontextualisiert werden, für einen Ausstellerbetrieb Verwendung finden oder mittels Power Point oder durch eine Screencast-Software annotiert und anschließend vorgestellt werden.
Lernen über Medien: Medien werden sichtbar gemacht und im Rahmen der Medienhistoriographie oder der Medienkultur analysiert.	Das digitale Spiel wird hinsichtlich seiner Wirkabsichten, Distributions- und Produktionswege untersucht. So kann etwa bei „Valiant Hearts" analysiert werden, welche Versprechungen hinsichtlich seiner historischen Angemessenheit gemacht werden, welche Authentifizierungs- oder welche Vermarktungsstrategien (Geschichte als Marke) zum Einsatz kommen. Mediale Unterschiede zur Vorlage, Tardis und Verneys „Elender Krieg. 1914–1919", werden herausgearbeitet.
Lernen im Medium: Dieser Modus umfasst die anderen drei. Jedes Lernen in einem bestimmten medialen Raum wird dabei als spezifisch hinsichtlich der Formen der Zusammenarbeit, der Darstellung, der (Re-)produktion, der Erkenntnismöglichkeiten etc. wahrgenommen und reflektiert.	Untersucht wird, welche spielerischen Möglichkeiten „Valiant Hearts" bietet, welche historischen Inhalte es nutzt, welche historischen Handlungs- und Reflexionsmöglichkeiten es eröffnet. Etwa orientiert sich das Spiel ästhetisch an einer Graphic Novel, lässt ausschließlich gewaltlose Aktionen als Handlung zu und bedient in ironischer Weise nationale Klischees, um einen humoresken Effekt zu erzielen. Wirkästhetische Unterschied zwischen der Graphic Novel und dem digitalen Spiel lassen sich herausarbeiten.

Tab. 14: Modi historischen Lernens am Beispiel von „Valiant Hearts"

-aspekte ist längst überfällig und steht in einem harten Gegensatz zu den wenigen bisher geleisteten empirischen Arbeiten: Mit Motykas (2018) und Gieres (2019) Monografien liegen überhaupt die ersten umfassenderen deutschsprachigen Arbeiten im Bereich der politischen Bildung bzw. des Geschichtsunterrichts vor, die, ganz generell zusammengefasst, auf die Lernwirksamkeit digitaler Spiele hinweisen.

6.5 Planungsprinzipien und Konzepte für die Einbettung digitaler Spiele im Geschichtsunterricht

Obwohl mittlerweile viele Studien zu digitalen Spielen im Unterricht vorliegen, stößt man in der Literatur nur selten auf Stundenbilder, Methoden oder konkretisierte Verlaufskonzepte für den schulischen Einsatz. Dies betrifft insbesondere das Fach Geschichte. Kapitel 6.5 will dem konzeptuell, Kapitel 7 praxisorientiert Abhilfe verschaffen. Die Darstellung folgt vor allem Beckers „Choosing and Using Digital Games in the Classroom" (2017) und Felicias „Digital games in schools. A handbook for teachers" (2009) und einer Vielzahl weiterer Studien, Projektberichte und Aufsätze (etwa Barr 2019, Kerschbaumer/Winnerling 2015, Mitgutsch/Wagner 2009, Charsky/Mims 2008, McCall 2012, Stiftung Digitale Spielekulturen o.A., Groff u.a. 2016, Kühberger 2017, Wagner/Gabriel o.A., Whitton 2010). Vielfach wurden die darin vorgestellten Methoden und Unterrichtsideen für den Geschichtsunterricht adaptiert. Die Unterkapitel des vorliegenden Abschnitts führen von der Unterrichtsvorbereitung und -planung zu dessen Realisierung.

6.5.1 Herausforderungen und mögliche Lösungen

Der Einsatz digitaler Spiele im Schulkontext stellt eine technische, logistische und inhaltliche Herausforderung dar, insbesondere dann, wenn die Spiele direkt im Unterricht verwendet werden sollen. Noch bevor für die didaktische Planung Entscheidungen getroffen werden können, müssen die infrastrukturellen Anforderungen erfüllt sein. Allerdings gibt es Alternativen zu einer direkt im Unterricht stattfindenden Spielverwendung, die auch den planerischen Aufwand minimiert. Die folgende Tabelle listet in der linken Spalte Gründe auf, die Lehrende dafür angaben, keine Spiele im Unterricht einzusetzen. Sie wurde im Projekt „How are digital games used in schools?" (Wastiau u.a. 2009, 78) erhoben. Ihnen werden Lösungsvorschläge in der rechten Spalte gegenübergestellt.

Herausforderungen	mögliche Lösungsvorschläge
Die Verwendung und Analyse digitaler Spiele im Unterricht sind zu zeitintensiv.	• den Spielprozess in die Freizeit der Schüler*innen verlagern (Flipped Classroom) • kurze, aber repräsentative Spielsequenzen im Unterricht verwenden • die Auswahl kurzer Spiele (z. B. Browsergames) • ‚Vorspielen' im Plenum durch kundige Schüler*innen • die Integration von Spielphasen in ‚konventionelle' Unterrichtsabläufe
Wenn im Unterricht gespielt werden soll: Die logistischen und technischen Herausforderungen sind unverhältnismäßig hoch.	• Auswahl technisch-niederschwelliger Spiele, die etwa mit einem Smartphone gespielt werden können • Schüler*innen als kundige Expert*innen einsetzen, die etwa ihre Laptops, Spielekonsolen, Spielstände etc. mitbringen • Spielkonsolen verwenden: sehr geeignet ist etwa die Nintendo Switch, da diese per Beamer projiziert werden kann, dank Akku unabhängig von der Stromversorgung ist und viele Indie Game- und Serious Game-Titel spielbar sind
Digitale Spiele sind für den Schuleinsatz zu teuer.	• eine Reihe von Computerspielen, vor allem aus dem Serious Games-Bereich, sind kostenlos verwendbar • viele Spieltitel aus dem Indie Game-Bereich sind sehr günstig (unter 10 €) zu erwerben • Schüler*innen sollen auf bereits gekaufte Titel zurückgreifen • generell das Bewusstsein dafür schaffen, dass digitale Spiele genauso selbstverständlich geeignete Medien sind, wie etwa eine Lektüre im Fach Deutsch
Die logistische und technische Infrastruktur der Schule lässt die Nutzung von Spielen nicht oder nur beschränkt zu.	• Browsergames am Smartphone nutzen • die Schüler*innen bringen ihre Geräte mit • die Spielenutzung erfolgt schulextern durch interessierte Schüler*innen • mit Methoden wie Plenarspiel, Spielebeobachter*in oder beim beobachteten Spiel spielen ein*eine oder mehrere Schüler*innen gemeinsam, sodass weniger Geräte zur Verfügung stehen müssen • Das Computerspiel wird zwar nicht direkt im Unterricht gespielt, aber etwa mittels in-game Videos, Rezensionen und Spielberichten vorgestellt. • Spielnutzung im Rahmen einer Hausübung, danach vielfältige schulische Präsentationsmöglichkeiten nutzen: Spielvorstellungen mittels ausgedruckter Screenshots; Verwendung von in-game Videos, Walkthroughs, Review-Videos etc.

Herausforderungen	mögliche Lösungsvorschläge
Die Lehrkraft möchte Formen des DGBL einsetzen, hat selbst aber kaum Spielerfahrung.	• Lehrer*innen können Walkthroughs, Review-, Gameplay-Videos und Ähnliches nutzen, um sich unkompliziert und rasch eine Übersicht über das Spiel zu verschaffen • Schüler*innen zu Expert*innen machen und deren Expertise im Vorfeld oder zur Stundendurchführung nutzen • Computerspiele verwenden, die rasch erlernt werden können
Wider Erwarten ist ein Teil der Klasse wenig begeistert davon, digitale Spiele zu nutzen und/oder kommt damit auch nicht zu recht.	• Regellernen ist Teil des DGBL (‚learning by playing'), siehe Abb. 16 und muss bei der Unterrichtskonzeption berücksichtigt werden • die individuelle Spielauswahl erhöht die Motivation der Schüler*innen • spielkundige Schüler*innen zu helfenden Expert*innen machen, die ‚ihre' Spiele betreuen • Spielen auf Basis der Freiwilligkeit • Methoden und Materialien finden, die Spielende und Nichtspielende zusammenarbeiten lassen

Tab. 15: Herausforderungen bei der Verwendung digitaler Spiele im Unterricht und mögliche Lösungen

Weitere Ideen für die Nutzung von DGBL im schulischen Kontext finden sich in verschiedenen Publikationen (etwa Gerber/Abrams 2014, Wastiau u.a. 2009). Etwa enthält der Projektbericht „How are digital games used in schools?" Beispiele, wie die sechs europäischen Projektpartner digitale Spiele schulisch integrierten.

6.5.2 Unterrichtsvorbereitung: Spielauswahl, Spielverwendung, Lehrer*innenrolle und Spielelernen

Spielauswahl: Der erste Schritt bei der Konzeption einer DGBL-Einheit ist die Spielauswahl. Auch wenn es wünschenswert wäre, wenn die Unterrichtsplanung ausgehend vom Lehrplan die Lehr- und Lernziele und dementsprechend die Wahl der Unterrichtsmittel im Rahmen der Feinplanung abstimmt, so wird in der Realität die Unterrichts- und Lehrzielplanung vom gewählten Computerspiel und von dessen thematischer Schwerpunksetzung, seiner Verfügbarkeit und der Altersfreigabe (siehe USK und PEGI) abhängen. Weitere Kriterien (Zirpel 2017, 106–108) können die geringen Hardwareanforderungen, ein günstiger Preis, ein bestimmtes Genre, die niederschwellige Zugänglichkeit oder die geringe Spieldauer sein. Im Idealfall sollte die Lehrperson das Spiel selbst testen. Da im schulischen Alltag dazu meist die Zeit fehlt, können Rezensionen, Spielberichte und vor allem Let's Play-Videos ebenfalls einen informativen und zeitsparenden Eindruck ermöglichen. Hilfreich können zusätzliche Materialien, Spielberichte in Zeitschriften oder fertige Didaktisierungsangebote sein. Etliche Institutionen stellen Angebote, Ratgeber, Broschüren und Empfehlungen kostenlos zur Verfügung.

www.eurogamer.net	www.gamestar.de
www.gamespot.com	www.pcgamer.com
www.metacritic.com/game/pc	www.pcgames.de
www.ign.com	www.1up.com
www.gamesradar.com/uk	

Tab. 16: Computerspielmagazine (Auswahl)

Arbeitsgemeinschaft Kinder- und Jugendschutz (AJS)	ajs.nrw
Bundesprüfstelle für jugendgefährdende Medien (BPjM)	www.bundespruefstelle.de/bpjm
Bundesstelle für die Positivprädikatisierung von digitalen Spielen (Österreich)	www.bupp.at
Deutscher Bildungsserver	www.bildungsserver.de
Digitale Spielewelten	digitale-spielewelten.de
Institut für Medienpädagogik zum Thema digitale Spielwelten	games.jff.de
Die Landeszentralen für Medien und Digitalisierung (Auswahl): Spieleratgeber NRW (www.spieleratgeber-nrw.de), Landesmedienzentrum Baden-Württemberg (www.lmz-bw.de/), Landeszentrale für Medien und Kommunikation Rheinland-Pfalz (http://medienanstalt-rlp.de)	
Ludothek des GameLabs in Hamburg	www.geschichte.uni-hamburg.de/arbeitsbereiche/public-history/forschung/gamelab/ludothek.html
Die Medienanstalt für Baden-Württemberg, Games im Unterricht	games-im-unterricht.de
MERLOT	www.merlot.org
OER Commons	www.oercommons.org
schule.at	www.schule.at
Schweizer Medieninstitut für Bildung und Kultur Genossenschaft	www.educa.ch

spielbar.de der Bundeszentrale für politische Bildung	www.spielbar.de
Stiftung digitale Spielekultur	www.stiftung-digitale-spielekultur.de
Zentrale für Unterrichtsmedien im Internet	www.zum.de

Tab. 17: deutschsprachige Institutionen im Bereich Mediendidaktik und digitale Spiele (Auswahl)

BBC games	www.bbc.co.uk/history/interactive/games
Gamasutra. The Art & Business of Making Games	www.gamasutra.com/topic/serious/sgs
Games and Learning	www.gamesandlearning.org
Games for Change	www.gamesforchange.org
Games im Unterricht	http://games-im-unterricht.de
MIT Scheller Teacher Education Program	education.mit.edu/project-type/games
Ramo Games	ramogames.com
Serious Games-Portal	https://seriousgames-portal.org
Serious Game Classification	serious.gameclassification.com
Toolkit	toolkit-gbl.com/start
Universität Hamburg, Teachings Staff Resource Center: hier finden sich Unterrichtskonzepte speziell für Geschichte	https://geschichtssorten.blogs.uni-hamburg.de/tag/unterrichtskonzept

Tab. 18: Websites für Serious Games (Auswahl)

Spielverwendung: Eng mit der Spielauswahl und der Wissensvermittlung verknüpft ist die Entscheidung, wie Spielinhalte oder das digitale Spiel als Medium verwendet werden. Wechselberger (2009, 101) unterscheidet etwa vier Formen der Verwendung: (1.) Computerspiele werden quasi als Lehrer*innen zur reinen Wissensvermittlung eingesetzt, (2.) sie sind Trainer*innen, um etwa den sensomotorischen Kompetenzerwerb zu fördern oder (3.) werden als Anreiz oder ‚Köder' verwendet. (4.) Zu Rekonstruktionszwecken werden digitale Spiele verwendet, um sie zu analysieren, weiterzuentwickeln oder um sie zu programmieren. Becker (2017, 102) systematisiert die digitale Spielnutzung (1.) „[f]or the content within the game", (2.) „[f]or the story (i.e., as literature)", (3.) „[a]s media" und (4.) „[f]or the code and design of the game itself". Kombiniert man diese Systematiken und verbindet sie mit der geschichtsdidaktischen Nutzung (siehe das Modell von Bernsen, Tab. 14), so lässt sich folgende Übersicht erstellen:

Verhältnis von Spiel und spielexternen Bezügen	**allgemein-didaktische Spielnutzung**	**historisch-fachdidaktische Spielnutzung**	**Geschichts-bewusstsein, didaktisches Verfahren**
spielimmanent	Lernen innerhalb der virtuellen Spielwelt (z. B. Serious Game)	das Spiel als Geschichtslehrer*in	Geschichtlichkeit rekonstruierend, informierend
spielintern	allgemeine Computerspielanalyse, spielinterne Kategorien	historische Computerspielanalyse, spielinterne Kategorien	reflektiertes Geschichtsbewusstsein erarbeitend, re-/dekonstruierend
Schnittstelle spielintern und -extern	Lernen durch die (fach-)spezifische Kontextualisierung des Spiels und durch Transfereffekte zwischen Spiel und Realität	historische Kontextualisierung durch spielexterne Bezüge	
spielextern	Analyse der spielbezogenen Anschlusskommunikation (Rezensionen, Vermarktungsstrategien, öffentliche Diskussionen etc.)	Analyse des Spiels im geschichtskulturellen Zusammenhang (Rezensionen, Vermarktungsstrategien, öffentliche Diskussionen etc.)	selbstreflexives Geschichtsbewusstsein dekonstruierend, forschend-entdeckend

Tab. 19: Spielnutzung und (fach-)didaktische Verwendung

Spielimmanente Nutzung: Das Spiel wird als Lehrmittel verwendet, wobei sowohl die Materialien als auch die Instruktionen im Rahmen des Spiels zur Verfügung gestellt werden. Das Spiel wird quasi zum*zur Geschichtslehrer*in.

Spielinterne Nutzung: Das digitale Spiel steht durch eine spielimmanente Analyse als Medium im Zentrum: Ähnlich einer Computerspielrezension können Grafik, Sound, Hardwareanforderungen etc. bewertet werden. Fachdidaktisch können historische Inhalte, deren Darstellung oder regelmechanische Umsetzungen rein spielintern analysiert und diskutiert werden.

Nutzung an der Schnittstelle von spielinternen und -externen Inhalten: Spielinhalte werden auf die spielexterne Wirklichkeit bezogen. Es handelt sich hierbei um die traditionelle Variante der historischen Kontextualisierung: Historische Erkenntnisse werden mit der Darstellung im Spiel verglichen, etwa hinsichtlich der Frage, ob historischen Fakten im Spiel ‚richtig' umgesetzt werden. Mit dem Ziel eines reflexiven Geschichtsbewusstseins muss es darüber hinaus auch darum gehen, historische Darstellungsformen und -strategien herauszuarbeiten, um Geschichte als mediales Konstrukt sichtbar zu machen.

Spielexterne Nutzung: Die letzte Bearbeitungsform nutzt das Computerspiel nur dem Titel nach beziehungsweise hinsichtlich einzelner weniger Spielinhalte und sieht sich die Kommunikationsprozesse im Zusammenhang mit dem Spiel an. Etwa, wie in Foren über das Erlebnis von Geschichte in einem bestimmten Spiel geschrieben wird, was die Spiele-Presse über ein bestimmtes Spiel mit historischen Inhalten schreibt oder wie Geschichte im Rahmen eines Mods umgesetzt wird.

Insgesamt verläuft die Spielnutzung von einem informierenden Lernen innerhalb der Spielwelt über eine historische Rekonstruktion und Kontextualisierung von Spielinhalten bis hin zu einer ergebnisoffenen Unterrichtsnutzung, die auf historische Dekonstruktion und geschichtskulturelle Anschlusskommunikation setzt. Diese Verwendungsarten lassen sich zugleich auf die Teilbereiche der allgemeinen Medienkompetenz (Medienkritik, -kunde, -nutzung und -gestaltung) übertragen. Zentrales Lernziel, im Sinne einer kritischen Medienkompetenz und eines reflexiven Geschichtsbewusstseins, ist dabei, und dies betrifft die historische Computerspielanalyse genauso wie die Film-, Bild- oder Textanalyse, das digitale Spiel als eine Konstruktion von Geschichte wahrzunehmen – „games should be treated as human interpretations of the past, not oracles." (McCall 2012, 19)

*Lehrer*innenrolle:* Die Spielauswahl und die Spielnutzung legen der Lehrperson die Verwendung einer oder mehrerer Rollen (Rüth 2017, 49) nahe. Becker (2017, 222) etwa nennt, unter Verweis auf weitere Literatur, folgende Rollenbilder: Als Evaluator*in bewertet die Lehrperson die Spielergebnisse und die Lerneffekte. Als Guide ist er*sie bei der Spiel- und Lernzielerreichung hilfreich. Bei der Rolle des*der Instruktor*in hilft er*sie mit den Vorbereitungen auf das Spielen, mischt sich aber in den Spielverlauf nicht weiter ein. Noch passiver ist er*sie als Beobachter*in. Umgekehrt kann die Lehrkraft auch zum*zur Spieler*in werden, der*die den Spielprozess aktiv steuert und etwa im Plenum ‚vorspielt'. Als Spielmacher*in/Helfer*in/Initiator*in unterstützt er*sie den Spieleprozess der Schüler*innen, die jedoch ausschließlich selbst spielen. Als Schiedsrichter*in überwacht er*sie konkurrierende Spielphasen und als Fachexpert*in hilft er*sie den Schüler*innen mit den fachspezifischen Inhalten des Spiels. Im Normalfall wird eine Lehrkraft mehrere Rollen während einer DGBL-Einheit einnehmen. Im Sinne konstruktivistischer Lerntheorien ist es besonders lerneffizient, diese möglichen Rollen von Schüler*innen einnehmen zu lassen und bei der Unterrichtsplanung den Rollentausch zu berücksichtigen.

Phasen des Spielelernens berücksichtigen: Digitale Spiele, auch aus dem Serious Game-Bereich, können die Spieler*innen mit hohen Anforderungsniveaus konfrontieren. Das führt oftmals für Lehrer*innen zu der überraschenden Erfahrung, dass Schüler*innen den Einsatz von Computerspielen als mühsam und frustrierend empfinden – vor allem jene, die über keine oder kaum Computerspielerfahrung verfügen.

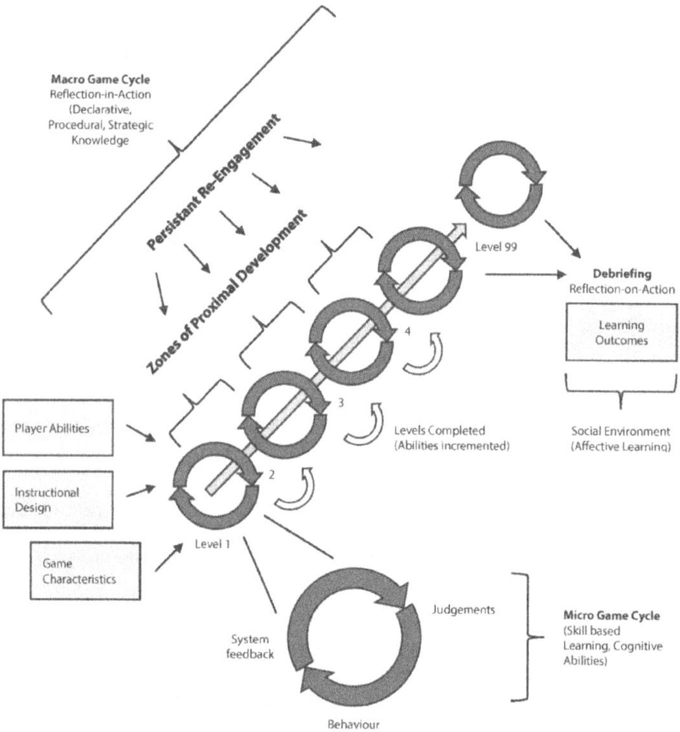

Abb. 15: recursive loops of Game-Based Learning (Pivec/Kearney 2007, 420)

Digitale Spiele evaluieren die Handlungen der Spielenden ständig. Diese ‚recursive loops of Game-Based Learning' (siehe Abb. 15) finden sowohl kleinteilig als auch bezogen auf die Makrostruktur des Spiels statt und führen, im Idealfall, aufgrund der Verhaltensanpassung, zu einem stetigen Lernen des*der Spieler*in:

Im negativen Fall führen die Loops zur Demotivation des*der Spielenden, sodass eine entsprechend entwickelte Frustrationstoleranz dazu gehört, die erste Lernphase zu bestehen. Lehrkräfte müssen daher den Prozess des Erlernens digitaler Spiele berücksichtigen und zunächst der ludologischen Komponente Platz im Unterricht einräumen, bevor es um die inhaltliche Nutzung geht. Einen Referenzrahmen für das Spielelernen haben Charsky/Mims (2008), aufbauend auf einer Klassifikation von Laveault und Corbeil, zusammengestellt (Abb. 16). Sie benennen acht Niveaus des Spielelernens. Grob werden diese Levels in drei Phasen eingeteilt, die eine Progression des spielerischen und inhaltlichen Lernens transparent machen („Learn the Game", „Crossover", „Game as Theory of Content"):

Stage	**Assimilation**	**Accommodation**	**Conception of Games**	**Activities**
1	Using rules as the student assimilates them.	Students learning game's rules.	Game to learn.	TYPE I & II Facilitate understanding and knowledge of the games: • Rules • Results of rules • Game strategies • Results of strategies
2	Assimilating the effects of the game's rules.	Students learning game's rules in context of game.	Game to play.	
3	Assimilating the reciprocal relationships of the game's rules.	Students learning game strategies based on their understanding of the rules and their effects on the game context.	Game of rules.	
4	Assimilating game strategies by using successful strategies repeatedly; and applies those same strategies to a variety of game conditions.	Students learning the results of strategies; students are refining their understanding of the game strategies.	Game of strategy.	

Stage	Assimilation	Accommodation	Conception of Games	Activities
5	Assimilating the reciprocal relationships of the results of various strategies.	Students learning from results of various strategies; identifies the major themes of the underlying model.	Simulation game.	TYPE II & III Facilitate understanding how the game's rules, strategies, and underlying model are related to reality and the domain/field/content represented. Facilitate ability to judge the validity of the underlying models. Facilitate ability to critique the underlying model. Facilitate ability to express ideas or improvements for the game to make it more like reality.
6	Assimilating the reciprocal relationships of the results of various strategies with their prior knowledge and domain concepts in the game.	Students learning from the results of various strategies as compared to the reality or phenomena, the underlying model represents.	Simulation game as a specific theory/conception of the domain.	
7	Assimilating the game's underlying model.	Students analyzing the game's underlying model and judging whether it is a valid representation of the domain/field/content.	Domain specific simulation.	
8	Assimilating the game's underlying model with their prior knowledge and domain concepts in the game.	Students evaluate the game's underlying model by comparing it to reality; students articulate the game's strengths and weakness as a representation of the domain and how the game could be improved to better represent reality.	Meta-game and meta-simulation. Game invention.	

Abb. 16: Stufen des Spielelernens (Charsky/Mims 2008, 43)

Phase I ist mit dem Lernen der Regeln verbunden. Der Aufnahmefokus der Spielenden liegt auf der Regelkomponente und nicht auf den Spielinhalten. In dieser Phase nimmt die Lehrkraft eine entscheidende Rolle ein, da Fehlschläge beim Spielen ausgeglichen werden müssen.

Die *Phase II* liegt im Übergangsbereich von I und III: Zunehmend werden Spielabläufe verstanden und Routinen entwickelt, sodass sich der Fokus von der Regelkomponente zur Spiel- und Inhaltskomponente verschiebt. Der*die Spieler*in ist aufgrund der Regelsicherheit zunehmend in der Lage, verschiedene Handlungsalternativen und Strategien auszuprobieren und zu evaluieren. In dieser Phase ist erstmals jenes kontextbezogene Problemlösen möglich, welches das digitale Spiel als Lernmedium wirkungsvoll macht. Inhalte werden wahrgenommen und können auf Kontexte außerhalb des Spiels bezogen werden, ein Transfer im Sinne von Fritz kann zustande kommen. In dieser Phase kann die Lehrperson den fachlichen Unterricht auch inhaltlich umsetzen.

Der Übergang zur *Phase III* ist fließend: In dieser Phase wird das Spiel vom*von der Spieler*in so gut beherrscht, dass er*sie eine Meta-Perspektive bezogen auf Regeln und Spielinhalte einnehmen kann. Das Spiel wird vom*von der Spielenden zunehmend abstrakt und konzeptuell wahrgenommen. Kritik am Spiel, an seinem Verhältnis zur Wirklichkeit und an ideologisch unterlegten Spielmechaniken oder Konzepten sind jetzt möglich.

Je simpler das Spiel und seine Regeln sind, desto schneller geht das Lernen von Phase I bis III vonstatten. Für Phase II wird ein einmaliger Spieldurchgang möglicherweise ausreichen, bei Phase III werden mitunter mehrere Durchgänge benötigt werden, bei denen der*die Spielende Handlungsalternativen und unterschiedliche Ergebnisse miteinander vergleicht, um so das Spiel als Konzept zu verstehen und bewerten zu können.

Für den Unterricht bedeutet dies: Spiele spielen zu lernen, benötigt Zeit. Nicht jedes Lehrziel wird es notwendig machen, Phase III zu erreichen. Lösen lässt sich das zeitliche Problem dadurch, dass kurze Sequenzen ausgewählt, diese dafür aber intensiver gespielt werden, sodass nur für einen bestimmten Spielabschnitt Phase III erreicht wird. Es sei an dieser Stelle wiederholt, dass digitale Spiele nicht unbedingt im Unterricht gespielt werden müssen. Unterschiedliche Methoden machen es möglich, Spiele so in den Unterricht zu integrieren, dass zentrale Spielinhalte und -konzepte auch ohne dem Spielerlebnis vermittelt werden können und eine Weiterbearbeitung möglich ist. Wird das Spielen aus dem Unterricht ausgelagert, fällt auch der administrative und technische Aufwand weg. Die Individualisierung des

Unterrichts durch die freiwillige Wahl aus einem Spiele- oder Themenangebot sollte zudem die Bereitschaft zur Mitarbeit erhöhen. Spielaffine Schüler*innen, die über ein hohes Kompetenzniveau im Spielbereich verfügen, sollen den Unterricht maßgeblich mitgestalten.

6.5.3 Unterrichtsdurchführung: Verlaufskonzepte und historisch-politische Sinnbildung

Dieser Abschnitt zeigt zunächst, wie spielimmanentes Lernen konzipiert werden kann und stellt anschließend Überlegungen für ein schulisches Verlaufskonzept vor.

Dem ‚traditionellen' Unterrichtsverlauf kommt Breuers Konzept am nächsten, das auf den Instruktionsphasen Gagnés (2011) beruht. Wie beim Instruktionslernen üblich, ist der Unterrichtsverlauf stark formalisiert und schematisch.

Instruktionsprinzipien (Gagné)	Elemente des DGBL
1. Aufmerksamkeit generieren	Vorbereitung auf die Nutzung; audiovisuelle Qualität des Spiels zur Aufmerksamkeitserzeugung nutzen
2. über Lernziele informieren	Tutorials, einleitende Instruktionen, narrativer Kontext
3. Vorwissen aktivieren	Hinweise auf wichtige Inhalte; Aufgaben, die die Anwendung des bereits Gelernten mit Spielbezug erfordern
4. Material präsentieren	Nutzung des Spiels
5. Unterstützung bieten	Hilfestellungen während des Spielens
6. Leistung fordern	Relevante und herausfordernde Aufgaben
7. Feedback geben	Reaktionen anderer Spieler*innen oder NPCs; Punktezahlen oder Fortschritte im Spiel transparent machen
8. Leistungen beurteilen	Abfrage von Fertigkeiten und Wissen, die im Spiel vermittelt wurden, in Form von Dialogen oder Aufgaben; mündliche oder schriftliche Abfragen und Überprüfungen im Anschluss an das Spielen
9. Erinnerung und Transfer fördern	Nachbereitende Aktivitäten, Einbindung in den gesamten Lernkontext (Kurs, Seminar, Unterricht)

Tab. 20: Gagnés Instruktionsphasen und DGBL, leicht verändert nach Breuer (2010, 32)

Für Breuer gehören die Phase 1 und Teile der Phase 2 zur Vorbereitung; 2 bis 8 zu den Spielelementen und Teile der Phase 8 und die Phase 9 zur Nachbereitung. Der Entwurf geht davon aus, dass das Spiel in den Unterricht eingeführt wird, daran die Spielphase anschließt, und diese zu Sequenzende ausgewertet wird. Das digitale Spiel wird direkt im Unterricht verwendet und die Wissensvermittlung findet ohne Beteiligung der Lehrkraft durch das Spiel (spielimmanent) statt. Am Ende der Spiel- und der Lernphase wird dann geprüft. Die Nachbereitung hat mit der eigentlichen spielerischen Handlung nichts mehr zu tun. Breuers Darstellung präsentiert ein idealtypisches Verlaufskonzept, das vermutlich den meisten Vorstellungen zugrunde liegt, wenn es um die Planung von DGBL-Einheiten geht. Die Modelle des Instruktionslernens sind unflexibel und rigid, können aber prinzipiell eine Orientierungshilfe bei der Planung von Unterricht bieten.

Komplexer sind die Verlaufsmodelle, die auf Grundannahmen der konstruktivistischen Theorie fußen: Für viele Autor*innen ist die Interaktivität die zentrale Eigenschaft von digitalen Spielen. Diese kommt dadurch zustande, dass die spieler*innenseitige Eingabe zu einem automatisierten Output führt. Der entstehende Kreislauf wird als Input-Output-Loop bezeichnet und führt zu einem erfahrungsbasierten Lernen, das in vielen Arbeiten mit dem Modell von Alice und David Kolb (Kolb/Kolb 2017) konzeptualisiert wird. Der erfahrungsbasierte Lernzirkel besteht aus vier aufeinander folgenden kognitiven und/oder performativen Tätigkeiten (Abb. 17). Lernen bedeutet in diesem Konzept, Erfahrungen zu machen, darüber zu reflektieren und

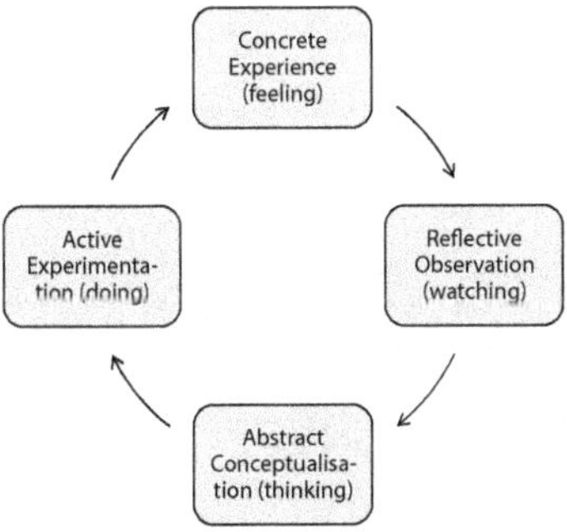

Abb. 17: (Gloria u. a. 2014, o.A.)

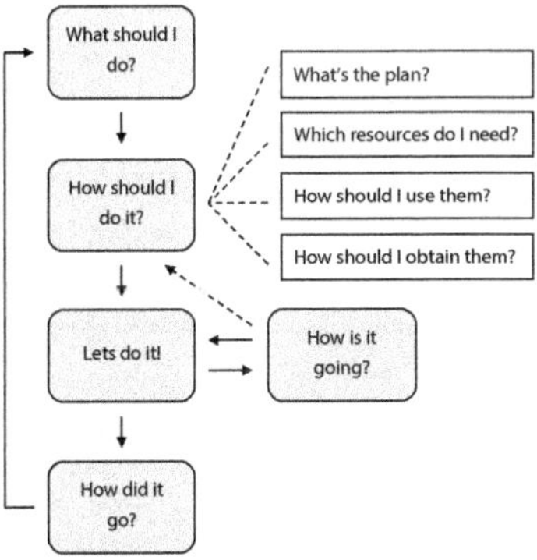

Abb. 18: (Fabricatore/López 2012, 212)

das Verhalten anzupassen. Unterschiedliche Autor*innen, etwa Fabricatore/López (Abb. 18), wenden diesen Lernzirkel spielbezogen an.

Der Erfahrungsbereich, mit dem der*die Lernende in Berührung kommen soll, wird vom digitalen Spiel über die Input-Output-Loops simuliert: Der*die Spielende handelt in der virtuellen Welt. Die Konsequenzen dieses Handelns werden vom formalen System evaluiert und rückgemeldet, der*die Spielende nimmt diese Bewertung als Veränderung der Spielwelt wahr und sich selbst damit als selbstwirksam. Der*die Spielende wird sein*ihr Verhalten an die Rückmeldung anpassen, weitere Handlungen setzen, die erneut evaluiert werden. Über Versuch und Irrtum, die ‚recursive loops of Game-Based Learning', findet damit letztlich eine Verhaltensanpassung und somit Lernen statt.

Gabriel (2018, 6) erweitert den Lernzyklus nach Dunwell/de Freitas/Jarvis, der ebenfalls auf dem Kolb'schen Erfahrungslernen aufbaut, um eine virtuelle Komponente und macht so den Prozess des DGBL deutlicher sichtbar:

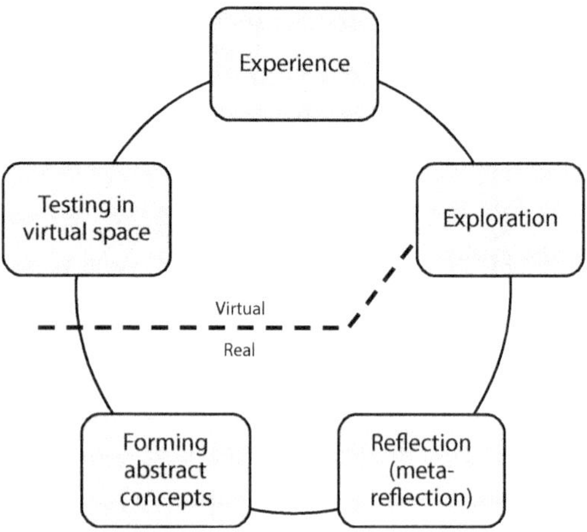

Abb. 19: Lernzirkel (Gabriel 2018, 6)

Die historische Variante des Regelkreises besteht darin, bedeutsame Entscheidungen zu treffen und deren Konsequenzen über die Zeit zu verfolgen. Der permanente Handlungs- und Problemzusammenhang lässt sich im historischen Kontext als „historical problem space" (McCall 2012, 16) bezeichnen. Geschichte wird im digitalen Spiel zum Ort des Ausprobierens, zum Reflexionsraum und zum Labor für die Erprobung von Hypothesen. Die Handlungsmöglichkeit (‚Agency') im simulierten historischen Kontext macht das digitale Spiel didaktisch und für die schulische Verwendung so interessant: Das digitale Spiel ist, abseits des Reenactments und anderer Spieletypen, eine der wenigen Erfahrungsformen, in denen eine historische Agency eingenommen werden kann. „Die Spiele machen das Angebot, Geschichte in scheinbar unmittelbarer Weise nachzuerleben, in den eigenen Horizont zu holen, und zwar in einer anderen, einer intensiveren Form als der Geschichtsunterricht, ein Sachbuch, ein Film oder eine Dokumentation im Fernsehen.“ (Schwarz 2012, 315)

Weitere Verlaufsplanungen hat Motyka aus der Literatur zusammengetragen und tabellarisch zusammengefasst:

Einbettungsmöglichkeiten nach	Phase 1	Phase 2	Phase 3
Kerres et al. (2009)	Spielphase ohne didaktische Begleitung	–	–
Kerres et al. (2009)	Spielphase mit Aufgaben im Computerspiel	–	–
Kerres et al. (2009)	Einführungsphase	Spielphase mit begleitender Aufgabenstellung	Debriefing
Charsky/Mims (2009)	Ausgedehnte Spielzeit mit begleitender Dokumentation	Vergleich zwischen virtueller und realer Welt	Anfertigung eines zusammenfassenden Dokuments mit gewonnenen Erkenntnissen und Spielkritik
Hammer/Black (2009)	Ausgedehnte außerschulische Spielphase ohne didaktische Begleitung	Traditioneller Unterricht (mit gelegentlicher Bezugnahme auf die Spielerfahrung)	–
Garries et al. (2002)	Spielphase mit instruktionaler Unterstützung	Debriefing	–

Abb. 20: Übersicht über Unterrichtsverläufe mit Computerspielnutzung (Motyka 2018, 95)

In ihrer Meta-Studie schreiben Boyle u.a. (2016, 187), dass digitale Spiele mehrheitlich noch immer rein zum Wissenserwerb verwendet werden, aber deutlich seltener für Verhaltensänderungen oder den

Kompetenzerwerb. Damit Letzteres gelingt, muss es zu einem Transfereffekt zwischen spielerischem Erfahrungslernen und der Realität kommen – die digitalen historischen Laborwelten müssen mit spielexternen historischen Inhalten abgeglichen werden. Dies ist gerade beim Computerspiel alles andere als selbstverständlich, da die „Spielsymbolik nur innerhalb des spezifischen Kontexts Sinn ergibt, weil sie auf ein Spielregelsystem bezogen ist, das außerhalb der virtuellen Spielwelt nicht existiert.“ (Wechselberger 2012, 53–54) Überdies findet das Problemlösen in digitalen Welten im Verständnis des Input Process Outcome Game-Model (IPO-Modell) immer nur implizit statt. Garris u.a. betonen daher die Wichtigkeit einer Reflexionsphase, die auch als Debriefing bezeichnet wird, und in der das implizite in ein explizites, instruktionenbasiertes Lernen verwandelt wird. Die Lerneffizienz der so organisierten schulischen Einbettung von digitalen Spielen bestätigen auch diverse Meta-Studien: „However, to maximize the potential of computer-based simulation games, they should be used as a supplement to lecture, discussion, tutorials, or other instructional methods.“ (Sitzmann 2011, 517) Im Sinne von Fritz' Transfermodell ist für Lernprozesse ein intermondialer Transfer notwendig, der die Spielinhalte real weltlich kontextualisiert, selbst dann, wenn es sich um ein instruktionales Serious Game handelt.

Wie kann nun der idealtypische Unterrichtsverlauf aussehen, der den Input-Output-Loop als Spezifikum des digitalen Spiels berücksichtigt? Eine solches Verlaufsmodell findet sich etwa bei Motyka, der sich in seiner Arbeit auf das IPO-Modell nach Garris u.a. (2002) bezieht. Der ‚recursive loop of Game-Based Learning‘, also die Abfolge von Spieler*innenaktion, Rückmeldung durch das digitale Spiel und Adaption durch den*die Spieler*in, steht dabei im Mittelpunkt. Motyka ergänzt das IPO-Modell um weitere Input-Faktoren. Im Anschluss an den Spielkreislauf kommt es zu einer Debriefing-Phase, die für den Transfereffekt sorgt und die Lernergebnisse generiert.

Motykas Ablaufschema ist konzeptionell gedacht; es kann eine Unterrichtseinheit von wenigen Minuten bis hin zu einer ganzen Schulstunde oder eine Projektwoche strukturieren. Der Spielkreislauf kann zudem auch fachdidaktisch verstanden werden, handelt es sich dabei doch um ein forschend-entdeckendes und problembasiertes Lernen: „Video games are, at heart, problem-solving spaces. Learning is integral to their design and success.“ (Gee 2013, 142) Das forschend-entdeckende Lernen liegt auch dem Kompetenzmodell der Forscher*innengruppe „FUER Geschichtsbewusstsein“ (Körber u.a.

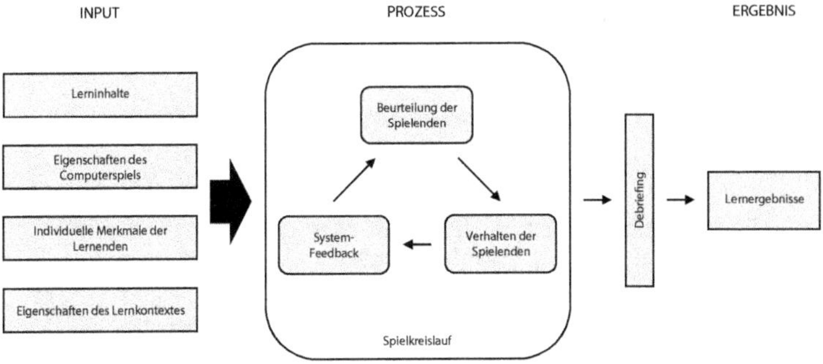

Abb. 21: schulisches Modell computerspielbasierten Lernens (Motyka 2018, 106)

2007) in Form des Prozessmodells zugrunde. Ausgehend von einem konkreten Anlass („Verunsicherung“) im historischen Zusammenhang („historische Fragekompetenz“) wird mithilfe von Sach- und Methodenkompetenz (Wissen und Verfahren) das nötige Wissen erschlossen („Rekonstruktion“). Der historische Sinnbildungsprozess kann selbst reflektiert oder mit bestehenden Sinnbildungsangeboten verglichen, beurteilt und bewertet werden („Dekonstruktion“). Dies soll letztlich zu einer lebensweltlichen Einordnung und gegenwartsbezogenen Orientierung des Subjekts („historische Orientierungskompetenz“) führen. Genau dieser hermeneutischer Zirkel, der im Grunde von den Sozial- und Kulturwissenschaften „für ihr epistemologisches Denken“ (Kühberger 2010) genutzt wird, kann mit dem ‚recursive loop of Game-Based Learning‘ verbunden werden. In Worten des IPO-Modells: Ausgehend von einem historischen Sachverhalt erkennt der*die Spieler*in ein spezifisches Problem („historische Fragekompetenz“) und handelt im Kontext des Spiels mittels einer mehr oder minder spezifischen Sach- und Methodenkompetenz. Daraufhin erfolgt das Systemfeedback, dessen Ergebnisse der*die Spielende erneut interpretieren muss. Dies führt zu einem Bewerten, Einordnen und Orientieren („historische Orientierungskompetenz“). Der Spielkreislauf und das historische forschend-entdeckende Lernen führen zu einer tendenziellen Ergebnisoffenheit und zu einer aktiven Sinnbildung durch das Subjekt. Immanent sind diesem Vorgang die Prinzipien konstruktivistischen Lernens, wie Entdecken, Erleben und Selbstaneignen, die als besonders lerneffizient gelten. Allerdings benötigen die wenigsten Spiele immanent die Anwendung einer spezifischen historischen Sachkompetenz, was umgekehrt aber nicht heißt, dass solche in der Debriefingphase auf das Spiel nicht angewendet werden können.

Was die historischen Wissensformen betrifft, so findet das Handeln in digitalen Spielen vor allem problemlösend statt. „While, of course, they [Computerspiele, AP] might not able to teach facts, dates, events and such, they force players to confront the contexts, motives, goals and objectives of historical actors in a broad and complex set of circumstances." (Elliott 2019, 176) Während Serious Games vereinzelt historisches Faktenwissen vermitteln, wird die Mehrzahl der konventionellen Titeln vor allem konzeptionelles Wissen bereitstellen. Gemeinsam mit dem oben dargestellten IPO-Modell ist für ein erfolgreiches Lernen mit digitalen Spielen daher der gelungene Transfer zwischen Spielwelt und Realität kaum zu überschätzen.

Neben den historischen Kompetenzen lassen sich auch die didaktischen Prinzipien mit digitalen Spielen in Zusammenhang bringen: Historische Inhalte werden exemplarisch dargestellt, sie sind problemorientiert und kontroversiell angelegt. Da jeder Spieldurchlauf, in Abhängigkeit von der Spielgestaltung, nonlinear ist, sind digitale Spiele für eine individualisierte und partizipative Unterrichtskultur bestens geeignet (Wimmer/Wiemker 2017). Viele Spiele machen unterschiedliche Perspektiven auf und tragen so, bei der entsprechenden didaktischen Einbettung, zu Alteritäts- und Multiperspektivitätserfahrung, Fremdverstehen, Toleranz und Pluralismus bei (Wendt 2017).

Neben den historischen lassen sich auch die politischen Kompetenzen mit dem digitalen Spiel in Zusammenhang bringen. Spiele wie etwa „Through the Darkest of Times" (HandyGames 2020), in dem man eine Widerstandsgruppe gegen das nationalsozialistische Regime organisieren muss, weisen auf die von Hellmuth (2014, 121–209) festgestellte willkürliche Trennung zwischen Geschichte und politischer Bildung hin. Spiele wie dieses beschäftigen sich mit politischen Inhalten (Widerstand gegen die Staatsgewalt, Protestformen, Rechtsstaatlichkeit, politische Partizipation) genauso wie mit historischen (Machtergreifung der Nationalsozialisten). Viel eher sollte von einem „analytische[n] historisch-politische[n] Bewusstsein" (Hellmuth 2014, 209) gesprochen werden.

Den existierenden Kompetenzmodellen der politischen Bildung ist gemeinsam, dass sie auf die Entwicklung eines mündigen, emanzipierten, (selbst-)reflexiven, urteilsfähigen, an Gemeinwohl und Demokratie orientierten Subjekts (Citizenship Education, Civic Education) abzielen. An dieser Stelle muss eine detaillierte Diskussion der unterschiedlichen Modelle (Reheis 2016) der politischen Kompetenz „als Forschungs- und Konfliktfeld der Didaktik der politischen Bildung" (Sander 2014, 113) unterbleiben. Im Folgenden orientiert sich der Text am einflussreichsten Modell der politischen Bildung, nämlich jenem der „Gesellschaft für Politikdidaktik und politische Jugend- und Erwachsenenbildung" (GPJE) (Detjen u.a. 2012) beziehungsweise am „didaktische[n] Minimum" (Sander u.a. 2017) der politischen Urteils- und Handlungsfähigkeit und der Sach- und Methodenkompetenz.

Politische Urteilskompetenz: Digitale Spiele im politischen Kontext nötigen dem*der Spieler*in Entscheidungen und damit Sach- und Werturteile ab (siehe Feedback-Loop). Etwa auf institutioneller Ebene, wenn der*die Spieler*in im Rahmen einer Städtebausimulation mit der Frage konfrontiert wird, welche Flächenwidmung einem neuzubebauenden Gebiet zugeordnet werden soll. Aus subjektbezogener Perspektive geschieht dies etwa bei einem Spiel wie „Beholder", wenn der*die Spieler*in sich zwischen seiner*ihrer Loyalität zum Staat oder für Korruption entscheiden muss, um das Überleben der eigenen Familie zu garantieren. In vielen Spielen des polity-Bereichs steht der*die Spieler*in vor moralisch-politischen Dilemmata, die sich aus dem Wertekonflikt zwischen individuellem und kollektivem, meist staatlichem, Handeln ergeben. Oftmals gibt es schlichtweg keinen idealen Entscheidungspfad. Da die Spiele mitunter nonlinear sind und mehrere Enden besitzen, wird politische Wirkmächtigkeit simuliert und durch den*die Spieler*in ‚erfahren'.

Politische Handlungskompetenz: Digitale Spiele simulieren durch ihre Interaktivität ein Repertoire an Handlungsmöglichkeiten. Während Spiele mit polity-Bezug aus einer Alltagsperspektive lebensweltliche Handlungsformen verwenden, sind es bei politics-Spielen institutionalisiert-systemische. Digitale Spiele sollen dem*der Spieler*in das Gefühl der Handlungsmächtigkeit bieten und reduzieren fachspezifische Komplexität und damit institutionenkundliches Wissen so weit, dass sie mit einem Minimum an politischem Wissen, im Sinne eines deklarativen Wissens, spielbar sind.

Politikbezogene Methodenkompetenz: Während polity-Spiele eine lebensweltlich-nahe Semiotik verwenden, besteht etwa das politics-Spiel „Fate of the World" vorwiegend aus Statistiken, Diagrammen und Tabellen, die der*die Spielende auswerten und interpretieren muss, will er*sie den Spielverlauf evaluieren und Maßnahmen begründet setzen.

6.5.4 Schlussfolgerungen für die Nutzung digitaler Spiele im Unterricht

Aus den hier dargestellten Überlegungen lässt sich damit folgender konzeptueller Stundenverlauf für die Nutzung von digitalen Spielen, sofern diese direkt im Unterricht verwendet werden, erstellen:

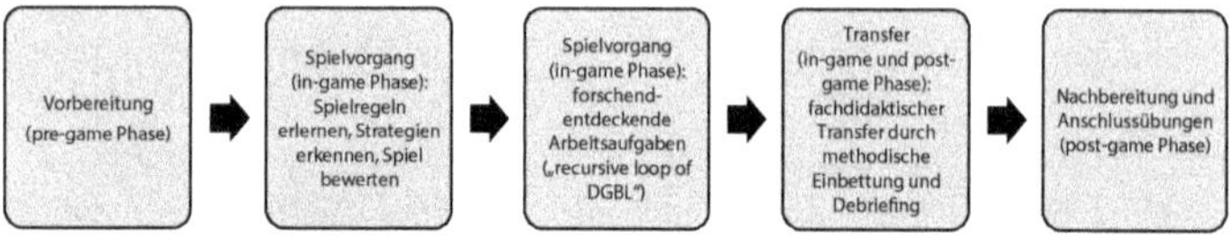

Abb. 22: konzeptuelle Ablaufplanung von Unterricht mit digitalen Spielen

Die Eckpunkte für einen Unterricht mit digitalen Spielen werden hier noch einmal zusammengefasst. Da die folgenden Aspekte miteinander verknüpft sind, wiederholen sich bestimmte Inhalte zwangsläufig:

Spielauswahl, sofern im Unterricht gespielt wird: Pointierten, kurzen, auf spezifische Erfahrungen, Themen und Zusammenhänge fokussierenden Spielen ist der Vorzug gegenüber komplexen, anspruchsvollen und zeitintensiven zu geben. Serious Games werden diesen Anforderungen vielfach gerecht. Forschungs-, Beobachtungs- und Arbeitsaufträge lassen sich gezielter, schneller und effizienter erfüllen, der Vorbereitungsaufwand für die Lehrkraft sinkt insgesamt.

Vorwissen aktivieren, Interesse herstellen: Nicht alle Schüler*innen spielen gleich gern. Spiele erzeugen damit nicht automatisch die Bereitschaft, sich mit den entsprechenden historisch-politischen Inhalten zu beschäftigen. Genauso wie bei nichtspielbasierten Stundenkonzepten gilt es daher auch, zunächst das Vorwissen der Schüler*innen zu aktivieren, Interesse und Neugier zu wecken. Eine individuelle Spielauswahl kann die Motivation erhöhen, sich mit digitalen Spielen zu beschäftigen.

Digitale Spiele spielen lernen: Digitale Spiele müssen erlernt werden, bevor sie verwendet werden können. Für das Spielelernen muss ausreichend Zeit zur Verfügung stehen, sonst können die weiterführenden Arbeitsergebnisse nicht in der gewünschten Qualität bewältigt werden. Dass Spielelernen zu Frustrationseffekten führen kann, sollte eingeplant werden.

Spielen mit Fokus: Der Vorgang des Spielens bedeutet noch nicht, Wissen zu erwerben. Erst durch den Transfer, also der Verbalisierung von Spielerfahrungen und den Bezug auf die außerspielerische Realität kommt es zur Generierung von Wissensstrukturen. Daher ist es wichtig, am Beginn der Spielphasen oder begleitend dazu, Arbeits- und Forschungsaufträge auszuteilen, Spielbeobachter*innen einzusetzen oder Concept Maps oder Mindmaps an der Tafel anzulegen.

Spielerfahrungen gemeinschaftlich diskutieren: Durch den gemeinschaftlichen Austausch über die nichtreflektierte Spielerfahrung findet eine Distanznahme von und eine Verbalisierung der Spielinhalte statt. Über Spiele zu sprechen bedeutet gleichzeitig immer auch, sie zu analysieren. Besonders geeignet dazu sind alle gemeinschaftlichen Spielformen und Arbeitsaufträge, die den Spielverlauf beschreiben, protokollieren und hinsichtlich der zuvor aufgestellten Hypothesen untersuchen (Spielen im Team, Spielebeobachter*innen, Protokoll erstellen, Spieltagebuch).

Methodenmix einsetzen, Transfereffekte auslösen: Sequenzielle, kurze und fokussierte Spielphasen, die mit unterschiedlichen spielexternen Methoden verbunden werden, gelten als besonders lerneffizient. Genauso wie andere Medien auch, so funktioniert das digitale Spiel nicht selbstständig. Je vielfältiger die Lernhandlungen, je abwechslungsreicher die Einbettung in den Unterricht, je fließender der Übergang zwischen Spiel- und Lernphasen, desto lerneffizienter seine Verwendung.

Das Spiel als Medium sichtbar machen: Das digitale Spiel muss als Medium thematisiert und dekonstruiert werden. Wie bei der Text-, Film- oder Medienanalyse darf das Computerspiel nicht als Abbild von Vergangenheit, sondern muss als geschichtskulturelles Medium verstanden werden.

Der historischen Computerspielanalyse geht es nur in den seltensten Fällen um die historische ‚Akkuratesse' digitaler Spiele, sondern um deren geschichtskulturelle Analyse. Das digitale Spiel wird als Vergegenwärtigung, Interpretation und Wertung von Vergangenheit verstanden. Es geht etwa um Fragen der Stereotypisierung, der Politisierung, der Dramatisierung, der prozeduralen Rhetorik, um Wirkabsicht und Ideologisierung. Die Analyse macht das Spiel als solches sichtbar und behandelt spielerisch vermittelte Geschichte nicht als ‚schlechtes' Abbild der von der Geschichtswissenschaft etablierten ‚richtigen' Geschichte.

6.5.5 Methoden

Hier werden in alphabetischer und durchnummerierter Reihenfolge Methoden dargestellt, die sich für die schulische Bearbeitung von digitalen Spielen eignen. In den Unterrichtsentwürfen wird nur noch per Nummer auf die jeweilige Methode Bezug genommen. Als Grundlage für die Erarbeitung der computerspielspezifischen Methodik dienten Hutchisons „Playing to Learn. Video Games in the Classroom“ (2007) sowie Beckers „Choosing and Using Digital Games in the Classroom“ (2016). Die möglichst vielfältige Nutzung unterschiedlicher Medienkompetenzbereiche (Suchen, Verarbeiten, Kommunizieren, Produzieren, Problemlösen, Analysieren und Reflektieren) stand im Zentrum bei der Methodenwahl. Die Methoden sind auf der Mikro- und Mesoebene der Unterrichtsplanung angesiedelt. Sie sind als Anregungen gedacht und sollen, je nach Bedarf, adaptiert, abgeändert und neu kombiniert werden. Eingeleitet werden sie jeweils durch eine Tabelle, die eine rasche Klassifikation ermöglichen und so die Auswahl erleichtern soll:

Phase im Verlaufskonzept	Eröffnung, Hauptteil, Schluss	**Verfahren**	informierend, erarbeitend, forschend-entdeckend
Spielbezug	pre-game, in-game, post-game	**Sozialform**	Einzelarbeit Partner*innen-arbeit Gruppenarbeit

Die Kategorie „Phase im Verlaufskonzept“ betrifft die Position der Methode im Verlauf einer schulischen Einheit. Je nach zur Verfügung stehender Zeit kann es sich dabei um eine Stunde, einen mehrstündigen Unterricht oder ein mehrtägiges Projekt handeln. Die drei Positionen sind dementsprechend rein konzeptuell gedacht. Zur besseren Verständlichkeit wird vom ‚Standard‘-Verlaufskonzept einer Einführungs-, Arbeits-/Informations- und Festigungsphase ausgegangen. Mit der Kategorie „Spielbezug“ wird das Verhältnis der Methode zum Spiel charakterisiert: Wird das Spiel durch die Methode vorbereitet (pre-game), steht der Spielvollzug selbst im Zentrum (in-game) oder wird das Spiel nachbearbeitet (post-game). Mit „Verfahren“ ist die Art der Informationsbearbeitung gemeint: Dient die Methode dazu, die Schüler*innen rein zu informieren oder haben diese einen zumindest geringen aktiven Anteil bei der Erstellung von Arbeits- und Lernprodukten (erarbeitend)? Beim forschend-entdeckenden Lernen finden die Schüler*innen im Rahmen von handlungs- und produktionsorientierten Aufgaben ihre je individuellen Antworten. In der Kategorie „Sozialform“ wird zwischen Einzel-, Partner*innen- und Gruppenarbeit unterschieden. Eine abstrakte Kategorisierung in dieser Form stellt eine grobe Orientierung bereit. Die konkrete Umsetzung kann deutlich davon abweichen.

1. Alternative Geschichtsschreibung

Phase im Verlaufskonzept	Hauptteil	**Verfahren**	forschend-entdeckend
Spielbezug	in-game, post-game	**Sozialform**	Einzelarbeit, Partner*innen-arbeit, Gruppenarbeit

Die Spieldurchgänge werden dokumentiert (etwa mit dem Spielprotokoll und -tagebuch, 26) und dem realfaktischen historischen Verlauf gegenübergestellt. Dies kann etwa über Zeitleisten (reale vs. gespielte Geschichte) passieren. Diese Methode lässt sich mit jener des*der Spielebeobachter*in (22) verbinden. Ein forschend-entdeckendes Lernen mit Forschungsfragen kann analysieren, welche Ereignisse und Handlungen zum kontra- und/oder realfaktischen Verlauf geführt haben.

2. Angeleitetes Spiel

Phase im Verlaufskonzept	Eröffnung, Hauptteil	**Verfahren**	informierend, erarbeitend
Spielbezug	in-game	**Sozialform**	Partner*innen-arbeit, Gruppenarbeit

Unter der Anleitung eines*einer oder mehrerer Spiele-‚Experten*innen', egal ob Lehrkraft oder Schüler*in, kann die Klasse ein Computerspiel besonders effizient und zeitsparend kennen lernen. Der*die Expert*in leitet den Spielvorgang an, beantwortet Fragen und weist auf besondere, etwa historische, Aspekte hin.

3. Anleitung oder Strategieguide schreiben und historisch auswerten

Phase im Verlaufskonzept	Hauptteil	**Verfahren**	erarbeitend
Spielbezug	in-game, post-game	**Sozialform**	Einzelarbeit, Partner*innen-arbeit, Gruppenarbeit

Beide Textsorten setzen eine intensive Beschäftigung mit einem digitalen Spiel und dessen Regeln voraus und vertiefen die Spielerfahrung. Sie können dazu dienen, Personen, die das Spiel nicht kennen, den Einstieg zu erleichtern. Die erstellten Texte können auch die Basis für eine historische Analyse sein und für verschiedene Arbeitsaufgaben des Vergleichens, Bewertens oder Dekonstruierens verwendet werden.

4. Authentifizierungsstrategien herausarbeiten

Phase im Verlaufskonzept	Hauptteil	**Verfahren**	forschend-entdeckend
Spielbezug	pre-game, in-game	**Sozialform**	Einzelarbeit, Partner*innen-arbeit

Digitale Spiele werben oftmals mit ihrer ‚authentischen' Geschichtsdarstellung, insbesondere im Kontext von Zweiten Weltkriegs-Shootern. Dieser Arbeitsauftrag teilt sich in zwei Bestandteile:

(1.) Untersuchen lässt sich, inwiefern Spiele das Versprechen nach einer ‚authentischen' Darstellung von Geschichte als Marke platzieren und welche Wirkung sie erzielen wollen. Dazu lassen sich Marketingtexte, Videos oder Begleittexte auf Spieleplattformen auswerten. (2.) Das Spiel lässt sich auch immanent nach akkuraten und möglichst authentischen Elementen untersuchen. Verbinden lassen sich beide Aufträge durch eine Liste, die Authentifizierungsstrategien aufzählt und systematisiert (Musik, Musik-Effekte, detailreiche Grafiken innerhalb des Spiels, spezifische Spielmechaniken, zusätzlich integriertes spielexternes Material; siehe Abschnitt 5.6). Interessant ist es, die verschiedenen Authentifizierungsmittel qualitativ, soweit möglich, zu verändern und die Wirkung zu beobachtet: Wie ‚fühlt' sich das Spiel an, wenn man den Sound ganz abschaltet oder nur die Effekte belässt? Was passiert, wenn man die Qualität der Grafik reduziert oder den Schwierigkeitsgrad verändert? Welchen Eindruck erweckt das Spiel, wenn die dokumentarischen Bestandteile unbeachtet bleiben?

*5. Brief an die Entwickler*innen*

Phase im Verlaufskonzept	Schluss	**Verfahren**	erarbeitend
Spielbezug	in-game, post-game	**Sozialform**	Partner*innen-arbeit, Gruppenarbeit

Aufbauend auf einer allgemeinen oder historischen Spielanalyse schreiben die Schüler*innen einen Brief an die Entwickler*innen, in dem sie darlegen, wie ihnen das Spiel gefallen hat und was, je nach behandeltem Aspekt, verändert werden sollte. Sie können neue Spielkonzepte entwerfen, alternative Handlungspfade andenken, bestimmte historische Sachverhalte einfordern oder spielmechanische Änderungen einbringen. Diese Methode eignet sich etwa als Abschlussübung für eine zuvor stattgefundene Spieldekonstruktion.

6. Codebuch erstellen

Phase im Verlaufskonzept	Hauptteil	**Verfahren**	erarbeitend, forschend-entdeckend
Spielbezug	pre-game, in-game	**Sozialform**	Einzelarbeit, Partner*innen-arbeit, Gruppenarbeit

Basierend auf dem Arbeitswissen der Schüler*innen und/oder zusätzlichem Informationsmaterial werden bestimmte, für einen historischen Sachverhalt zentrale Kategorien ausgearbeitet und auf ihre Umsetzung im digitalen Spiel untersucht. Dazu wird die Analyseeinheit (z.B. Wirtschaft im Mittelalter), also das Thema der Fragestellung definiert, um anschließend passende Merkmale, die diese Analyseeinheit umsetzen, zu erstellen (= Codes, z.B. Dreizelgenwirtschaft). Zu jedem dieser Codes werden Ausprägungen formuliert, die mögliche Umsetzungen im digitalen Spiel beschreiben (z.B. realisiert/nicht realisiert/komplex realisiert). Codes und Ausprägungen zusammen ergeben die Codiereinheit. Mehrere Codiereinheiten, gegebenenfalls durch verschiedene Analyseeinheiten zusammengefasst, werden als Codebuch bezeichnet (siehe 4.8).

7. Computerspielpreis vergeben

Phase im Verlaufskonzept	Schluss	**Verfahren**	erarbeitend
Spielbezug	in-game, post-game	**Sozialform**	Gruppenarbeit

Liegen zu einem Thema, einen Aspekt oder einem Zeitabschnitt mehrere Spiele vor, bietet sich die Vergabe eines Computerspielpreises an. Die Schüler*innen sollen die vorgestellten Spiele nach selbstgewählten Kriterien evaluieren und das beste prämieren. Die Preiskategorien (z.B. bestes historisches Serious Game, beste Mittelalterumsetzung, beste historische Städtebausimulation etc.) sowie die passenden Bewertungskategorien können vorgegeben oder von ihnen selbst entworfen werden. Kombinierbar ist diese Methode etwa mit dem Ausstellerbetrieb, einem World-Café oder einem Gruppenpuzzle, die den Evaluationsprozess etwa nachvollziehbar begründen.

8. Cover analysieren

Phase im Verlaufskonzept	Eröffnung, Schluss	**Verfahren**	erarbeitend, forschend-entdeckend
Spielbezug	pre-game, post-game	**Sozialform**	Einzelarbeit, Partner*innen-arbeit, Gruppenarbeit

Digitale Spiele mit historischen Bezügen werben oft mit anspielungsreichen Covern und ikonischen Abbildungen aus dem historischen Bildgedächtnis. Über die Re-/Dekonstruktion der Abbildungen lässt sich der Umgang mit der visuellen Erinnerungskultur für Marketingzwecke erschließen. Die Spielverpackung von „Hearts of Iron 3“ (Paradox Interactive 2009) zeigt etwa die Aufnahme des sowjetischen Fotografen Jewgeni Chaldejs. Zu sehen ist der Reichstag in Berlin am 2. Mai 1945. Ein Soldat mit zwei Uhren hisst eine Fahne. Da die Abbildung auf Plünderungen der Roten Armee hindeutet, wurde sie zensuriert. Die englische Variante von „War Leaders: Clash of Nations“ (Enigma Software Productions 2008) zeigt Adolf Hitler unter den anderen Politikern des Zweiten Weltkriegs, während die deutsche Variante ihn durch den erfundenen Reinhold Teslar ersetzt.

9. Entscheidungsdiagramm

Phase im Verlaufskonzept	Hauptteil, Schluss	**Verfahren**	erarbeitend
Spielbezug	in-game, post-game	**Sozialform**	Einzelarbeit, Partner*innen-arbeit

Spiele zwingen den*die Spielend*e dazu, Entscheidungen zu treffen, die sich in Form von Pfad- oder Baumdiagrammen visualisieren und nachvollziehen lassen. Mehrere Spieldurchgänge, etwa durch unterschiedliche Teams, können darstellen, welche Entscheidungsmöglichkeiten und -konsequenzen ein Computerspiel anbietet. Dadurch werden historische Erzählungen als pfadabhängige Entwicklungswege visualisierbar und vergleichbar.

10. Entscheidungsprotokoll

Phase im Verlaufskonzept	Eröffnung, Hauptteil, Schluss	**Verfahren**	erarbeitend, forschend-entdeckend
Spielbezug	pre-game, in-game, post-game	**Sozialform**	Einzelarbeit, Partner*innen-arbeit

Der*die Spieler*in dokumentiert alleine oder gemeinsam mit einem*einer Spielbeobachter*in die Entscheidungen und die folgenden Auswirkungen und Konsequenzen. Vor der Erstellung des Protokolls könnten die Spieler*innen Hypothesen aufstellen, welche Entscheidungen welche Folgen haben könnten und können dies am Ende der Spielphase überprüfen. Auf Basis der protokollierten Entscheidungen und ihrer Konsequenzen können so auch allgemeine Schlüsse über die Spielmechanik, implizite Wertungen, die prozedurale Rhetorik oder zugrundegelegte Erzählungen gezogen werden.

11. Ersteindrücke notieren

Phase im Verlaufskonzept	Eröffnung, Schluss	**Verfahren**	erarbeitend
Spielbezug	pre-game, post-game	**Sozialform**	Einzelarbeit, Partner*innen-arbeit

Nach einer kurzen Spielphase sollen die Spieler*innen ihre Ersteindrücke notieren. Etwa, ob das Spiel historisch plausibel erscheint, welche Wirkung es erzielen will, ob es zum Weiterspielen einlädt oder ob es eine bestimmte politische oder historische Position vertritt. Diese Methode ist dazu gedacht, Geschichte in digitalen Spielen als Produkt sichtbar zu machen und eine Spiel- und Analysekompetenz zu fördern. Am Ende der Spielphase können die Ersteindrücke erneut herangezogen werden, um sie mit dem aktuellen Erfahrungsstand abzugleichen. Etwa könnte sich zeigen, dass die vom Spiel überzeugend vermarktete historische ‚Authentizität' nach einer historischen Kontextualisierung nicht haltbar ist.

12. Forschungsfragen entwickeln und bearbeiten

Phase im Verlaufskonzept	Eröffnung, Schluss	**Verfahren**	forschend-entdeckend
Spielbezug	pre-game, in-game, post-game	**Sozialform**	Einzelarbeit, Partner*innen-arbeit, Gruppenarbeit

Die Schüler*innen entwickeln einen historisch-politischen Fragekatalog, den sie anschließend in der Spielphase abarbeiten. Basis dafür ist eine Vorinformation über das Spiel und dessen historischen Kontext. Orientieren können sich diese Fragen am historischen Analyseraster (4.8). Die Entwicklung der Fragekompetenz steht bei dieser Methode im Zentrum. Nach dem Spieldurchgang können die Forschungsfragen verglichen werden.

13. Game Design

Phase im Verlaufskonzept	Eröffnung, Hauptteil, Schluss	**Verfahren**	forschend-entdeckend
Spielbezug	pre-game, post-game	**Sozialform**	Gruppenarbeit

Im Unterschied zur Spielkonzepterstellung geht es hierbei stärker um eine Ausarbeitung der Spielmechanik. Die Lehrkraft gibt dazu etwa ein bestimmtes Thema oder Setting vor (etwa Verlauf der Französischen Revolution, Widerstand gegen staatliche Gewalt). Die Schüler*innen recherchieren die realhistorischen Fakten und überlegen sich anschließend, mit welcher Spielmechanik sie welche Aspekte umsetzen möchte. Neben der Herstellung des historischen Arbeitswissens, das für die Bearbeitung der Aufgaben nötig ist, liegt der wesentliche Lerneffekt im Transferieren dieses Arbeitswissens in eine ludologische Sprache und Denkweise. Diese Aufgabe bietet sich dazu an, die Authentizitätsfrage von digitalen Spielen ebenso zu thematisieren, wie das Verhältnis zwischen ludologischen und narrativen Aspekten. Als Anwendung in der post-game Phase lässt sich ein analysiertes digitales Spiel neu entwerfen, um es etwa zu verbessern, spielbarer zu machen oder den historischen Sachverhalt zu vertiefen.

14. Gemeinsames Spielen

Phase im Verlaufskonzept	Hauptteil	**Verfahren**	informierend
Spielbezug	in-game	**Sozialform**	Partner*innen-arbeit, Gruppenarbeit

Stehen für die Spieleinheit zu wenige Geräte zu Verfügung, so kann sich die Lehrkraft mit unterschiedlichen Formaten des gemeinsamen Spielens behelfen, indem Regeln für die Spielnutzung, gegebenenfalls durch die Klasse, erarbeitet werden. Etwa könnten sich die Spielpartner*innen nach einer bestimmten Zeit oder bei Erreichung eines bestimmtes Spielabschnitts abwechseln. Weitere Regeln, wie etwa, dass die Schüler*innen einander nur stumm zusehen, nicht aber in den Spielablauf eingreifen dürfen, können den Spieldurchgang ergänzen. Am Ende können sich die Spieler*innen etwa darüber austauschen, warum sie welche Entscheidungen getroffen haben oder welche Spielerfahrungen sie gemacht haben.

15. Historische Spielanalyse

Phase im Verlaufskonzept	Hauptteil, Schluss	**Verfahren**	erarbeitend, forschend-entdeckend
Spielbezug	in-game, post-game	**Sozialform**	Einzelarbeit, Gruppenarbeit, Partner*innen-arbeit

Digitale Spiele werden entsprechend des hier angeführten historischen Analyseschemas (4.8) untersucht. Auf die Analyseergebnisse können weitere Methoden (Rezension, Spielepreis) anschließen und aufbauen.

16. Historische Spielbewertungen: Rezensionen, Podacasts, Reviews

Phase im Verlaufskonzept	Schluss	**Verfahren**	erarbeitend, forschend-entdeckend
Spielbezug	post-game	**Sozialform**	Einzelarbeit, Partner*innen-arbeit

Aufbauend auf einer historischen Analyse können digitale Spiele mittels unterschiedlicher Textsorten und Medienformate bewertet werden. Die Spannweite reicht dabei von einer schriftlichen Spielrezension über einen Podcast bis hin zu abgefilmten Reviews. Im Zentrum dieser Aufgaben soll die nachvollziehbare Kritik anhand selbstgewählter Kategorien stehen.

17. Kontrafaktisches Spiel

Phase im Verlaufskonzept	Hauptteil	**Verfahren**	forschend-entdeckend
Spielbezug	pre-game, in-game, post-game	**Sozialform**	Einzelarbeit, Partner*innen-arbeit, Gruppenarbeit

Die Schüler*innen recherchieren zunächst den realfaktischen historischen Verlauf, auf den sich ein digitales Spiel bezieht. Hypothesen darüber, inwiefern sich der realfaktische historische Verlauf verändert hätte, wenn bestimmte Ereignisse (nicht)eingetreten wären, werden anschließend aufgestellt. Anschließend versuchen die Schüler*innen den Spieldurchgang so zu gestalten, dass der historische Prozess gezielt konterkariert oder spezifisch verändert wird. Die Konsequenzen dieser kontrafaktischen Geschichtsschreibung werden festgehalten (z.B. über Screenshot, in-game Video), die Hypothesen überprüft und die Ergebnisse vorgestellt.

18. Museum digitaler Objekte

Phase im Verlaufskonzept	Schluss	**Verfahren**	erarbeitend, forschend-entdeckend
Spielbezug	post-game	**Sozialform**	Einzelarbeit, Partner*innen-arbeit, Gruppenarbeit

Per Screenshots oder Videoaufnahmen werden historisch-relevante Objekte aus dem digitalen Spiel entnommen. Anschließend werden die Objekte mit erläuternden Texten etwa im Klassenraum zu einer Ausstellung zusammengestellt.

19. Plenarspiel

Phase im Verlaufskonzept	Hauptteil	**Verfahren**	informierend, erarbeitend
Spielbezug	in-game	**Sozialform**	Einzelarbeit

Ein*eine Spieler*in spielt vor dem Plenum sein*ihr digitales Spiel. Kommentiert er*sie den Spielverlauf, können sich die Zuseher*innen ein Bild davon machen, Bearbeitungsaufgaben und Forschungsaufträgen nachgehen und Fragen stellen. Die Methode ist besonders dann geeignet, wenn die Infrastruktur nicht ausreicht, um alle Schüler*innen aktiv spielen zu lassen.

20. Rezensionen historischer Spiele untersuchen

Phase im Verlaufskonzept	Eröffnung, Hauptteil, Schluss	**Verfahren**	informierend, erarbeitend
Spielbezug	pre-game, post-game	**Sozialform**	Einzelarbeit

Wie historische Wissensbestände rezipiert oder welche Geschichtsbilder im Zusammenhang mit digitalen Spielen produziert werden, lässt sich etwa anhand von Rezensionen zu Spielen mit historischem Hintergrund erschließen. Gilt das Spiel als ‚akkurat', ‚realistisch' oder ‚authentisch'? Werden historische Bestandteile als solche überhaupt ins

Auge gefasst oder geht es rein um regelmechanische Zusammenhänge? Wird vielleicht sogar Kritik an der historischen Glaubwürdigkeit geäußert? Welche Vorstellungen von Geschichte kommen zum Ausdruck? Beforschen lassen sich Rezensionen in jeder Form, egal ob Texte, Video-Rezensionen auf YouTube, Forenbeiträge oder Kommentare unter Computerspielbewertungen. Die Methode kann zur Einführung oder zur Nachbearbeitung verwendet werden.

21. Screenshots annotieren

Phase im Verlaufskonzept	Eröffnung, Hauptteil	**Verfahren**	informierend, erarbeitend
Spielbezug	post-game	**Sozialform**	Einzelarbeit

Screenshots aus digitalen Spielen können mittels Post-Its oder einer Annotations-Software (Screencast, spezielle Programme wie „thinglink" etc.) oder mit Bildbearbeitungsprogrammen beschriftet und kommentiert werden. So ist eine spieleübergreifende thematische Annotation möglich, etwa zu politischen Symbolen in digitalen Spielen. In der Klasse ausgehängt, können die annotierten Screenshots als Basis für die Spieleauswahl, einen Spielevergleich, eine Bildanalyse, zur Darstellung des Spielverlaufs oder als Vorinformation dienen.

*22. Spielbeobachter*in*

Phase im Verlaufskonzept	Hauptteil	**Verfahren**	informierend, erarbeitend, forschend-entdeckend
Spielbezug	in-game	**Sozialform**	Partner*innen-arbeit, Gruppenarbeit

Bei dieser Methode werden der*die Spieler*in beziehungsweise das Spiel von einem*einer oder mehreren Beobachter*innen ‚beforscht'. Dazu werden am Beginn der Spielphase etwa Beobachtungsaspekte, Checklisten, Protokollvorlagen oder Forschungskärtchen mit Aufträgen vergeben. Die Methode ist insbesondere dann brauchbar, wenn zu wenige Geräte zur Verfügung stehen, um die ganze Klasse spielen zu lassen. Da der*die Spielende meist auf den Spielvorgang konzentriert ist, kann sich eine weitere Person umfassender auf die Erfüllung der Arbeitsaufträge konzentrieren. Die Ergebnisse können anschließend mit diversen post-game Methoden vorgestellt, visualisiert oder diskutiert werden.

23. Spielcoaching

Phase im Verlaufskonzept	Eröffnung, Hauptteil	**Verfahren**	informierend
Spielbezug	in-game	**Sozialform**	Partner*innen-arbeit, Gruppenarbeit

Während es beim angeleiteten Spiel eher um die technische Seite des Spielverlaufs geht, berät der Spielcoach die Kolleg*innen bei der Spielauswahl oder beim Spielen.

24. Spielevergleich

Phase im Verlaufskonzept	Hauptteil	**Verfahren**	erarbeitend
Spielbezug	in-game, post-game	**Sozialform**	Partner*innen-arbeit, Gruppenarbeit

Die Lehrkraft oder die Klasse legt die Spiele und die Aspekte fest, die miteinander verglichen werden. Dies können ein historisches Thema, eine bestimmte Spielmechanik oder ein Genre sein. Zum Vergleich eignet sich etwa eine Tabellenstruktur, deren Kategorien von der Klasse erarbeitet werden. Der Spielevergleich kann die Basis für eine weitere medienreflexive Bearbeitung, den Spielepreis etwa, sein.

25. Spielkonzept erstellen und pitchen

Phase im Verlaufskonzept	Hauptteil	**Verfahren**	informierend, erarbeitend, forschend-entdeckend
Spielbezug	pre-game, post-game	**Sozialform**	Partner*innen-arbeit, Gruppenarbeit

Die Schüler*innen haben die Aufgabe, ein Spielkonzept zu erstellen. Eine Schüler*innengruppe bildet die Jury und vertritt den Auftraggeber.

Die Lehrkraft setzt die Rahmenbedingungen für die Spielentwicklung: Etwa, ob die Spiele einen bestimmten Zeitabschnitt, ein historisches Thema (z.B. Widerstand gegen das NS-Regime) oder einen Aspekt (z.B. politischen Widerstand) umfassen sollen. Ebenfalls können das Genre, das Lernziel oder die Eigenschaft als Serious Game (z.B. Entwicklung von politischer Partizipation durch das Spiel) vorgegeben sein. Die Schüler*innen können auf bestehendes Wissen aus dem Unterricht zurückgreifend oder im Rahmen eines forschend-entdeckenden Lernens gezielt die historischen Spielinhalte recherchieren. Ebenfalls legt die Lehrkraft die Arbeitsdauer und die Form und Umsetzung der Präsentation (Pitch) fest. Durch Apps zur Collagenerstellung oder zur stilistischen Transformation von Fotografien können Covers entworfen oder Spielszenen nachgebaut werden. Selbstgefilmte Interviews mit den ‚Entwickler*innen' können ebenfalls Teil der Präsentation sein. Die Jury entwickelt unterdessen einen Bewertungsbogen mit Kategorien, bewertet nach der Präsentation die Beiträge und prämiert das Siegerteam.

26. Spielprotokoll und -tagebuch

Phase im Verlaufskonzept	Eröffnung, Hauptteil, Schluss	**Verfahren**	informierend
Spielbezug	in-game	**Sozialform**	Einzelarbeit, Partner*innen-arbeit

Komplexere oder längere Spielsequenzen können schriftlich dokumentiert werden. Es lassen sich etwa Ereignisprotokolle oder Spieltagebücher verfassen, die die Grundlage für weitere Bearbeitungsformen sein können. Über einen protokollierten Spieldurchgang lässt sich etwa die implizite Rhetorik und die Wirkabsicht des Spiels erschließen. Die subjektiven Erfahrungen der*des Spielenden stehen hingegen beim Tagebuch im Vordergrund.

27. Spielverlaufshypothesen

Phase im Verlaufskonzept	Hauptteil	**Verfahren**	forschend-entdeckend
Spielbezug	in-game	**Sozialform**	Partner*innen-arbeit, Gruppenarbeit

Um das aktive Spielen zu fördern, sollen bei dieser Aufgabe Spieler*innen und/oder Beobachter*innen vor oder während des Spielprozesses Hypothesen über den Verlauf, die Spielkonzeption oder die spielmechanische Umsetzung entwickeln und zur späteren Überprüfung niederschreiben. Etwa können (kontrakfaktische) Geschichtsverläufe prognostiziert oder Überlegungen zur spielerischen Umsetzung bestimmter Themen angestellt werden. Diese Methode macht digitale Spiele und die durch sie vermittelte Geschichte als etwas Gemachtes und Inszeniertes erkennbar. Gleichzeitig benötigt sie ein differenziertes historisches Arbeitswissen, auf dessen Basis die Hypothesen gebildet werden.

28. Transformation zu Texten

Phase im Verlaufskonzept	Hauptteil, Schluss	**Verfahren**	informierend, erarbeitend
Spielbezug	post-game	**Sozialform**	Einzelarbeit, Partner*innen-arbeit, Gruppenarbeit

Die Spielverläufe in verschiedene Textsorten zu verwandeln, kann auch für all jene interessant sein, die selbst keine digitalen Spiele nutzen. Ausgehend von der Beobachtung eines Spielverlaufs, etwa durch ein in-game Video, können die Schüler*innen Tagebucheinträge, Berichte, Reportagen, innere Monologe, Bord- und Logbücher, theatrale Formen, Kurzgeschichten, Interviews, Berichte etc. anfertigen, die die historischen Spielinhalte künstlerisch transformieren. Sie können sich dazu auch an bestehenden Fan Fiction-Angeboten orientieren.

29. Videos von digitalen Spielen erstellen

Phase im Verlaufskonzept	Eröffnung, Hauptteil, Schluss	**Verfahren**	informierend, erarbeitend
Spielbezug	in-game	**Sozialform**	Einzelarbeit, Partner*innen-arbeit, Gruppenarbeit

Für die Dokumentation von Spielvorgängen können unterschiedliche Programme angewendet werden: Screenshots sind die einfachste Art, Spiele festzuhalten. Mit Screen Record-Programmen, etwa der „Open Broadcaster Software“ (OBS), kann der Bildschirm während des Spieldurchgangs abgefilmt werden. Mittlerweile bietet aber auch Win 10 über die integrierte Xbox Game Bar eine Aufnahmefunktion. Je nach schulischer Anwendung lassen sich verschiedene Formate abfilmen: Von der Darstellung der Spielwelt und -mechanik (in-game Video) über ganze Spieldurchgänge (Walkthrough), einen Zusammenschnitt aus existierenden Videos bis hin zu abgefilmten Rezensionen gibt es viele Möglichkeiten.

30. Werbungsanalyse

Phase im Verlaufskonzept	Eröffnung, Hauptteil, Schluss	**Verfahren**	informierend, erarbeitend, forschend-entdeckend
Spielbezug	pre-game, post-game	**Sozialform**	Einzelarbeit, Partner*innen-arbeit, Gruppenarbeit

Schüler*innen können vor oder nachdem sie ein Spiel kennengelernt haben, eine Recherche zu dessen Vermarktung durchführen. Leitfragen können sein: Wie wird das Spiel vorgestellt? Welche Sprache, Bilder, Videos, Ikonen, Symbole etc. werden dazu verwendet? Wo wird geworben? Welche Zielgruppe lässt über die Werbung konstruieren? Welche Erwartungen werden geweckt? Welche Versprechen bezogen auf die historischen Bestandteile des Spiels werden gemacht? Wie funktioniert Geschichte als Marke bei der Bewerbung des Spiels? Anschließend können die Werbungsanalysen mit dem tatsächlichen Spielerlebnis verglichen werden. Hält das Spiel, was es verspricht? Ziel ist es, das digitale Spiel und dessen Umgang mit Geschichte zu dekonstruieren und geschichtskulturelle Überlegungen anzustellen.

7. Unterrichtsentwürfe

Die Spieleauswahl beruht auf den Schwerpunktsetzungen der Lehrpläne, daher wurde der Fokus auf zeitgeschichtliche Themen gelegt. Diese sind zudem für die politische Bildung und für einen fächerübergreifenden, lebensweltlich-orientierten und gegenwartsbezogenen Unterricht gut geeignet. Die Überblicks- und Längsschnittbeiträge stehen am Beginn des Abschnitts, alle epochenspezifischen folgen danach in chronologischer Reihenfolge. Was die digitalen Spiele selbst betrifft, so sind kommerzielle Blockbuster-Titel genauso vertreten wie kostenlose Serious Game-Browserspiele. Die Mehrzahl der Unterrichtsentwürfe wurde auf konzeptueller Ebene auf Basis der Methodenliste (5.5.5) entworfen. Einige Inhalte wurden dem bereits erschienen Arbeitsbehelf „Digitale Spiele und historisches Lernen" (Mai/Preisinger 2020) entnommen und an die vorliegende Publikation angepasst. In den Entwürfen werden die Methoden nicht mehr ausgeführt, sondern nur noch mit der Bezeichnung und der Nummer entsprechend der Methodenliste angeführt. Allgemeindidaktische Methoden werden mittels der gängigen Bezeichnungen aus der Literatur (siehe etwa Mattes 2011, Brenner/Brenner 2014) genannt, ebenfalls aber nicht weiter erklärt. Wie zuvor dargestellt, werden spielimmanente und spielinterne Aufgaben, spielinterne und -externe Überschneidungsaufgaben und spielexterne Bearbeitungsformen gleichermaßen verwendet und abgewechselt. Freilich eignet sich nicht jedes Spiel oder jeder didaktische Zugang für jede dieser Bearbeitungsformen gleichermaßen. Insgesamt richten sich die hier vorgestellten Unterrichtsentwürfe an Schüler*innen ab dem Übergang von Sekundarstufe I zu II.

7.1 Geschichtskulturelle Kontroversen um Geschichte im digitalen Spiel

Thema und Ziel	Die Schüler*innen sollen geschichtspolitische Kontroversen um digitale Spiele kennen lernen, diese analysieren, einordnen und selbst dazu Stellung beziehen können.		
Spiel(e)/ Genre **Anmerkung zur Spielverwendung**	Company of Heroes 2/Echtzeitstrategie Kingdom Come: Deliverance/Rollenspiel Playing History 2 – Slave Trade/Serious Game Zur Bearbeitung der Kontroversen ist es ausreichend, die Spiele und die entsprechenden Stellen zumindest per in-game Video kennenzulernen.	**Schulstufe**	11.–12.

Anhand dreier ausgewählter Anlassfälle soll gezeigt werden, welche geschichtskulturellen Konflikte um digitale Spiele entbrennen können. Diese Beispiele stehen auch dafür, dass digitale Spiele als geschichtskulturelle Medien ernstgenommen werden. Die Schüler*innen müssen für die Analyse und Bewertung die Spiele selbst nicht gespielt haben; das nötige Hintergrundwissen kann über diverse Formate (2, 14, 18, 19, 21, 22, 29) hergestellt werden. Besonders eignen sich kurze Spielvorstellungen durch kundige Schüler*innen. Alternativ können entsprechende in-game Videos angesehen werden. Methodisch lassen sich die drei Kontroversen völlig unterschiedlich im Unterricht umsetzen, etwa über ein Debattierformat, schriftlich über die Textsorten Kommentar oder Spielanalyse und multimedial etwa über berichtende und/oder bewertende Podcasts. Egal, welche Bearbeitungsform gewählt wird, zentral ist es für Schüler*innen herauszuarbeiten, wie unterschiedlich und strategisch die Konstruktion und Rezeption von digital-spielerisch vermittelter Geschichte erfolgt und welche Kämpfe um die historische Deutungshoheit damit verbunden sind.

Material

M1 „Company of Heroes 2" – Verbot in Russland

Bei „Company of Heroes 2" handelt es sich um ein Echtzeitstrategiespiel. Die Kampagne wird aus Sicht von Lev Abramovich Isakovich, der 1952 in einem Gulag in Sibirien inhaftiert ist, durch Rückblenden erzählt. Die Kriegsverbrechen der Roten Armee werden angesprochen und teilweise auch spielerisch inszeniert. So werden etwa die Soldaten als schlecht ausgestattet dargestellt und bei einem Rückzugsversuch auf Anweisung eines Politkommissars erschossen. Auf verschiedenen Plattformen im Internet entbrannte die Diskussion über Angemessenheit und mögliche historische Fehler des Spiels. Letztlich wurde der Publisher gezwungen, den Vertrieb in Russland zu stoppen.

- M1.1 In-game Video mit den kontroversiell diskutieren Szenen (21:20–22:15): GameRiot (2013): Company of Heroes 2 Walkthrough Part 1 – Battle of Stalingrad – Single Player Campaign. In: YouTube. www.youtube.com/watch?v=SweDgohYDD0 (3.6.2020).
- M1.2 YouTube-Video, in dem aus russischer Sicht das Spiel kritisiert wird: [BadComedian] (2013): Why Russians Hate Company of Heroes 2. In: YouTube. www.youtube.com/watch?v=2m4SCUaBHS8&sns=em (3.6.2020).
- M1.3 Bericht mit einer Zusammenfassung der Diskussion: CptnKewl (2013): CoH 2: Verkauf nach Protesten in Russland eingestellt. In: Gamers Global. www.gamersglobal.de/news/74204/coh-2-verkauf-nach-protesten-in-russland-eingestellt (3.6.2020).

M2 „Kingdom Come: Deliverance" – (Keine) People of Color in Böhmen?

Das Spiel „Kingdom Come: Deliverance" rühmte sich von Beginn an, historisch besonders akkurat zu sein. Historiker*innen hatten die Spielentwicklung begleitet. „Kingdom Come: Deliverance" spielt im frühen 15. Jahrhundert in Böhmen.

In verschiedenen Blogs wurde das Spiel als rassistisch angegriffen, da es keine nichtweißen Personen zeige. Befeuert wurde die Kritik noch dadurch, dass der leitende Entwickler, Daniel Vavra, auf der gamescom 2017 mit einem „Burzum"-Shirt, einer als rechts geltenden Heavy Metal-Band, auftrat. Berichte und Forendiskussionen zu diesem Thema sind im Internet abrufbar. Exemplarisch lassen sich die wiederkehrenden Argumente etwa auf „reddit" herausarbeiten.

- M2.1 reddit-Diskussion: reddit: People are getting extremely upset because there are no black people in Kingdom Come: Deliverance. How accurate is this for 16th century Bohemia? In: reddit. www.reddit.com/r/AskHistorians/comments/7v1lil/people_are_getting_extremely_upset_because_there/(3.6.2020).

M3 „Playing History 2 – Slave Trade" – Tetris mit Menschen

Das Serious Game „Playing History 2 – Slave Trade" soll elf bis 14-Jährige spielerisch über den Sklavenhandel informieren. In einem Minigame muss der*die Spielende Menschen so anordnen, dass möglichst viele von ihnen unter das Deck eines Schiffes passen. Zwei Jahre nach der Veröffentlichung des Spiels entbrannte über Twitter die Debatte, ob diese Darstellung angemessen sei. Letztlich wurde das Minispiel entfernt.

- M3.1 YouTube-Video mit Spielszenen und unterschiedlichen Statements: AJ+: Is Slave Tetris Educational Or Really Racist? In: YouTube. www.youtube.com/watch?v=q2EVg5QLCEU (3.6.2020).
- M3.2 Artikel mit in-game Darstellungen und den kontroversen Tweets: David Mack (2015): People Are Furious About This „Slave Tetris" Video Game. In: BuzzFeed News. www.buzzfeednews.com/article/davidmack/slave-tetris (3.6.2020).

7.2 Geschichtsaneignung und Geschichtsauslegung in Spielmodifikationen (Mods)

Thema und Ziel	Die Schüler*innen lernen Spielmodifikationen als populäre Form der Aneignung von Geschichte kennen und kritisch beurteilen.		
Spiele/ Genre	Europa Universalis IV/Strategiespiel Total War: ATTILA/Strategiespiel	**Schulstufe**	11.
Anmerkung zur Spielverwendung	Beide Spiele lassen sich durch ein 25-minütiges angeleitetes Spiel ausreichend darstellen.		

Eine Spielmodifikation, kurz Mod genannt, ist eine durch User vorgenommene Änderung eines digitalen Spiels. Geschichtskulturell können sie relevant sein, wenn sie mit der Absicht, gewisse Geschichtsbilder zu vermitteln, gemacht werden. Geschichte wird von Einzelpersonen genauso wie von Gruppen und Staaten zur Legitimation und Definition der eigenen Identität verwendet. Wenn die empfundene Darstellung der eigenen (zum Beispiel nationalen) Identität in einem digitalen Spiel als ungenügend oder sogar negativ bewertet wird, ändern manche Spieler*innen bestimmte Aspekte digitaler Spiele durch Modifikationen. Als populärhistorische Produkte einer Produser-Kultur, die sich kaum einer kritischen Betrachtung aussetzen müssen, vermitteln Mods mitunter problematische Geschichtsbilder. Diese Modifikationen zu analysieren und nach dem zugrundeliegenden Geschichtsbewusstsein zu fragen, bietet die Gelegenheit, die Nuancen solcher Identifikations- und Legitimationsprozesse zu verstehen.

Europa Universalis IV: Der*die Spieler*in lenkt die Geschichte einer Fraktion auf einer Strategiekarte, wobei der Zeitverlauf manipulierbar ist. Das Spiel soll eine möglichst ‚authentische', historische Wiedergabe der Welt des späten Mittelalters bis zur Neuzeit simulieren. Ziel ist es, die gewählte Fraktion möglichst erfolgreich durch den Zeitabschnitt zu führen.

Die Mod „Denmark Flavor Mod" soll die Fraktion Dänemark ‚interessanter' und ‚historischer' machen. Die Änderungen betreffen ausschließlich diese Fraktion, es gibt zusätzliche Ereignisse, Ideen (eine Mischung aus Technologie und politischer Richtlinie), diplomatische Möglichkeiten und vor allem dänische Bezeichnungen. Die Mod ist über Steam beziehbar.

Total War: ATTILA: In der „Total War"-Reihe steuert der*die Spieler*in eine Fraktion, die auf einer historischen Nation oder Volksgruppe basiert. Jeder Titel der Reihe konzentriert sich auf eine bestimmte Zeit und es sind stets nur die ‚interessantesten' Volksgruppen einer Zeit spielbar. Während die eigene Fraktion auf der Strategiekarte rundenbasiert gesteuert wird, finden die Gefechte in Echtzeit statt. Der Fokus des Spiels liegt, auch im Kampagnenmodus, auf militärischen Aspekten. Der Teil Total War: ATTILA ist in der Spätantike angesiedelt und stellt den Hunneneinfall in Europa, die Wanderungsbewegungen der germanischen Stämme und den Zerfall des Weströmischen Reiches in den Mittelpunkt.

Die Mod „Slavic names & lore corrected" ändert die Darstellung der slawischen Ethnien der ausgehenden Antike und des frühen Mittelalters, betrifft also alle Fraktionen mit dem Attribut „slawisch". Sie ändert vor allem Namen und Beschreibungstexte und ist über Steam beziehbar.

Unterrichtsverlauf

Sequenz: Diese Stunde soll die historische Fragekompetenz und die politische Urteilskompetenz der Schüler*innen stärken. Sie lädt zum Diskutieren über (nationale/religiöse/ethnische) Identitätskonzepte und deren historische Ursprünge ein. Außerdem stellt sie die Frage, wie und warum Spieler*innen dazu motivieren werden, aufwendige Modifikationen zu erstellen, um eine ‚richtigere' Geschichtsdarstellung darzustellen.

Einstieg: Die beiden Spiele werden den Schüler*innen im Plenarspiel (19) vorgestellt. Vorab lässt sich klären, ob die Schüler*innen zumindest eines der Spiele kennen. Entsprechende Schüler*innen lassen sich als Expert*innen in den Unterricht miteinbeziehen.

Hauptteil: Hier sollen sich die Schüler*innen mit den Mods „Denmark Flavor Mod" und „Slavic names & lore corrected" beschäftigen. Dazu bekommen sie die beiden Listen, die die Änderungen der jeweiligen Modifikation darstellen (M1: Europa universalis IV, Denmark Flavor Mod, M2: Total War: ATTILA, Slavic names & lore corrected), die sogenannten Mod-Notes. In Partner*innenarbeit oder Kleingruppen sollen die Schüler*innen nun Rezensionen zu den beiden Mods erstellen (16). In einer Tabelle können die wichtigsten Unterschiede (einmal steht die Nation und beim anderen Mal die Ethnie/Sprachgruppe im Fokus) in Form eines Spielevergleichs festgehalten werden (24).

Abschluss: Zuletzt sollen die Schüler*innen eine kurze mündliche Präsentation vorbereiten. Darin sollen sie mögliche Beweggründe für die in den Modifikationen vorgenommenen Änderungen darlegen, mögliche Wirkintentionen und Absichten der Ersteller ansprechen und bewerten, ob die Änderungen durch die Darstellung im Originalspiel gerechtfertigt sind. Außerdem sollen sie ihre Gedanken zum transportierten Geschichtsbild äußern, also ob sie es als tendenziös, historisch faktentreu oder problematisch einschätzen.

Anschlussübungen: Die Schüler*innen sollen überlegen, ob sie die Darstellung ihrer Nation oder Ethnie als adäquat oder fehlerhaft empfinden und anschließend ein Konzept für eine eigene Mod entwerfen (25). Diese soll entweder berichtigende Änderungen an der Darstellung ihrer Nation oder Ethnie enthalten, oder eine generelle Realismus-Mod sein, die das Spiel historisch ‚akkurater' macht.

Material

M1 Europa universalis IV, Denmark Flavor Mod, Modder: Daneman, Steam Workshop

Mod-Notes

[Supports 1.29.5 version]

[NOT IRONMAN COMPATIBLE]

This mod adds a bunch of new flavour for the nation of Denmark to give it a more interesting and historical feel.

Let's be real, Paradox IS biased against Denmark and as the great patriot i am, i took it upon myself to make a mod around Denmark.

This mod adds the following:

- 42 new missions for Denmar. Majority based on historical achievements and ambitions with a few made up ones.
- Decision to form Denmark-Norway. Allows you to form the country of Denmark-Norway which gives you access to some Norwegian events and changes the colour.
- New Danish Ideas based on the next 1.30 Emperor expansion. Since i can't add the new disengagement chance mechanic yet, i've added a few other bonuses such as naval morale and naval combat ability to compensate.
- Danish Dynamic names for over several hundreds provinces. (Some based on historical Danish names and others like the ones in Britain and most outside of Europe are made up ones).
- Center of Trade lvl 1 on Sjælland (it didnt make sense to me that Copenhagen didnt have a Center of Trade as the meaning of the capital is literally „Merchant's Harbour").
- Danish names for armies, navies and more ship and heir names.. just lots of names!

M2 Total War: ATTILA, Slavic names & lore corrected, Modder: vavrinko(SK), Steam Workshop

Mod-Notes

- This mod changes the names of the slavic men and women in the grand campaign to variations closer to proto-slavic versions of the names or the all-slavic versions of the names, to represent the early time in the history of the nations and the fact, that they haven't divided so much yet. It also changes some names in The Age of Charlemagne, so they more closely correspond with the medieval variants of the South Slavic and West Slavic names.
- Next it changes the names of the legendary buildings and their flavour texts in the grand campaign. No more totems of the wolf. Rather a pillar of the gods. No more lunar shrine of Svarog. Rather lunar shrine of Khors. It also changes flavour text of some of the city and town religion buildings. Mostly Svarog's, as in this early times he wasn't the head of Slavic pantheon but rather a god of war.
- It changes the name of the pagan Priestess into the Seeress, as she is originally called in the game files. As there surely were priesteses, but they usually, stayed at the shrine, as the priests did.
- It also changes the description of the New Kingdoms factions trait from „Nations are merely lines on the map, [...]" into„Territories are merely lines on the map, [...]". As the previous sentence did not make much sence to me, since members of a certain nation can live beyound the borders of their kingdom.

7.3 Geschichtsaneignung in Spiele-Foren

Thema und Ziel	Die Schüler*innen sollen Formen der Aneignung von Geschichte als Mittel kultureller und sozialer Identifikation kennen und bewerten lernen.		
Spiele/ Genre/ Anmerkung zur Spielverwendung	Age of Empires II/Echtzeitstrategiespiel Europa Universalis IV/Strategiespiel	**Schulstufe**	11.

Geschichte wird auch dazu benützt, um verschiedenen Gruppen und Zugehörigkeiten Legitimität zu verschaffen. Dazu zählt etwa die nationale Identität oder die Identifikation über eine bestimmte Ethnie, Kultur- oder Sprachgruppe. Mitglieder einer solchen Gruppe beanspruchen oft eine Deutungshoheit über „ihre" Geschichte. In digitalen Spielen, besonders in solchen mit historischem Inhalt, kann die Darstellung bestimmter Gruppen so zur Diskussion über Klischees, vermeintliches historisches Wissen und Vorurteile führen. Durch die Analyse von Forenbeiträgen sollen Geschichtsbilder und die mit ihnen verbundenen, mitunter problematischen Geschichtsbilder diskutiert werden.

Age of Empires II: Der*die Spieler*in steuert eine ausgewählte Fraktion in Form eines Aufbaustrategiespiels in Echtzeit. Ziel ist es meist, die anderen Mitspieler*innen militärisch zu besiegen. Die Fraktionen tragen die Namen historischer Ethnien des Mittelalters, zum Beispiel „Gothen", „Byzantiner" oder „Berber".

Europa Universalis IV: Der*die Spieler*in lenkt eine Fraktion im Rahmen eines Grand Strategy-Games, bei dem der Zeitverlauf manipulierbar ist. Die Simulation verspricht eine ‚authentische' historische Wiedergabe der Welt des späten Mittelalters bis zur Neuzeit. Ziel ist es, mit der gewählten Fraktion zu expandieren, um Macht und Einfluss zu steigern. In diesem Beitrag wird die Mod „Fall of Islam" behandelt, in der die islamische Expansion nicht über den arabischen Raum hinauskam.

Unterrichtsverlauf

Sequenz: Diese Stunde soll die historische Frage- und die politische Urteilskompetenz der Schüler*innen stärken, indem sie zum Nachdenken über (nationale/religiöse/ethnische) Identitätskonzepte und deren historische Ursprünge anregt. Dabei soll das Verständnis dafür geschärft werden, dass solche Identitätskonzepte und deren historische Ableitungen Konstrukte bestimmter Interessensgruppen sind. Die Einheit kann aber auch, mit leichter Adaption und gesenktem Anforderungsprofil, in der 9. Schulstufe bei der Bearbeitung des Übergangs zwischen Mittelalter und Neuzeit zur Charakterisierung des Epochenwechsels eingesetzt werden.

Einstieg: Als Einstieg sollen die Forenbeiträge zu Age of Empires II gelesen und kommentiert werden. Die Schüler*innen sollen bestimmen, wie historische Inhalte verwendet werden: Geht es um Authentizität? Werden die Inhalte mit der Gegenwart in Verbindung gebracht? Zeigen sich Vorurteile? Methodisch stellt dies eine Mischung aus dem Herausarbeiten von Authentifizierungsstrategien (4) und der Analyse von Rezensionen (20) dar.

Hauptteil: Nun sollen die Schüler*innen zu den Forenbeiträgen in Europa Universalis IV für die Mod „Fall of Islam" übergehen. Zuerst sollen sie wieder die vorher gestellten Fragen beantworten, dann aber vor allem diskutieren, etwa in Kleingruppen, wieso diese Beiträge sich von den zuvor gelesenen unterscheiden. Was an dem oben geschilderten Szenario dieser Mod löst in (manchen) Spieler*innen solche Emotionen aus? Können die Schüler*innen etwaige Empörung nachvollziehen? Gibt es Szenarien, die in ihnen Gefühle des Angegriffenwerdens erzeugen würden? Erneut wird mit einem Methodenmix (4 und 20) gearbeitet.

Abschluss: Im Plenum werden, unter Moderation der Lehrkraft, die Ergebnisse präsentiert und Vergleiche mit Phänomenen in anderen Medien diskutiert. Man kann etwa auf die wenige Jahre zurückliegende, skandalisierte Veröffentlichung von Mohammed-Karikaturen in verschiedenen europäischen Zeitungen verweisen.

Anschlussübungen: In einem Brief an die Entwickler*innen (5) können die Schüler*innen ihre Meinung zu der „Fall of Islam"-Modifikation formulieren und gegebenenfalls Vorschläge zur Verbesserung oder zum sensitiven Umgang mit dem Thema entwickeln.

Material

M1 Age of Empires II

Autor*in	Forenbeitrag	Datum, Quelle
Fenrir5	There are two civs whose identities are just completely wrong in the game. 1. Indians – Imperial camels makes no sense for a civilization that rarely used camels. Battle Elephants and Infantry was what India was known for. BBC makes sense since Tipu Sultan's army was considered the pioneer in Missile Technology but Hand Canoneers not so much since it was more of a british idea. Also calling them indians in itself is wrong since there were at any time in the medieval age atleast 100 different Kingdoms spread across the subcontinent. 2. Incas – Giving them eagles and trying to classify them along with Aztecs and Mayans makes no sense. Historically, Incan warfare was at best bronze age and never did they reach the technological advancements of other nations in medieval age. Aside from this, from a technological perspective, meso civs are simply overpowered given how weak they were in real world. One could argue this is ultimately a game but the level of historical misrepresentation sometimes just feels wrong on so many levels.	24.5.2020, https://www.aoezone.net/threads/theres-too-many-civs-eliminate-some.165190/

Autor*in	Forenbeitrag	Datum, Quelle
green eggs	I've said it many times before but I would love them to add Polynesians as a civ. The southern and eastern Pacific and southern Africa are the only major geographic areas not represented in the game. Anyway, the premise of this poll seems very eurocentric. Part of the point of the expansions was to redress the base game's bias toward the global north (and Western Europe in particular). If we're going to discuss removing civs, all of them (including Britons, Franks, Goths etc) should be on the table	24.5.2020, https://www.aoezone.net/threads/theres-too-many-civs-eliminate-some.165190/
rmcoo	I'd definitely recommend some history lessons to take for you mate, Lithuanians are neither historically, neither genetically, neither language-wise slavs, we are balts, have completely different language, different history, and different visual appearance from slavs.	24.5.2020, https://www.aoezone.net/threads/theres-too-many-civs-eliminate-some.165190/

M2 Europa Universalis IV, Mod: Fall of Islam

Autor*in	Forenbeitrag	Datum, Quelle
Al3rbi	As a Muslim, I'm not offended at all! I believe this is a fun Mod to play with and is quite creative. You have my blessings if it means anything lol.	24.5.2020, https://steamcommunity.com/sharedfiles/filedetails/?id=830446836
Darth Melkor	You cant delete Turks bro, we were coming anatolia anyway either islam exist or not	24.5.2020, https://steamcommunity.com/sharedfiles/filedetails/?id=830446836
The Inquisitor	What a wonderful reality it would be …	24.5.2020, https://steamcommunity.com/sharedfiles/filedetails/?id=830446836

7.4 Erkunden, expandieren, ausbeuten und erobern – populäre Vorstellungen historischer Entwicklung dekonstruieren

Thema und Ziel	Die Schüler*innen lernen populäre Vorstellungen von historischen Zivilisationsprozessen anhand typischer 4X-Games kennen und sollen diese dekonstruieren.		
Spiel(e)/ Genre/ Spieldauer	Bronze Age/Strategiespiel/30 Minuten Predynastic Egypt/Strategiespiel/ 120 Minuten Egypt: Old Kingdom/Strategiespiel/ 120 Minuten Marble Age/Strategiespiel/120 Minuten	**Schulstufe**	7.–8.

Alle Spiele der Firma „Clarus Victoria“ folgen demselben Spielprinzip: Auf einer Landkarte müssen Arbeitskräfte rundenweise auf bestimmte Produktionsmittel (Nahrung, Kultur, Militär, Produktion) verteilt werden (Worker Placement-Game). Einzelne Zufallsfaktoren (Wetter, militärische Bedrohungen etc.) machen das ansonsten mathematisch optimierbare Spielprinzip abwechslungsreicher. Die Spiele sind günstig zu erwerben; einige kostenlose Demo-Versionen liegen vor. Die Hardware-Anforderungen sind gering, zudem sind einige der Titel auch auf dem Smartphone erhältlich. Der größte Vorteil der Reihe liegt in ihrem reduktionistischen Design. Die Regeln sind rasch erlernbar, ein Spieldurchgang lässt sich bei allen Titeln deutlich unter drei Stunden absolvieren. Bei den Spielen handelt es sich um sogenannte 4X-Games: Neue Gebiete werden entdeckt, erobert und erschlossen, die Ressourcen ausgebeutet und zur weiteren Expansion verwendet. Das Spielziel der „Clarus Victoria“-Spiele ist der Bau bestimmter Gebäude, die diplomatische Integration oder militärische Unterwerfung der gegnerischen Fraktionen. Letztlich geht es dabei, und das ist typisch für 4X-Games, um die Dominanz gegenüber den gegnerischen Fraktionen. Die damit verbundenen populären geschichtskulturellen Vorstellungen von historischer Entwicklung sollen im Rahmen dieser Einheit dekonstruiert werden.

Bronze Age: Ausgehend von der Steinzeit oder der Bronzezeit, entweder in Afrika oder im mesopotamischen Raum, steuert der*die Spielende seine*ihre Zivilisation von der vorgeschichtlichen in die geschichtliche Zeit.

Predynastic Egypt: Dieser Teil behandelt den Zeitraum vor „Egypt: Old Kingdom".

Egypt: Old Kingdom: Die ersten sechs Dynastien des alten Ägyptens (3500–2140 v. Chr.) sind in diesem Ableger der Reihe spielbar. Der*die Spielende wird mit den Umbruchsereignissen der Ersten Zwischenzeit konfrontiert. Das Spiel ist das komplexeste der Reihe.

Marble Age: Dieser Teil der Reihe beschäftigt sich mit der Geschichte der griechischen Staatenwelt in einem Zeitraum von 3000 v. Chr. bis 1000 n. Chr. Der*die Spielende kann Sparta oder Athen wählen und versucht das vereinte Griechenland zur Großmacht zu machen.

Unterrichtsverlauf

Sequenz: Die Spiele der Firma „Clarus Victoria" bieten sich für zwei Nutzungen an: Erstens inhaltlich, bezogen auf die Frühgeschichte, die Kulturen des alten Ägyptens, des mesopotamischen Raums und Griechenlands. Die Entwicklung zentraler Kulturtechniken, Staatsbildungsprozesse oder die Ausdifferenzierung der Gesellschaft. können mit ihrer Hilfe erarbeitet werden. Zweitens, und dieser Zugang steht hier im Vordergrund, geht es um populäre Geschichtsvorstellungen, wie sie im Abschnitt 5.4 am Beispiel von „Civilization" erarbeitet wurden.

Einstieg: Anhand von populären Medien (Trailer von Filmen, Pop-Songs, Spiele) werden die Schüler*innen damit konfrontiert, dass Geschichtsdarstellungen auch immer geschichtsbezogene Vorstellungen, Theorien und Ideologien vermitteln, gleich wie vordergründig wertneutral sie auftreten. Digitale Spiele beeinflussen den*die Spielende indirekt, über Spielmechaniken, Grafik und Sound. Ein geeignetes Spiel für diese Phase ist etwa „September 12th: A Toy World", dessen Spielprinzip schnell erschlossen ist: Auf einem dicht besuchten Marktplatz erscheinen neben Zivilist*innen auch vermeintliche Terrorist*innen. Der*die Spielerin kann mit einem Fadenkreuz einen Raketenangriff anfordern, allerdings werden dadurch Zivilist*innen verletzt, die anschließend ebenfalls zu Terrorist*innen werden. Die simple Spielmechanik vermittelt so die Botschaft, dass Krieg keinesfalls ein nachhaltiges Mittel der Befriedung darstellt.

Hauptteil: Zum Kennenlernen der Spiele lassen sich die unterschiedlichen Formen des Spielens (2, 14, 19, 22) und der Spielepräsentation (21, 24) verwenden. Einige der Titel sind als Smartphone-Apps erschienen und daher auch im Unterricht ohne weitere Infrastruktur verwendbar. Ausgehend von verschiedenen Beobachtungskategorien (siehe Tabelle unten) untersuchen die Schüler*innen eines oder mehrere der „Clarus Victoria"-Spiele. Zur Entwicklung der historischen Fragekompetenz können die Schüler*innen die Untersuchungsaspekte auch selbst festlegen oder bestehende erweitern. Als Impulse dazu könnten wissenschaftliche Texte dienen. Auf Basis der Spielanalyse schließen die Schüler*innen induktiv auf populäre Geschichtsvorstellungen.

Beobachtungskategorien	**Wie wird die Kategorie im Spiel umgesetzt?**	**Welche Vorstellungen von Geschichte sind damit verbunden?**
Kultur: Wie funktioniert der Faktor Kultur im Spiel? Ist Kultur im Spiel planbar, berechenbar und kalkulierbar oder etwas Zufälliges und Unvorhersehbares? Was fördert Kultur, was behindert sie?	• *entsteht durch Gebäude und eingesetzte Arbeitskräfte (je mehr Arbeiter, desto mehr Produktion)* • *Messung durch generierte Punkte* • *Kultur führt zu wissenschaftlichen Fortschritten* • *Linearer und planbarer Verlauf*	• *Produktion: kulturelle Leistungen werden an einem Ort produziert und ‚gefertigt', je mehr Menschen daran beteiligt sind, desto besser* • *undifferenzierter Kulturbegriff: Kultur als Sammelbegriff für intellektuelle Leistungen* • *wissenschaftliche Entwicklung des Sozialen: soziale Veränderungen entstehen nicht ungeplant, sondern sie werden entwickelt und entdeckt* • *Messung: Kultur wird in Punkten gemessen, mehr Punkte bedeuten Überlegenheit gegenüber anderen Kulturen* • *kontextloser Kulturbegriff: Kultur entsteht einfach, Ausblendung vieler anderer historischer Faktoren (Migration, Transfer, Kulturkontakt etc.)*
Wissenschaft: Ist der wissenschaftliche Fortschritt im Spiel planbar und steuerbar? Wie werden die Technologien und ihre Entwicklung im Spiel dargestellt? Welchen Effekt haben Technologien?		

Beobachtungskategorien	Wie wird die Kategorie im Spiel umgesetzt?	Welche Vorstellungen von Geschichte sind damit verbunden?
Fortschritt: Welche Vorstellung von Fortschritt liegt den Spielen zugrunde? Was bedeutet es, wenn eine Zivilisation der anderen ‚überlegen' ist?		
Spieloptionen: Verändern sich die Steuerungsmöglichkeiten des*der Spieler*in mit der technologischen Entwicklung im Verlauf des Spiels grundlegend?		
Kontrolle: Welche Rolle spielt der*die Spieler*in? Gott, Herrscher, ‚Volksgeist'? Sind die Handlungen des*der Spieler*in bindend? Durchdringt er*sie die Gesellschaft oder gibt es Bereiche, die seiner*ihrer Kontrolle entzogen sind?		
Natur: Welche Rolle kommt der Natur zu? Ist sie veränderbar, reagiert sie auf den*die Spielende*n? Wird ihre Ausbeutung thematisiert, gibt es etwa negative Folgeeffekte?		
Strategisches Handeln: Welches strategische Prinzip wiederholt sich in den Spielen? Welche strategischen Entscheidungen (erkunden, ausbeuten, Soldaten ausheben) sind mit dem Spielverlauf in welcher Reihenfolge verbunden und am effizientesten?		

Die in Abschnitt 5.4 dargestellten Merkmale von 4X-Games treffen auch hier zu: Die Serie vermittelt den Eindruck, dass menschliche Zivilisationen planbar sind; ihre ‚Verbesserung' verläuft linear, die Natur ist passiver Rohstofflieferant (Ausnahme: Naturkatastrophen als Zufallsereignisse). Auch das Soziale wird ‚entwickelt'. Alle Fortschritte sind ‚vernünftig', haben positive Folgeeffekte, sind von oben geplant und laufen darauf hinaus, Gesellschaft produktiver und effizienter zu machen. Der*die Spielende hat absolute Steuerungsmacht und durchdringt die simulierte Gesellschaft völlig. Eine moderne, europäische Vorstellung von Staatlichkeit liegt den Spielen zugrunde. Die Handlungsmöglichkeiten ändern sich auch über die Jahrhunderte trotz wichtiger Entwicklungen nicht grundlegend und zielen letztlich auf die Entwicklung der diplomatischen, militärischen oder kulturellen Dominanz der eigenen Fraktion ab; dazu wird die Spielwelt entdeckt, erobert und ausgebeutet. Die Ressourcen fließen dann in die weitere Expansion. Themen wie Kriegsverbrechen oder Sklaverei werden weitgehend ausgeblendet. Militärische und wirtschaftliche Faktoren dominieren das Spiel; soziale oder kulturelle sind ihnen, sofern sie überhaupt vorkommen, unterlegen.

Abschluss: Inwiefern diese historischen Vorstellungen zutreffend sind oder nicht, lässt sich etwa erarbeiten, wenn reale historische Prozesse ebenfalls im Rahmen der Tabelle analysiert werden. So entsteht eine pointierte Gegenüberstellung von spielerischer und realfaktischer Geschichte. Insgesamt soll sich zeigen, dass Geschichte keinem Plot, Rezepten oder Mustern folgt. Die Spiele präsentieren eine deterministische Sicht auf den historischen Verlauf, der Zufälle und Innovationen ausblendet. Überbetont wird hingegen die Steuerbarkeit von Gesellschaft. Die unterschiedlichen Herrschaftsstrategien der Assyrer, Babylonier und Ägypter oder unabsehbare Ereignisse wie Migrationsprozesse und ihre vielfältigen Folgen, etwa des sogenannten ‚Seevölkersturms' oder der Völkerwanderung, können Beispiele dafür sein, dass der historische Prozess auch ganz anders verlaufen hätte können.

7.5 Die Antike im virtuellen Museum

Thema und Ziel	In den Serious Game-Ablegern der populären Spielreihe „Assassin's Creed" entdecken Schüler*innen das antike Griechenland und Alexandria. Beide Programme können als selbstfunktionierende Lehrmittel verwendet oder hinsichtlich medienreflexiver und historischer Aspekte dekonstruiert werden.		
Spiel(e)/ Genre	Discovery Tour by Assassin's Creed: Ancient Egypt und Assassin's Creed Odyssey/Serious Games	**Schulstufe**	7.–12.
Anmerkung zur Spielverwendung	Einzelne Touren sind bereits in 10 Minuten durchführbar.		

Die „Assassin's Creed"-Reihe steht wie kaum eine andere für Geschichte im Videospiel. Die „Discovery Tour by Assassin's Creed: Ancient Egypt" ist als eigenständiges Produkt erhältlich und behandelt das antike Alexandria. Die Entdeckungstour im klassischen Griechenland ist ins Hauptspiel „Assassin's Creed Odyssey" integriert. Die Alterseinstufung ab 18 Jahre ist nur für die Hauptspiele gültig, nicht aber für die bildungsbezogenen Inhalte. Beide Education Mods machen die detailreichen Landschaften und Städte des Actionspiels gefahrlos erkundbar. Die zur Verfügung stehenden themenbezogenen Touren kontextualisieren, wie in einem Museum, die Spielinhalte historisch. Die ergänzenden Hinweise und Abbildungen der realen Quellen sind nicht nur informativ, sondern auch als Hinweis des Herstellers zu verstehen, Geschichte möglichst ‚akkurat' abbilden zu wollen. Beide Spiele verfügen über einen Foto-Modus: Damit können die Perspektive und der Zoom relativ frei gewählt und die spielspezifischen Anzeigen ausgeblendet werden, sodass eindrucksvolle Aufnahmen von der Spielwelt möglich sind, die für einen produktionsorientierten Unterricht verwendbar sind.

Im Folgenden werden zwei verschiedene Spielverwendungen dargestellt: Die erste bedient sich des Spiels als Wissensvermittler und nützt dessen fertige Touren. Die zweite möchte durch den Vergleich unterschiedlicher Stadtdarstellungen auf den Rekonstruktionsvorgang aufmerksam machen, den auch scheinbar noch so ‚authentische' und aufwändig gestaltete Spiele wie die beiden vorliegenden durchlaufen müssen. Da beide Spiele rechenintensiv sind, können sie nur mit leistungsstarken Geräten im Unterricht gespielt werden.

Unterrichtsverlauf

Sequenz: Beide Teile eignen sich für die Alltags-, Religions- und Technikgeschichte der Antike.

Einstieg: Je nach Tour oder Spielziel im Hauptteil können historische Fragen entworfen und Hypothesen gebildet werden. Dies unterstützt das daran anschließende forschend-entdeckende Lernen.

Hauptteil: Die Spiele funktionieren, ganz im Sinne eines spielimmanenten Lernens, mithilfe der Touren selbstständig. Die Touren können je nach der zur Verfügung stehenden Zeit oder dem jeweiligen Unterrichtsbezug gewählt werden. Zu Tour-Beginn werden jeweils die Zahl der Stationen und die Dauer vereinbart.

Ausgestattet mit einem Forschungsauftrag oder einer -hypothese, die es zu überprüfen gilt, können die Schüler*innen auch selbstständig die Spielwelt erkunden. Sie können etwa zentrale Gebäude beider Spielwelten besuchen, Berufe entdecken oder Ernährungsgewohnheiten beobachten. Dazu werden alle Aufzeichnungsformen (18, 21, 29) genutzt und im Rahmen einer oder mehrerer Präsentationsmethoden organisiert (z.B. ein Ausstellerbetrieb zur Wirtschaft in Ägypten).

Einzelne Schüler*innen können die Rolle der Reiseleitung übernehmen und, ähnlich wie bei einer realen Stadtführung, etwa im Rahmen eines Plenarspiels (19) oder eines abgefilmten in-game Rundgangs, Touren zusammenstellen und wichtige Informationen zu zentralen Orten geben.

Im Sinne eines Lernens über Medien können die Stadtdarstellungen transmedial verglichen werden. Darstellungen Alexandrias oder Athens aus Schulbüchern oder populären Sachbüchern können mit deren digitaler Rekonstruktion verglichen werden. Dadurch werden die unterschiedlichen Rekonstruktionsvarianten sichtbar; insbesondere Computerspiele müssen, da sie vielfach offene und damit weitgehend begehbare Welten zur Verfügung stellen, zwangsweise Leerstellen auffüllen, die sich durch Quellen nicht erschließen lassen. Gezielt könnten auch Rekonstruktionsfehler recherchiert werden. Connollys/Dodges „Die antike Stadt" ist dank der Vielzahl der darin enthaltenen Rekonstruktionszeichnungen von Athen besonders geeignet für einen Vergleich.

Abschluss: Etliche Artikel sind im Internet zu beiden Teilen erschienen. Sie diskutieren den Einsatz der Spiele im Bildungsbereich oder die Wirkung auf das historische Bewusstsein. Sie lassen sich für eine abschließende Diskussion und Reflexion einsetzen.

Anschlussübungen: An die Bilderwelt der „Assassin's Creed"-Reihe können etliche produktionsorientierte Methoden anschließen, etwa das Tagebuch eines Zeitreisenden, Urlaubsalben und -filme, Reiseführer, -berichte und -reportagen oder die Forschungsberichte zu den eingangs formulierten Aufgaben und Fragen. Neben der fachlichen sollen sie auch der persönlichen Erlebnisdimension Ausdruck verleihen.

Ein weiteres Aufgabenformat kann darin bestehen, spieldesigntechnische Verbesserungen zu erarbeiten: Beide Spielwelten beschränken die Wissensvermittlung auf vorgelesene Informationsboxen. Die Schüler*innen könnten weitere, wissensvermittelnde Interaktionsformen erarbeiten, die das Spielerlebnis wesentlich verbessern und den Entwickler*innen vorschlagen (5). Insgesamt ist das durch die Touren vermittelte Geschichtsbild geglättet und weitgehend unreflektiert rekonstruktiv. Geschichte wird in ihnen als fertiges und sicheres Narrativ vermittelt. Die Schüler*innen könnten Vorschläge erarbeiten, um die Sichtbarkeit der historischen Re-/Dekonstruktionsleistung zu erhöhen (Schwarz 2021, 603–606).

Weiterführende Literatur

Connolly, Peter/Dodge, Hazel (1998): Die antike Stadt. Das Leben in Athen & Rom. Köln.

7.6 Das ‚echte' Mittelalter spielen in „Kingdom Come: Deliverance"

Thema und Ziel	Die Schüler*innen sollen durch die Erstellung und Anwendung eines Codebuches die Darstellung des Mittelalters im Spiel „Kingdom Come: Deliverance" analysieren und mit den Ansprüchen der Entwickler*innen nach einer authentischen Darstellung des Mittelalters vergleichen.		
Spiel(e)/ Genre	Kingdom Come: Deliverance/Rollenspiel	**Schulstufe**	11.–12.

Durch die Erstellung eines Codebuches (Kapitel 5.8) können digitale Spiele systematisch untersucht werden, wobei definierte, spezifische Themen die Untersuchung anleiten. Für die Analyse werden sowohl historisches als auch medienreflexives Sachwissen benötigt. Dabei soll die Darstellung des Mittelalters in „Kingdom Come: Deliverance" untersucht werden, ein digitales Spiel, das den Anspruch stellt ein besonders authentisches Abbild dieser Zeit zu geben. Außerdem werden die Schüler*innen dadurch an das wissenschaftliche Arbeiten herangeführt.

Kingdom Come: Deliverance lässt den*die Spieler*in in die Rolle des Heinrich schlüpfen, der Sohn eines Schmiedes im Böhmen des 15. Jahrhunderts. Das Spiel wurde von einem tschechischen Entwicklerstudio gemacht, das mit dem Spiel auch die Geschichte des eigenen Landes erzählen wollte. Dies wurde nicht nur bei Präsentationen des Spiels betont, es wurden auch eine Reihe von Historiker*innen als Berater*innen engagiert, die bei der Entwicklung des Spiels halfen.

Unterrichtsverlauf

Sequenz: Diese Methode kann zur Behandlung der mittelalterlichen Gesellschaft verwendet werden. Aufgrund der komplexen Aufgabenstellung müssen mehrere Stunden dafür eingeplant werden.

Einstieg: Zu Beginn dieser Sequenz sollen die Schüler*innen mit Hilfe ihres Schulbuches zentrale Konzepte zum Mittelalter erarbeiten. Je nach Kompetenz der Klasse kann diese Gliederung auch schon von der Lehrkraft als Scaffolding vorab zur Verfügung gestellt werden. Anschließend legen die Schüler*innen die wichtigsten Aussagen aus dem Schulbuch fest und formulieren sie als konkrete Merkmale, als sogenannten Codes (6). Zu diesen Codes müssen auch bestimmte Ausformungen formuliert werden, wie in der Tabelle „1. Codebuch" beispielhaft aufgeführt. In einem fertigen Codebuch sollten auf jede Analyseeinheit mehrere Codiereinheiten kommen.

Analyseeinheit	Code	Ausformungen
Kriegsführung	Adel als berittene Kriegerelite	dargestellt/nicht dargestellt
Bildung	Klöster als wichtige Zentren der Bildung	simpel verwirklicht (als bloße Erwähnung)/komplex verwirklicht (mit Einfluss auf das Gameplay, zum Beispiel durch niedrige Alphabetisierung außerhalb der Klöster)
Herrschaft und Macht	Lehenssystem	simpel verwirklicht (als bloße Erwähnung)/komplex verwirklicht (mit Einfluss auf das Gameplay)
Technik	handwerkliche Einzelanfertigungen von Gebrauchsgegenstände	dargestellt/nicht dargestellt

Hauptteil: Vor dem Spielen wird den Schüler*innen dieses kurze Video gezeigt, indem die Entstehungsgeschichte, das Setting und der Anspruch des Spiels auf historische Authentizität (recht unkritisch) präsentiert werden: https://www.youtube.com/watch?v=5BP1AucGSWQ.

Da es sich um ein relativ komplexes Rollenspiel handelt, lohnt es sich zwei bis vier Schüler*innen mit Erfahrung in digitalen Rollenspielen einzubinden. Diese sollen Kingdom Come: Deliverance abwechselnd im Plenarspiel (19) spielen und ihre Handlungen kurz kommentieren. Währenddessen können die übrigen Schüler*innen ihr jeweiliges Codebuch ausfüllen.

Abschluss: Zum Abschluss der Sequenz sollen die Schüler*innen mit Hilfe der ausgefüllten Codebücher bewerten, ob die Entwickler*innen ihrem eigenen Anspruch eine authentische Darstellung des Mittelalters zu bieten, gerecht wurden oder nicht (16). Darauf aufbauend kann ein Brief an das Entwicklerstudio verfasst werden (5), in dem dargelegt wird, was gelungen ist und was man besser machen hätte können.

Anschlussübungen: Das angefertigte Codebuch kann später auf andere Spiele mit mittelalterlichem Setting angewendet werden. Dadurch wird nicht nur die Fertigkeit der Schüler*innen im Umgang mit der Methode geübt, sondern es entstehen auch vergleichbare Ergebnisse (24).

Man kann die gewonnen Daten auch dazu verwenden, über das im Spiel vermittelte Geschichtsbild und die Wahrnehmung dessen durch die Schüler*innen zu diskutieren, Kingdom Come: Deliverance wurde ja auch in der historischen Fachwelt ausgiebig besprochen. Dazu sollen die Schüler*innen den Artikel „Vom rechten Bild des Mittelalters" (Zimmermann 2019) lesen. Danach können die Schüler*innen ihre eigenen Erfahrungen und Einschätzungen der darin angesprochenen Themen (Nationalismus, Verbreitung eines Geschichtsbildes als „Mission") im Zusammenhang mit dem Spiel darlegen. Sie können beispielsweise einen Text verfassen (28), in dem sie klären, ob sie um die Debatte wussten, ob ihnen derartiges beim Spielen aufgefallen sei, wie sie solche Formen der Verbreitung bestimmter Geschichtsbilder bewerten und ob das Wissen um solche Kontroversen ihren eigenen Spielkonsum beeinflusst.

Weiterführende Literatur

Zimmermann, Felix (2019): „Vom rechten Bild des Mittelalters" – Stimmen aus dem AKGWDS zur Nominierung von „Kingdome Come: Deliverance" für den Deutschen Computerspielpreis 2019. In: Blog des Arbeitskreises Geschichtswissenschaft und Digitale Spiele. https://gespielt.hypotheses.org/3071 (10.8.2020).

7.7 Mittelalterbilder im digitalen Spiel

Thema und Ziel	Die Schüler*innen analysieren die Darstellung des Mittelalters im digitalen Spiel und vergleichen die popularkulturellen Mittelalterbilder spieleübergreifend und erschließen so geschichtskulturelle Vorstellungen.		
Spiel(e), Anmerkung zur Spielverwendung	Spiele mit Mittelalterbezug, etwa: „Age of Empires II", „Banished", „Crusader Kings 2", „Dragon Age: Origins", „Dragons Dogma", „Kingdom Come: Deliverance", „Mordhau", „Mount & Blade"-Reihe, „Stronghold"-Reihe, „Total War"-Reihe, „The Witcher"-Reihe, „Yes, Your Grace" Die verschiedenen Spiele werden schulextern gespielt und im Unterricht vorgestellt.	**Schulstufe**	10.–12. (Altersangaben beachten!)

Das Mittelalter stellt eine populäre Epoche des digitalen Spiels dar. Seine ikonische Nutzung funktioniert über Konzepte, die im populären Allgemeinwissen verankert sind. Dazu gehören etwa Rittertum, Feudalismus oder die gotische Architektur. Nicht selten werden diese Elemente in klischeehafter und stereotyper Weise verwendet, nicht anders als etwa im Spielfilm oder in historischen Romanen. Noch stärker pointiert und selektiver rezipiert wird das Mittelalter im Fantasy-Kontext. Ziel dieser Sequenz ist es, die vielfältige populärkulturelle Nutzung mittelalterlicher Bezüge aufzuzeigen.

Unterrichtsverlauf

Sequenz: Der vorliegende Entwurf ist etwa als Abschluss einer Sequenz zum Mittelalter geeignet und kann um andere Mittelalterdarstellungen in weiteren Medien (Filme, Serien, Comics, Literatur) ergänzt werden.

Einstieg/Hauptteil: Im Vorfeld sollten die Schüler*innen mit zentralen Konzepten, Begriffen und Personen des Mittelalters, je nach

Lehrziel und Spielen, vertraut gemacht werden. Das können etwa Feudalismus, Rittertum, Ständeordnung, Rechts- und Stadtentwicklung, Deutsches Kaisertum, Kreuzzüge, Lebensalltag, Rolle der Frau, Entwicklung des Papsttums, Zwei-Schwerter-Lehre etc. sein. Die Definitionen lassen sich etwa über Formen des kollaborativen Schreibens (z.B. Etherpad) festhalten, um für die Auswertungsphase zur Verfügung zu stehen. Auch ist ein forschend-entdeckender Zugang für die Fragenentwicklung (Spielverlaufshypothesen (27)) möglich. Die Spiele mit Mittelalterbezügen werden anschließend von spielaffinen Schüler*innen je nach eigenen Interessen außerhalb des Unterrichts gespielt und im Unterricht über die verschiedenen Formate (3, 19, 21, 29) vorgestellt. Um ihre jeweiligen Eigenschaften festzuhalten und zu ermitteln, was von den zuvor erarbeiteten Begriffen und Konzepten wie genutzt wird, kann eine tabellarische Übersicht angelegt werden. Die Kategorien können im Vorfeld von der Lehrkraft festgelegt oder von den Schüler*innen entwickelt werden.

Spiel, Genre und weitere Eckdaten	Welche typisch mittelalterlichen Elemente, Konzepte, Wissensbestände werden verwendet?	Wie wird Geschichte im Spiel verwendet? (Typologie nach Giere 2019, 43–46)	Mit welchen Versprechungen bezüglich des Mittelalterbildes wird das Spiel beworben?
…	…	…	…

Typen der Geschichtsverwendung nach Giere (2019, 43–46): Von Giere stammt eine differenzierte Einteilung der Geschichtsverwendung im digitalen Spiel, die hier vereinfacht wiedergegeben wird:

1. Historisierende digitale Spielwelt: Historische Elemente werden relativ frei verwendet (Mittelalter in Fantasy-Spielen).
2. Pseudohistoristische digitale Spielwelt: Spiele erheben teilweise oder ganz den Anspruch, historisch ‚akkurat' zu sein, werden diesem aber nicht gerecht.
3. Historistische digitale Spielwelt: Ein Teil der Spielwelt setzt die geschichtlichen Bezüge glaubwürdig und ‚akkurat' um, andere Teile der Spielwelt hingegen nicht.
4. Historische digitale Spielwelt: Das Spiel verspricht, Geschichte möglichst umfassend umzusetzen und wird diesem Anspruch auch gerecht.

Abschluss: Im Anschluss an die Klassifikation und den Spielevergleich können weiterführende Fragen in unterschiedlichen Formaten diskutiert werden. Die Aufgaben lassen sich mittels zusätzlicher Materialen (Forenpostings, Artikel, Rezensionen etc.) vertiefen (siehe M1).

- Warum ist das Mittelalter so beliebt, andere Epochen und Ereignisse, etwa der Dreißigjährige Krieg, kaum jemals Teil eines digitalen Spiels? Inwiefern sind populärkulturell-verfügbare Wissensbestände für die Verwendung von Geschichte im digitalen Spiel zentral?
- Welchen Eindruck hinterlässt das vermittelte Mittelalterbild quer über die Spiele hinweg bei den Spieler*innen? Wie formen diese Spiele Geschichtsbewusstsein?
- Welche Elemente sind historisch ‚akkurat', welche nicht? Zur Beantwortung dieser Frage können einzelne Elemente herausgenommen und hinsichtlich ihrer historisch ‚korrekten' Darstellung untersucht werden. Verbunden werden kann dies mit der Frage, welche Elemente ausgeblendet werden und warum dies geschieht.
- Wie werden das Mittelalter beziehungsweise bestimmte Aspekte davon in anderen Medien verwendet (Film, Roman)? Gibt es medien- oder gattungsspezifische Unterschiede bei den vermittelten Mittelalterbildern?
- Wie funktioniert die Mittelalterumsetzung im Kontext von Fantasy? Was ist dabei ‚realistisch' oder historisch ‚akkurat', welche Elemente sind frei erfunden?
- Wie funktionieren kulturell andersartige Versionen des Mittelalters? Was sind etwa die typischen Merkmale von japanischen Mittelalterdarstellungen im digitalen Spiel?

Material

M1 Bericht in einem Computerspielemagazin

Das passt wie Helm auf Ritter

Gut, eine Sache muss ich dann aber auch zugeben. Ich freu mich einfach auch persönlich über das Setting. Das Mittelalter ist für mich schon immer die mit Abstand spannendste Epoche unserer Geschichte und passt am besten zu der historischen Atmosphäre, die ich mit Age of Empires verbinde. Dabei zuzusehen, wie meine Untertanen ihre Felder bestellen, Wildschweine jagen und Mauern errichten, ist im Mittelalter einfach stimmungsvoller als während der Industriellen Revolution oder zu Zeiten der Weltkriege. Hier wird der Mensch ja größtenteils bereits von Maschinen abgelöst, und richtige Mauern baut eh niemand mehr. In Age of Empires 4 kann ich gemächlich meine Siedlungen hochziehen und dieses Mal sogar Bogenschützen auf die Zinnen schicken. Ich sehe schon jetzt wieder waschechte Belagerungsschlachten vor mir, bei denen gewaltige Belagerungstürme angerollt kommen und Rammböcke gegen die Tore donnern. Dahinter wartet ein ganzes Regiment gepanzerter Reiter, die auf einen Ausfall lauern. Oder eine Schar wildgewordener Berserker, denn auch kulturell bietet das Mittelalter viel Abwechslung, wenn die Entwickler das nutzen.

Uslenghi, Fabiano: Das Mittelalter ist die beste Entscheidung, in: GameStar, 01/2020, S. 20–21, hier S. 21.

7.8 Geschichte spielbar machen

Thema und Ziel	Am Beispiel von „A Plague Tale: Innocence" lernen die Schüler*innen Strategien (Narrativisierung, Dramatisierung etc.) kennen, mittels derer historische Ereignisse spielbar gemacht werden.		
Spiel(e)/ Genre	A Plague Tale: Innocence/Stealth, Abenteuer Playing History – The Plague/Serious Game	**Schulstufe**	12.

Das Spiel „A Plague Tale: Innocence" behandelt den Beginn der großen Pestwelle in Europa im Herbst 1346. Amicia de Rune, die Tochter eines Adeligen im französischen Aquitanien, und ihr unter einer mysteriösen Krankheit leidender Bruder Hugo müssen vor der Inquisition flüchten. Beide durchqueren eine von der Pest und dem Hundertjährigen Krieg verwüstete Landschaft. Sowohl der Plot (klares Freund-Feind-Schema, Heldenreise etc.), die apokalyptischen Orte, ihr Interieur (Verliese, Schlachtfelder, Leichenkammern, Pestgruben, Foltergeräte) und die Rollen (Darstellung der ‚blutrünstigen' Inquisition, wehrloser Kinder, mystischer Alchimisten) folgen ganz dem Schema stereotyper und populärkultureller Konventionen. Die Pest als unsichtbarer Feind wird im Spiel auf vielfältige Art und Weise sichtbar gemacht, allen voran durch die schier unendliche Zahl an lichtempfindlichen, schwarzen Ratten. Das Spiel ist ein gutes Beispiel dafür, wie historische Inhalte ausgewählt, inszeniert und dramatisiert werden, um den Unterhaltungsgewohnheiten eines Massenpublikums zu entsprechen. Im Anschluss an die Analyse sollen die Schüler*innen die Rolle wechseln und auf Basis eines historischen Informationsbestandes ein eigenes Spiel designen.

Unterrichtsverlauf

Sequenz: Inhaltlich kann „A Plague Tale: Innocence" im Rahmen eines Längsschnitts zu einer Geschichte der Krankheiten oder der Pest verwendet werden. Medienreflexiv kann es als Anlassfall herangezogen werden, um die Eigenschaften populärkultureller Verwendung von Geschichte zu analysieren.

Einstieg: Auf Basis einer inhaltlichen Einführung zur Pest, etwa mithilfe von Quelltexten (Beispiele siehe M1) aus der weiterführenden Literatur erarbeiten die Schüler*innen eine möglichst vielfältige Mindmap über den Kontext des Spiels, die dargestellte Zeit und ihre Themen. Folgende Inhalte können durch Unterüberschriften und Verästelungen strukturiert werden:

- Europa um 1348: Kaiser im HRR: Karl IV. von Luxemburg, „babylonische Gefangenschaft" der Päpste, großes Schisma (1378–1417) bahnt sich an, Hundertjähriger Krieg (1337–1453), Flandern und Norditalien als ökonomisches Zentrum, Mongolenherrschaft im Osten, byzantinische Herrschaft nur noch auf Reste begrenzt, Abwendung von der Scholastik, italienischer Humanismus, neue Waffentechnik: Schusswaffen
- Bezeichnung: Pest, Schwarzer Tod, großes Sterben, große Pestilenz, Pandemie, Unterscheidung in Lungen- und Beulenpest, Sprichwörter: „Es stinkt wie die Pest"
- Merkmale: Übertragung durch (Ratten-)flöhe über Wander- und Hausratten, hohe Letalität, hohe Ausbreitungsgeschwindigkeit, Medizin: Rückgriff auf antike Fachautoritäten, zeitgenössische Interpretation: Luftverpestung durch Ausdünstungen (Miasmen), feuchtschwüles Klima als Auslöser, Planetenkonstellation, Fehlmischung der vier Körpersäfte
- Verlauf: Entstehung in Zentralasien, über Handelsrouten nach Europa, Belagerung der Stadt Kaffa durch Goldene Horde, von dort über genuesische Handelswege nach Europa: von Marseille nach Frankreich und über Venedig nach Österreich
- Auswirkungen: hohe Mortalität, regional sehr unterschiedlich, Städte stark betroffen, rund ein Drittel der damaligen Bevölkerung verstorben (20–25 Mio. Tote), Verrohung, Auflösung der sozialen Ordnung, existenzielle Bedrohung und Verunsicherung, schwerwiegende Erfahrung für Überlebende, selbsternannte Ärzte und ‚Wunderheiler' versuchen Profit daraus zu schlagen, Lohnanstieg in den Städten, teilweise Unterversorgung, sozialer Aufstieg möglich, Entwicklung Richtung moderner Medizin und empirischer

Wissenschaften, Errichtung von Pestsäulen, verlassene Regionen (Wüstungen), Ausbreitung der Wälder in Europa, Ausbau mechanisierter Arbeit, Glaubensungewissheit

- Maßnahmen: Quarantäne, Abriegelungen, Beseitigung von Leichen und Tierkadavern, Meldepflicht Kranker, Wallfahrten, Prozessionen, Flagellanten, Verehrung des Pestheiligen St. Rochus, Judenpogrome (Vorwurf der Brunnenvergiftung und Giftmischerei), Suche nach Schuldigen, keine wirksamen Prophylaxe- und Therapievorschläge, Formen der Buße, Grenzschließungen, Abschottung von Häusern der Befallenen, Flucht der wohlhabenden Bevölkerung

Ausgehend von der Mindmap überlegen die Schüler*innen in Gruppen, wie ihr Spiel auf Basis dieses historischen Settings aussehen würde (25). Um die Ergebnisse dieses Konzeptualisierungsphase vergleichbar zu machen, könnten etwa Kriterien wie Hauptfigur, Plot, Artwork oder Formen der Dramatisierung verwendet werden. Indem Gameplay-Aspekte hinzugenommen werden, lässt sich die Aufgabe vertiefen.

Hauptteil: Die Vorstellung von „A Plague Tale: Innocence" kann durch die im Methodenkatalog beschriebenen Formen (2, 14, 18, 21, 22, 29) erfolgen. Unabhängig von der erfolgten Form der Spielpräsentation analysieren die Schüler*innen die Umsetzung der in der Mindmap notierten Begriffe im Spiel. Die bei der Spielkonzeption verwendeten Aspekte (Erzählung, Hauptfiguren, Konflikt, Orte, Stimmung, Spannungsaufbau) können zur Aufgabenvertiefung verwendet werden. Am Ende soll erkennbar werden, welche historischen Aspekte in welcher Form im Spiel mit welcher Absicht und Wirkungsweise Verwendung finden.

Abschluss: Das unten abgedruckte Interview aus dem GAIN-Magazin mit einem Entwickler (M2) kann den Ausgangspunkt für eine abschließende Diskussion über den Einsatz historischer Elemente im Spiel bilden. Konflikte zwischen Spielbarkeit und historischer Faktentreue, Strategien der Dramatisierung und Formen der Sichtbarmachung der unsichtbaren Krankheit, die gleichzeitig als Bedrohung inszeniert werden soll, können thematisiert werden.

Ein für die Unterstufe gemachtes Serious Game ist „Playing History – The Plague". Es handelt sich hierbei um einen ‚konventionellen' Vertreter des Genres, der historische Wissensbestandteile mit Minigames verbindet. Ein Vergleich zwischen „A Plague Tale: Innocence" und diesem Spiel kann Genregrenzen, didaktische Ansprüche und Umsetzungsvarianten sichtbar machen.

Anschlussübungen: Die Schüler*innen können nun ein selbstgewähltes historisches Thema, etwa wiederum über eine Mindmap, strukturieren und ein eigenes Spiel entwickeln. Hinsichtlich einer fortgeschrittenen Medienreflexion wäre es interessant, sowohl einen populären Titel als auch ein Serious Game zu entwickeln und die konzeptuellen Entscheidungen zu begründen. Materialien, wie etwa das Kartenspiel „grow a game", das in verschiedenen Bereichen (theme, patterns, mechanics) zufällige Eigenschaften vergibt, können genutzt werden.

Weiterführende Literatur

Bergdolt, Klaus (1994): Der Schwarze Tod. Die Große Pest und das Ende des Mittelalters. München.

Slack, Paul (2015): Die Pest. Stuttgart.

Material

M1 Quellen zur Pest 1346 – 1353

Chalin de Vinario war Leibarzt des Papstes in Avignon und schrieb folgenden Situationsbericht:

Zunächst kamen die Spanier um, weil sie schmutzig waren und viel Fleisch aßen, was sehr viel Blut erzeugt, das, wenn es in großer Menge vorhanden ist, leicht in Fäulnis übergeht, dann, weil sie unmoralisch lebten, und viertens, weil sie aus bereits verseuchten Gebieten nach Avignon kamen. Angesteckt wurden schließlich auch die Juden, weil (auch) sie in unhygienischen Verhältnissen lebten und sich ebenfalls in einer anderen Region aufgehalten hatten, wo auf Grund der Besonderheit und des Klimas der Gegend eine tödliche Seuche grassierte. Aus diesem Grund starben auch solche, die durch körperliche Arbeit geschwächt waren, etwa die Bauern. Bei ihrer Arbeit atmen sie nämlich notwendigerweise viel verseuchte Luft ein. Sie erkranken also, weil sie Tag und Nacht unter freiem Himmel der Luft ausgesetzt sind, die sie durch die Atmung aufnehmen. Weitere Gründe, weshalb zu Epidemiezeiten die meisten Menschen erkranken und sterben, sind die anhaltende Sorge, die Angst und (all) die Eindrücke, die durch häufiges Glockenläuten, die Totengesänge und Leichenkarren hervorgerufen werden. Man nimmt auch wahr, wie die Kommunion zu den Kranken gebracht und wie jedermann vom Tod heimgesucht wird [...]

Aus: Bergdolt, Klaus (1994): Der Schwarze Tod. Die Große Pest und das Ende des Mittelalters. München, S. 68.

Der französische Chronist und Mönch Gilles Li Muisis berichtet:

Ein Reisender erzählte mir, dass er (als Pilger mit einem Gefährten) zusammen mit dem Wirt in einer Herberge saß. Dieser hatte allein mit seinen beiden kleinen Töchtern und einem Knecht (die Pest) überlebt. Niemand ahnte etwas von einer Erkrankung. Man rechnete über den Verzehr ab, und als der Wirt das Geld erhalten hatte, ging man schlafen. Am nächsten Morgen erhoben sich die Pilger schon früh, um von ihrem Tischgenossen die Erlaubnis zur Abreise zu holen. Sie fanden aber niemanden, der ihnen antwortete. Sie erfuhren vielmehr durch eine alte Frau, die sie in ihrem Bett aufstöberten, dass der Wirt samt seinen beiden Töchtern und dem Knecht des Hauses in dieser Nacht gestorben war. Als sie dies hörten, eilten sie in großer Hast davon [...]

Aus: Bergdolt, Klaus (1994): Der Schwarze Tod. Die Große Pest und das Ende des Mittelalters. München, S. 75.

M2 Interview mit Kevin Choteau, Entwickler von „A Plague Tale: Innocence"

Diese universelle Handlung findet nun aber vor einem sehr konkreten historischen Hintergrund statt. Was steckt hinter der Idee, den Plot im Frankreich des 14. Jahrhunderts anzusiedeln?

Wir wollten die grausame Seite der Menschheit thematisieren und die Auswirkungen durch die Augen von Kindern zeigen. Insofern war es naheliegend, eine besonders schlimme Epoche auszuwählen. (lacht) Darüber hinaus ist unser Studio in Bordeaux angesiedelt. Wir leben in einer Region, die reich an Historie ist. Dadurch mussten wir uns nicht für ein Setting entscheiden, das uns eigentlich fremd ist. Der Zeitraum, den wir gewählt haben, markiert die Anfänge der Pest. Dann kommt noch der Hundertjährige Krieg zwischen den Franzosen und den Engländern dazu und die Inquisition. In Frankreich hat die Inquisition vergleichsweise zwar eine geringere Rolle gespielt, trotzdem hat sie natürlich auch hier mehr als genug Leid verursacht. Rechnest du all die erwähnten Aspekte zusammen, ergeben sie den perfekten Kontrast zur Unschuld eines Kindes.

Wie du schon sagtest, lebt ihr in einer Gegend, die reich an Geschichte ist. Wie können wir uns die Recherche für „A Plague Tale: Innocence" vorstellen?

Wir haben regelmäßig Ausflüge im Südwesten Frankreichs unternommen. Von unseren Wochenendtrips haben wir dann haufenweise Anekdoten und Fotos mitgebracht. Ein Kapitel im Spiel findet beispielsweise in einem Dorf statt, dessen Architektur stark von einer Kleinstadt in der Nähe von Bordeaux inspiriert wurde. Im Rahmen unserer Recherche haben wir auch mit Historikern gesprochen, Fachliteratur gelesen und uns Dokumentationen angesehen. Grundsätzlich sind wir mit Details aus der Vergangenheit konfrontiert worden, die grausamer als alles waren, dass wir uns hätten ausdenken können. Trotz der historischen Einflüsse hegt „A Plague Tale: Innocence" übrigens nicht den Anspruch, ein historisches Werk zu sein. Die Dramaturgie steht klar im Vordergrund. Ich denke, du kannst das mit Sagen und Märchen vergleichen, in denen Fiktionales ja auch oft mit einem realen Unterbau verbunden ist.

Lass uns über die Funktion der Ratten im Spiel sprechen. Sie sind ja ein zentraler Bestandteil des Spiels und ihre Bewegungen wirkten schon in den Trailern recht beeindruckend.

Die Pest hat damals in Europa knapp die Hälfte der Bevölkerung dahingerafft, aber sie ist eine abstrakte Bedrohung, die kein Gesicht trägt und nicht so leicht ins Gameplay zu integrieren ist. Viele Leute denken in Bezug auf die Pest auch an Ratten, die als Krankheitsüberträger fungieren. Zudem wirken sie in großen Gruppen beinahe ebenso unaufhaltbar wie eine sich stetig ausbreitende Epidemie. Dementsprechend symbolisieren die Ratten in „A Plague Tale" die allgegenwärtige Bedrohung, die von der Pest ausgeht. Dieser Symbolismus konnte allerdings nur funktionieren, wenn wir Massen an Ratten einbauen, die über alles hinwegfegen, das ihnen in die Quere kommt.

Ingmar Böke: Interview. Kevin Choteau. In: GAIN. Das unabhängige Magazin für Spielekultur, 10/2019, S. 26–29.

7.9 Authentifizierungsstrategien

Thema und Ziel	Anhand des sich ‚historisch korrekt' darstellenden Strategiespiels „Total War: Shogun 2 Fall of the Samurai" sollen die Schüler*innen Authentifizierungsstrategien herausarbeiten.		
Spiele/ Genre/	Total War: Shogun 2 Fall of the Samurai/ Rundenstrategie	**Schulstufe**	10.–12.
Anmerkung zur Spielverwendung	Die Lernziele können in 30- bis 50-minütigen Spielphasen umgesetzt werden.		

Für viele digitale Spiele mit historischem Setting stellt ihre vermeintliche ‚Authentizität' einen ‚selling-point' dar. Ganz besonders gilt dies für Grand Strategy-Games, bei denen es um die Steuerung ganzer Nationen oder Volksgemeinschaften geht. Durch die Verwendung spezifischer, klar einer Epoche zugeordneter Objekte (Personen, Gegenstände, Themen, Konflikte, Musik) soll dem*der Spieler*in historische ‚Authentizität', der Eindruck von einem ‚wie es wirklich war', simuliert werden. Um die mediale Konstruktion historischer Narrative verstehen zu können, ist es wichtig, imstande zu sein, solche Strategien zu identifizieren und dekonstruieren zu können.

Total War: Shogun 2 Fall of the Samurai: In diesem Strategiespiel übernimmt der*die Spieler*in eine Fraktion im Konflikt, der das Ende des Tokugawa-Shogunats in der Mitte des 19. Jahrhunderts begleitet. Der*die Spieler*in muss sich zwischen den Imperialisten und den

Shogunatsanhängern entscheiden. Das Spiel läuft auf der Weltkarte rundenbasiert und während der zahlreichen Gefechte in Echtzeit ab. Die Vermarktung der „Total War"-Reihe legt viel Wert auf die Betonung ‚historischer Authentizität', etwa bei der Darstellung von Schiffen und Einheiten und besonders durch die Begleittexte, die viele Aspekte des Spiels wie in einem Lexikon erklären.

Unterrichtsverlauf

Sequenz: Diese Stunde kann einerseits medienreflexiv in Zusammenhang mit Geschichtsbildern, historischer ‚Authentizität' und dem Konstruktionscharakter historischer Erzählungen verwendet werden. Andererseits kann sie auch im Kontext der Themen Moderne und Industrialisierung herangezogen werden.

Einstieg: Als Einstieg können technische, soziale und politische Entwicklungen der Industrialisierung besprochen oder in einer Mindmap gesammelt werden. Dabei sollen spezifische Merkmale der Moderne vergegenwärtigt werden.

Hauptteil: In der Spielphase wird das Spiel entweder von der Lehrkraft oder von einem*einer Schüler*in in Form eines Plenarspiels mit Erklärung (19) gesteuert. Das Ziel besteht darin, dass möglichst viele Aspekte des Spiels sichtbar gemacht werden (Technologien, Stadtentwicklung, Gefechte). Auch sollen die Begleittexte gelesen werden. Insgesamt sollten mindestens 30 Minuten, besser eine ganze Einheit, gespielt werden. In dieser Phase fertigen die Schüler*innen ein Spielprotokoll (26) an, in dem sie ‚typische' Elemente der Moderne, deren Verwendung im Spiel und die durch die Begleittexte vorgenommene Kontextualisierung notieren. Ein Beispiel dafür wäre die Eisenbahn, die im Spiel Handelseinkommen generiert und die Mobilität der Truppen erhöht.

Beobachtetes Objekt	Verwendung im Spiel	Kontextualisierung durch Begleittext
Eisenbahn	Handelseinkommen, Mobilität der Truppen	„Kabel und Schienen binden ein Land zusammen."
...	...	...

Abschluss: Abschließend soll jede*r Schüler*in den Spielverlauf zu einem Text transformieren (28), der erklärt, wie das Spiel die Zeit der Industrialisierung darstellt und als diese erkenntlich macht und wie die

Begleittexte den Anschein historischer Authentizität erwecken wollen. Um die Anforderung dieser Aufgabe zu erhöhen, kann man die Schüler*innen zusätzlich erklären lassen, wo historische Elemente scheinbar authentisch eingesetzt werden, aber eigentlich nur spielrelevante Funktionen erfüllen (zum Beispiel die Verwendung der Eisenbahn als bloßes Etikette für einen Modifikator für Handel und Truppenbeweglichkeit).

Anschlussübungen: Im Anschluss kann man die Schüler*innen in Kleingruppen Änderungen am Game Design (13) oder überhaupt ein neues Spielkonzept (25) erstellen lassen, wie die Epoche ihrer Meinung nach ‚authentischer' dargestellt werden könnte.

7.10 Wissenschaftsgeschichte des 17. Jahrhunderts

Thema und Ziel	Die Schüler*innen lernen mithilfe des Spiels wichtige naturwissenschaftliche Erkenntnisse des 17. Jahrhunderts, des naturwissenschaftlichen Forschungsbetriebs und das Feld der Wissensproduktion kennen.		
Spiel(e)/ Genre	PRINCIPIA: Master of Science/Serious Game, Simulation	**Schulstufe**	11.–12.
Anmerkung zur Spielverwendung	Die Lernziele sind mittels kurzer Spielphasen umsetzbar.		

Das Spiel „PRINCIPIA: Master of Science" simuliert den Wissenschaftsbetrieb des 17. Jahrhunderts. Der*die Spieler*in wählt einen Wissenschaftler und versucht rundenweise, dessen wissenschaftliche Karriere voranzutreiben. Mittels Experimente und Schlussfolgerungen werden Fortschrittspunkte generiert, diese führen zu neuen Denkansätzen, Ideen, Hypothesen und Prototypen. Die einfache Steuerung und die geringen Hardwareanforderungen machen das Spiel gut verwendbar. Bereits wenige Spielrunden vermitteln zentrale Inhalte anschaulich, sodass „PRINCIPIA" für eine Plenarspielphase (19) geeignet ist.

Das Potenzial des Spiels liegt darin, den Schüler*innen das sonst nur schwer vermittelbar Gebiet der Wissenschaftsgeschichte und der historischen Epistemologie näherzubringen. Erstens hinsichtlich der im 17. Jahrhundert generierten Fortschritte, zweitens hinsichtlich eines Kennenlernens, wie naturwissenschaftliche Erkenntnis generell generiert wird, und drittens, im Sinne eines konstruktivistischen Wissensbegriffs, welche Praktiken und Institutionen Wissen generieren und im 17. Jahrhundert die Wissenschaften erst hervorbringen.

Aufgrund seiner naturwissenschaftlichen Ausrichtung bietet sich „PRINCIPIA" für den naturwissenschaftlich-fächerübergreifenden Unterricht an. Da die Erfindungen im Spiel selbst kaum ausgeführt werden, können sie so ausführlicher erläutert werden.

Unterrichtsverlauf

Sequenz: Das Spiel eignet sich als Teil eines Längsschnitts zur Wissenschafts- und Technikgeschichte. Es kann auch auf einen einzelnen Wissenschafter, dessen Biografie und Entdeckungen fokussiert werden.

Einstieg: Im Vorfeld sollte den Schüler*innen eine Übersicht über die politische Geschichte des 17. Jahrhunderts vermittelt werden, damit der historische Kontext erarbeitet wird, in dem das Spiel stattfindet. Stark subjektorientiert und forschend-entdeckend kann gearbeitet werden, wenn die Schüler*innen ihre präwissenschaftlichen Vorstellungen vom Wissenschaftsbetrieb aufschreiben, um sie am Ende der Unterrichtsphase mit dem Erlebten zu vergleichen. Anzunehmen ist, dass die Schüler*innen mit Wissenschaft Begriffe wie ‚Wahrheit' oder ‚Objektivität' verbinden und den Einfluss des Sozialen bei der Wissensgenerierung kaum berücksichtigen werden.

Hauptteil: Aufgrund der übersichtlichen Menüführung ist das Spiel passend für ein Plenarspiel (19), ein gemeinsames Spiel (14) oder einen*eine Spielebeobachter*in (22). Folgende Beobachtungsaspekte lassen sich damit verbinden:

- Wissenschaftsbetrieb: Um den Wissenschaftsbetrieb zu charakterisieren, analysieren die Schüler*innen die Spielfaktoren und -mechanismen, etwa wie die Generierung von Wissen spielmechanisch umgesetzt wird. Durch wissenschaftliche Hypothesenbildung, Versuche, Ergebnisauswertungen und Schlussfolgerungen werden Erkenntnisse gewonnen, die durch Publikationen veröffentlicht werden.
- Wissenschaft als Ergebnis sozialer Ausverhandlung: Das Spiel zeigt auch, dass die Rolle des*der Wissenschafter*in aus mehr besteht als nur zu forschen. So gilt es, die Forschungsergebnisse in Aufsätzen darzustellen und diese müssen von der Royal Society als ‚richtig' und ‚wahrheitsfähig' anerkannt werden. Wissenschaftliche Erkenntnis in Reinform und ohne sozialen Kontext existiert damit nicht – was wissenschaftlich akzeptiert wird, wird sozial verhan-

delt. Je höher etwa im Spiel der Ruhm der eigenen Figur ist, desto leichter lässt sich allgemein akzeptiertes Wissen generieren.

- Wissensproduktion und strategisches Kalkül: Des Weiteren ist der Forschungsbetrieb abhängig von Geldgebern, da die technische Ausstattung finanziert werden muss. Verbunden ist die Forschungstätigkeit mit spezifischen Strategien im Feld des Wissenschaftsbetriebs. Forschungsergebnisse sollten weder zu früh noch zu spät veröffentlich werden; der Forschungsstandort ist ebenso wichtig wie der Briefwechsel mit anderen Gelehrten. Sollte ein anderer Wissenschafter der eigenen bahnbrechenden Entdeckung zuvorgekommen sein, kann dessen Publikation öffentlich angegriffen werden. Mitunter werden bestimmte Erkenntnisse zunächst von der akademischen Öffentlichkeit abgelehnt und später erst als ‚wahr' anerkannt.
- Was im Spiel nicht dargestellt wird: Zwar beinhaltet das Spiel etliche wissenschaftskonstruktivistische Komponenten, viele andere zentrale Faktoren fehlen aber. So werden Zufälle oder die Bedeutung sozialer Netzwerke nicht berücksichtigt. Der Forschungsprozess wird als Arbeit eines Einzelnen im Labor dargestellt, Fortschritt als etwas Lineares. Insgesamt findet Wissenschaft im gesellschaftlich-kontextlosen Raum statt. Sie ist ausschließlich eine Angelegenheit ‚großer Männer'.
- Ausgehend von den recherchierten Lebensläufen kann das Leben eines Wissenschafters nachgespielt werden – oder es werden im Rahmen eines kontrafaktischen Spiels (17) bewusst andere biografische Entscheidungen getroffen. Gut dafür geeignet ist Isaak Newton, dessen Lebenslauf parallel zum Spielverlauf gelesen werden kann.
- Daran kann mit einer Spielkritik (16) angeschlossen werden: Etwa simuliert das Spiel den Streit zwischen Newton und Leibniz um die Infinitesimalrechnung. Dass Newton seinen Status als Präsidenten der Royal Society (seit 1703) nützte, bleibt spielmechanisch unerwähnt. Ebenso unerwähnt bleibt Newtons Auseinandersetzung mit Hooke, sein Interesse an Alchemie und Theologie und seine Tätigkeit als Aufseher in der Königlichen Münzanstalt. Da sich das Spiel gegenwärtig (Juni 2020) noch im Early Access-Status befindet, könnte sich dies zu einem späteren Zeitpunkt ändern. Spielmechanisch interessant ist, dass alle dargestellten Wissenschafter mit der gleichen Herangehensweise arbeiten, obwohl Newton als Pionier des modernen wissenschaftlichen Arbeitens gilt.

Abschluss: Die im Hauptteil herausgearbeiteten Ergebnisse werden besprochen und gesichert. Die in der Eingangsphase notierten Vorstellungen vom Wissenschaftsbetrieb werden mit den neuen Eindrücken verglichen. Die Schüler*innen werden sich so der Vorstellungsänderungen, die durch das Spiel ausgelöst wurden, bewusst.

Anschlussübungen: Die hier gemachten Beobachtungen lassen sich auf andere Spiele übertragen, in denen wissenschaftlicher Fortschritt dargestellt wird. Etwa auf die „Civilization“-Reihe: Dort gibt es einen Tech-Tree, der die Technologien miteinander so verknüpft, dass diese nacheinander ‚entdeckt‘ werden. Wissenschaft funktioniert über die Addition von spezifischen Punkten, die durch bestimmte Mechanismen (etwa Gebäude) generiert werden. Der Fortschritt verläuft auch hier linear. Technologien werden sofort und quasi automatisch in die Gesellschaft integriert.

7.11 Geschichte der Stadt

Thema und Ziel	Anhand der historischen Städtebausimulation „Urban Empire“ lernen die Schüler*innen städtebauliche und -politische Entwicklungen ab der Mitte des 19. Jahrhunderts kennen und verstehen.		
Spiel(e)/ Genre	Urban Empire/Städtebausimulation	**Schulstufe**	8.–10.
Anmerkung zur Spielverwendung	Das Spiel ist in fünf Phasen gegliedert und kann abschnittsweise verwendet werden, sodass ein kompletter Durchgang nicht notwendig ist.		

„Urban Empire“ ist eine historische Städtebausimulation, die im Jahr 1820 beginnt und in insgesamt fünf historischen Spielphasen bis ins Jahr 2020 geht. Jeder historische Spielabschnitt ist mit jeweils unterschiedlichen Ansprüchen der Einwohner*innen und städteplanerischen Möglichkeiten verbunden. Ziel des Spiels ist es, als Bürgermeister*in nicht abgewählt zu werden und die Stadt bis 2020 zu regieren. Die Bedürfnisse der Einwohner*innen werden durch sieben verschiedene Kategorien dargestellt: Sie reichen von physischem Wohlbefinden über Selbstentfaltung bis hin zum Bedürfnis nach Sicherheit und verändern sich von Epoche zu Epoche. Die historischen Spielabschnitte sind jeweils verbunden mit zu entwickelnden Technologien, Ideen, Werten (etwa Popmusik, Kosmetik oder Sexuelle Revolution) und Stadtrat-Verordnungen. Die Verbindung von technischem, soziologischem, sozialem und politischem Wandel durch das Fortschrittskonzept macht das Spiel aus historischer Perspektive interessant. Eine weitere Besonderheit dieser Städtebausimulation ist der Stadtrat. Viele Entscheidungen müssen erst durch diesen abgesegnet werden, bevor sie umgesetzt werden können. Je nach Zeitalter sind im Stadtrat unterschiedliche Parteien mit ihren jeweils korrelierenden Ideologien und stadtpolitischen Absichten vertreten. Keinesfalls ist es notwendig, einen kompletten Spieldurchlauf zu absolvieren; etwa können eine oder zwei Spielphasen im Vergleich bearbeitet werden.

Die ‚idealtypische' Entwicklung einer deutschen Stadt lässt sich mit dem Spiel teilweise nachvollziehen, sie kann hier nur stichwortartig umrissen werden (vgl. Schröteler-von Brandt 2014):

- Das Spiel beginnt mit der Kommerzialisierung des Städtebaus, der die landesfürstliche Stadtplanung abgelöst hat. Die Stadtviertel werden durch Raster angelegt, die fortschreitende Industrialisierung macht aus der bürgerlichen eine proletarische Stadt. Da der*die Spieler*in auf der grünen Wiese bauen kann, hat er*sie geradezu idealtypische städtebauliche Bedingungen. Die geringe Bebauungsdichte gibt der Siedlung zunächst einen dörflichen Charakter; mit neuen Vierteln kommt es zunehmend zu Wohnungsnot, hygienischen Problemen und überfüllten Straßen.
- In der zweiten und dritten Spielphase setzen sich diese Entwicklungen zunächst fort, zunehmend wird aber das infrastrukturelle Netz dichter: Gas, Fließwasser, Straßenbeleuchtung und später Strom kommen hinzu. Kommunale Sozialsysteme und die diverse Gesetzgebungen (Arbeitssicherheit, Brandschutzverordnung, Arbeitszeitregelungen) machen das bis dahin unkontrollierte kapitalistische Wachstum erträglicher. Neue Technologien (etwa Chemie, Automobilherstellung, Fließband) führen zu einer Vielzahl neuer Branchen. Zunehmend etabliert sich der tertiäre neben dem sekundären Sektor. Die weitere Verdichtung des städtischen Raums bewirkt nicht nur eine immer stärker funktionale Ausdifferenzierung, sondern auch die Entstehung typisch innerstädtischer Vierteln (Cityentstehung). Die Industrie wandert an den Stadtrand ab. Im Spiel werden die Gründerzeithäuser optisch durch funktionale Neubauten zunehmend abgelöst. Massenkonsum und Amerikanisierung verändern das Bild der Stadt.
- In der vierten Spielphase treten neue Probleme auf: Die Bürger*innen fordern immer stärker eine saubere Umwelt und eine differenzierte Infrastruktur. Die Grenzen des städtischen Wachstums sind in dieser Spielphase erreicht, da die Karte mit dem städtischen

Raum gefüllt ist – die Stadt wächst daher in die Höhe. Immer diverser werden die Mittel, die dem*der Spieler*in zur Verfügung stehen. Etwa kann er*sie zwischen unterschiedlichen öffentlichen Verkehrsmitteln wählen. Städtepartnerschaften weisen auf die Globalisierung hin.

- In der letzten Spielphase steht die Digitalisierung im Vordergrund. Cloud-Computing, Augmented Reality, Fairer Handel, Klimawandel und Migration sind die zentralen Themen des Abschnitts. Die Industrie wird nur noch in Form von sauberen High Tech-Unternehmen dargestellt, Stahl und Glas prägen das Städtebild insgesamt.
- Vieles andere bildet das Spiel regelmechanisch nicht ab: Die Stadtplanung erfolgt rein durch Raster. Eine für europäische Städte typische Altstadt gibt es nicht. Konzepte wie Gartenstädte, die autofreie Stadt oder die Entwicklung eines sozialen Wohnbaus sind nicht möglich. Da die Stadt von kriegerischen Ereignissen verschont bleibt, kommt es auch nicht zu der für viele deutsche Städte typischen Stadtentwicklung der Nachkriegszeit.

Unterrichtsverlauf

Sequenz: Diese Einheit bietet sich im Rahmen einer längeren Sequenz zur Wirtschafts- oder Sozialgeschichte an.

Einstieg: Ein lebensweltlicher Einstieg besteht darin, per unterschiedlich alten Stadtansichten auf die Veränderung der eigenen Siedlungsstruktur hinzuweisen und deren Ursachen zu rekonstruieren. Ausgehend von der eigenen Siedlungsgeschichte könnten Hypothesen (27) gebildet werden, wie eine historische Städtebausimulation aussehen könnte.

Hauptteil: Aufgrund der rechen- und zeitintensiven Anforderungen wird das Spiel nur schulextern zum Einsatz kommen. Die Schüler*innen können die Entwicklung ihrer Stadt festhalten und in der Klasse präsentieren. Dies kann etwa durch eine illustrierte Stadtgeschichte mittels Screenshots (21), in-game Videos mit Zeitraffer (29) oder einer Dokumentation zur Stadtgeschichte anhand unterschiedlicher Spielstände im Plenarvortrag geschehen (19). Stadtrundgänge, die die wichtigsten Gebäude vorstellen, sind ebenso möglich wie ein Ausstellerbetrieb mit ausgedruckten Bildschirmfotos. Falls zumindest ein leistungsfähiger Rechner zur Verfügung steht, können durch eine oder mehrere Plenarspielphase/n (19) die Schüler*innen abwechselnd das Amt des*der Bürgermeister*in übernehmen und ihre Spielentscheidungen kommentieren.

Auf Basis der durchgeführten Präsentationsformen können Schüler*innen alle oder bestimmte Spielphasen, etwa durch die untenstehende Tabelle, vergleichen.

Spielphasen	Welche für den Zeitabschnitt spezifischen Ereignisse finden statt?	Welche Technologien, Verordnungen und Gebäudetypen sind typisch für diesen Zeitabschnitt?	Vor welchen Herausforderungen steht die Stadt in diesem Zeitabschnitt? Wie werden sie gelöst?
Industrielle Revolution (1820–1860)			
Die Geburt der Nation (1860–1914)			
Wertekonflikte (1914–1939)			
Dualismus (1948–1990)			
Wertepluralismus (1990–2020)			

Die Kategorien können abgeändert oder ausgetauscht werden: Welche Parteien sitzen im Stadtrat, wofür stehen sie? Wodurch äußern sich die parteipolitischen Absichten in den einzelnen Anträgen, die die Parteien einbringen? Wie ist das Abstimmungsverhalten der einzelnen Parteien erklärbar?

Handlungs- und produktionsorientierte Auswertungen können durch touristische Städteführer, fiktive Interviews mit den Bürgermeister*innen und Einwohner*innen oder einer Stadtgeschichte umgesetzt werden.

Abschluss: Hier bietet sich etwa die auszugsweise Lektüre von Schröteler-von Brandts Stadtplanungsgeschichte an, wodurch das digitale Spiel und die Stadtgeschichte in ein re-/dekonstruierendes Verhältnis gesetzt werden können. Eine andere Möglichkeit bietet das Kinderbuch „Eine Stadt im Laufe der Zeit“, das die Entwicklung einer Stadt von der Antike bis in die Gegenwart abbildet. Auf den Wimmelbildern werden die Menschen, ihre Tätigkeiten sowie der sie umgebende Raum dargestellt. Die Bilder der einzelnen stadtgeschichtliche

Abschnitte können sowohl als assoziativer Einstieg als auch zur Wiederholung am Ende der Sequenz verwendet werden.

Anschlussübungen: Ergänzend oder alternativ ließen sich auch Städtebausimulationen aus anderen Epochen heranziehen: Bei „Grand Ages: Medieval" und „Banished" werden mittelalterliche, bei „Workers & Resources: Soviet Republic" wird eine sowjetische und bei „Cities: Skylines" eine gegenwärtige Stadt gebaut. Vergleiche, wie die Zeitabschnitte und städtebaulichen Schwerpunkte spielmechanisch unterschiedlich umgesetzt werden, können angestellt werden (24).

Weiterführende Literatur

Noon, Steve (2020): Eine Stadt im Lauf der Zeit. Von der antiken Siedlung bis zur heutigen Metropole. München.

Schröteler-von Brandt, Hildegard (2014): Stadtbau- und Stadtplanungsgeschichte. Eine Einführung. Wiesbaden.

7.12 Historische Dekonstruktion von „Empire: Total War"

Thema und Ziel	Die Schüler*innen sollen durch die historische Dekonstruktion von Empire: „Total War" ihre Methoden- und Sachkompetenz vertiefen.		
Spiel(e)/ Genre **Anmerkung zur Spielverwendung**	Empire: Total War/Strategiespiel Spielphasen von rund 50 Minuten sind für die Bearbeitung der Aufgabenstellungen ausreichend.	**Schulstufe**	12.

Die Spiele der „Total War"-Reihe inszenieren sich als historisch authentische Darstellung der jeweils behandelten Epoche. Über die historische Dekonstruktion mittels einer geeigneten Methode (siehe 4.8), etwa jener von Buchberger/Kühberger (2013), sollen die Schüler*innen in die Lage versetzt werden, die Inhalte einzuordnen und hinsichtlich ihrer Historizität zu bewerten. Außerdem sollen sie zum Nachdenken über mutmaßliche Intentionen hinter bestimmten Inszenierungen angehalten werden.

Empire: Total War: Der*die Spieler*in steuert eine der großen europäischen oder indischen ‚Nationen', wobei der Zeitverlauf auf der Strategiekarte rundenbasiert ist, während die Gefechte in Echtzeit ablaufen. Der*die Spieler*in muss seine*ihre Fraktion durch Diplomatie, Forschung, wirtschaftliche Stärke und militärische Auseinandersetzungen zum Erfolg führen. Das Ziel ist der Aufbau eines Imperiums.

Unterrichtsverlauf

Sequenz: Dieser Unterrichtsentwurf kann im Rahmen der Behandlung von Staat und Herrschaft und der Entstehung des frühen modernen Staats ab der Frühen Neuzeit verwendet werden. Es lässt sich damit auch gut über die populärkulturelle Inszenierung einer bestimmten Epoche diskutieren, setzt aber solides historisches Sachwissen und eine gewisse Übung bei der Bearbeitung digitaler Spiele voraus.

Einstieg: Die Schüler*innen werden für diese historische Spielanalyse (15) in Kleingruppen von drei bis vier Personen geteilt. Anschließend bekommt jede Gruppe den tabellarisch dargestellten Ablauf der Spielanalyse nach Buchberger/Kühberger (siehe Tab. 11, Kapitel 5.8). Als Hilfestellung können die einzelnen Aspekte in konkrete Aufgaben umformuliert werden, wie in „Aufgaben für die Spielanalyse nach Buchberger/Kühberger“. Jedenfalls muss die Analyse genau erklärt und besprochen werden.

Anschließend wird das Spiel angeleitet (2) oder gemeinsam (14) gespielt. Es ist wichtig, dass die Schüler*innen vor der eigentlichen Spielanalyse genug Zeit haben, um sich einen Eindruck verschaffen zu können.

Hauptteil: Nun bearbeiten die Schüler*innen die drei Phasen der Spielanalyse nach Buchberger/Kühberger. Vor allem bei der Bearbeitung des Hauptteils ist es notwendig, durch entsprechendes Scaffolding das Sachwissen der Schüler*innen zu unterstützen (etwa indem man auf Kapitel im Schulbuch verweist, an bereits erledigte Arbeitsblätter zum Thema erinnert oder eigene Texte austeilt). Außerdem macht es Sinn, die Analyseaspekte auf die Gruppen aufzuteilen, um den Arbeitsprozess zu beschleunigen und die Schüler*innen nicht zu überfordern.

Abschluss: Abschließend soll jede Gruppe ihre Ergebnisse in Form eines kurzen Vortrags präsentieren. Dabei sollen die Schüler*innen ihren Fokus auf die Arbeitsaufträge der Schlussphase der Spieleanalyse, auf die Reflexion der Einschätzungen der Einstiegsphase, auf ihr eigenes Empfinden während des Spielens und die Zusammenfassung der Ergebnisse legen.

Anschlussübungen: Als Anschlussübung kann jede Gruppe einen historischen Verlauf der Epoche recherchieren und versuchen, diesen gezielt durch ein kontrafaktisches Spiel (17) zu konterkarieren.

Material

M1 Aufgaben für die Spielanalyse nach Buchberger/Kühberger

Phase	Aspekte der Spielanalyse (Arbeitsaufträge)
Einstieg	• Notiere deinen Ersteindruck des Spiels, des Covers, der Selbstdarstellung des Spiels und deine eigenen Empfindungen während des Spielens • Bestimme die Gattung und verfasse eine kurze Beschreibung des Spiels • Erschließe die Hauptintention des Spiels mittels Rezensionen und des Spielverlaufes. • Beschreibe die Unternehmensphilosophie des Produzenten • Finde Zahlen zur Verbreitung unter verschiedenen Altersgruppen
Hauptteil	• Vergleiche einzelne Aspekte, Ereignissen und Abläufen mit historischen Quellen oder dem Stand der Forschung (hier ist das erwähnte Scaffolding notwendig) • Beschreibe zeitliche Zusammenhänge: Aufstiegs- und Abstiegsgeschichte oder Auf und Ab der Kräfte • Erarbeite Authentifizierungsstrategien • Simuliere eine individuelle, historische Erfahrung durch das Spielen einer bestimmten Sequenz (‚Reenactment', spiele beispielsweise eine bestimmte Schlachtnach) • Analysiere etwaige Erklärungsangebote für historische Zusammenhänge (etwa die Erklärungstexte) • Vergleiche die der Darstellung verschiedener Menschengruppen • Untersuche die emotionale Lenkungsabsicht der eingesetzten Musik • Werden verschiedene Strategien oder Entscheidungen vom Spiel bewertet, etwa der Einsatz tödlicher Gewalt? • Beschreibe die im Spiel dargestellten Männer- und Frauenbilder
Schlussphase	• Vergleiche die Einschätzungen der Einstiegsphase mit den Erkenntnissen der Analysephasen • Gehe deine Unterlagen durch und hebe die Ergebnisse hervor

7.13 Moderne, Frauengeschichte und Arbeit

Thema und Ziel	Die Schüler*innen sollen die Industrialisierung und das Aufkommen von Lohnarbeit als Auslöser gesellschaftlicher Veränderung verstehen lernen.		
Spiele/ Genre	Assassin's Creed Syndicate/Action Adventure	**Schulstufe**	12.

Die „Assassin's Creed"-Reihe stellt eine Folge lose miteinander verbundener Action-Spiele dar, in deren Kern eine fiktive Auseinandersetzung zwischen „Templern" und „Assassinen" steht. Jedes Spiel ist in einem anderen historischen Setting angesiedelt, wobei auf die Einbindung historischer Figuren, Landmarken und Städte geachtet wird. So wird von den Entwicklerteams eine hohe ‚Authentizität' in der Darstellung angestrebt bei gleichzeitig sehr freier Interpretation historischer Abläufe und Personen. Diese Spiele lassen sich als „digitale Museen" in den Unterricht integrieren. Bei diesem Unterrichtsentwurf geht es nicht um die Dekonstruktion der Spielwelt, sondern um ein spielerisches erkunden dieser und ein spielimmanentes Lernen.

Assassin's Creed Syndicate: Der*die Spieler*in steuert die Zwillinge Evie und Jacob Frye, beides Assassinen, die im London des Jahres 1868 tätig sind. Das Spiel bietet sich nicht nur zur Bearbeitung der Industrialisierung, sondern besonders auch zur Betrachtung des Wandels der Rolle der Frau an: Einerseits ist eine der beiden Spielfiguren eine junge Frau, andererseits wird auch Frauenarbeit (etwa in den Fabriken, aber auch als Gangmitglieder) dargestellt.

Unterrichtsverlauf

Sequenz: Diese Sequenz soll eine vertiefte Beschäftigung mit den gesellschaftlichen Veränderungen, die durch die Industrialisierung hervorgerufen wurden, ermöglichen. Vor allem das veränderte Verständnis von Arbeit, im Sinne von Lohnarbeit, und die damit zusammenhängende Umwälzungen der Situation von Frauen und Kindern in der Gesellschaft können im Mittelpunkt stehen.

Einstieg: Als Einstieg spielt die Lehrkraft oder ein*eine kundige*r Schüler*in in Form eines angeleiteten Spiels (2) etwa die ersten 15 Minuten des Spiels und erklärt dabei die Spielwelt und grundlegende Funktionen.

Hauptteil: In diesem Teil wird ein Museum digitaler Objekte (18) erstellt: Die Schüler*innen sollen in Partner*innenarbeit oder Kleingruppen (maximal 3 Personen, jede*r soll spielen) Screenshots bestimmter Personen und Phänomene machen und diese beschreiben. Dazu bewegen sie sich frei in der Spielwelt, suchen die gefragten Objekte und kontextualisieren sie durch kurze Texte historisch. Als Beispiel für eine solche Schnitzeljagd kann die in „1. Museum digitaler Objekte“ aufgelistete Tabelle verwendet werden. In den mit ‚Auffälliges‘ beschrifteten Zeilen sollen interessante Objekte oder Personen eingefügt werden, die die Schüler*innen bei ihren Rundgängen gefunden haben.

Abschluss: Abschließend kann eine Werbungsanalyse (30) durchgeführt werden. Die Schüler*innen sehen sich dazu den Trailer (www.youtube.com/watch?v=WTBbwgsyxvg) an. Nun sollen sie einen Text verfassen, der die Darstellung Londons während der Industrialisierung beschreibt und dabei vor allem auf die vermittelten Emotionen eingehen (Wie ist es ihnen selbst beim Betrachten des Trailers gegangen, waren sie amüsiert, ängstlich, beeindruckt etc.?). Als begleitende Lektüre bietet sich dazu der Artikel „Gefährliches Halbwissen?“ (Milch 2019) an.

Museum digitaler Objekte

Objekt	Screenshot	Historische Kontextualisierung
Berühmte Person A (etwa Charles Darwin)		
Berühmte Person B (etwa Alexander Graham Bell)		
Berühmtes Gebäude A		
Berühmtes Gebäude B		
Wohnsituation		
Verkehr		
Polizeipräsenz		
Zusammensetzung der Arbeiterschaft: Männer		
Zusammensetzung der Arbeiterschaft: Frauen		
Zusammensetzung der Arbeiterschaft: Kinder		
Passanten (Frauen)		
Passanten (Männer)		
Auffälliges		
Auffälliges		

Weiterführende Literatur

Milch, Daniel (2019): Gefährliches Halbwissen? Zur Wirkung von Werbung bei der Rezeption von Geschichte im Digitalen Spiel. In: Blog des Arbeitskreises Geschichtswissenschaft und Digitale Spiele. gespielt.hypotheses.org/3121 (10.8.2020).

7.14 Wien um 1900

Thema und Ziel	Anhand des Spiels „The Lion's Song" lernen die Schüler*innen Aspekte der Kulturgeschichte der Wiener Moderne kennen. (Der Beitrag basiert auf dem Unterrichtsentwurf von Sophie Jirak 2020).		
Spiel(e)/ Genre **Anmerkung zur Spielverwendung**	The Lion's Song/Point-and-Click-Adventure Ein Spieldurchlauf dauert pro Episode rund 1¼ Stunden.	**Schulstufe**	8.–12.

Im Zentrum des von dem wiener Produzenten mi'pu'mi programmierten Spiels „The Lion's Song" steht die Wiener Moderne. In vier Episoden stellen sich die jungen Protagonist*innen beruflichen (Musik, Mathematik, Malerei) und biografischen Herausforderungen. Die der Wiener Moderne zugeordnete Stilpluralismen, die Psychoanalyse, die Wiener Avantgardist*innen, deren Netzwerke, und die enge Verbindung von Wissenschaft und Kunst sowie die Salon- und Kaffeehauskultur werden aufgegriffen. Das Spiel ist einfach zu steuern und aufgrund seiner Verfügbarkeit auf dem Smartphone auch infrastrukturell unkompliziert zu verwenden.

Episode 1: Die aufstrebende Komponistin Wilma Dörfl kämpft eine Woche vor einem wichtigen Konzert mit einer Schaffenskrise. Allein in der Berghütte ihres Lehrers Arthur Caban, den sie begehrt, muss sie sich zunächst einmal emanzipieren, um Selbstvertrauen zu gewinnen und kreativ arbeiten zu können. Dabei hilft ihr Leo, der sich verwählt und sie per Telefon anruft. Ausdruck ihres Innenlebens sind zwei Träume. Am Ende gelingt die Komposition, das titelgebende Stück „The Lion's Song" und das Konzert werden ein Erfolg.

Episode 2: Der junge Maler Franz Markert versucht sich über den Salon von Klimt in der Kunstwelt zu etablieren. Sein Stil besteht darin, Persönlichkeitsfacetten seiner Modelle herauszuarbeiten und diese abzubilden. Allerdings kämpft Markert mit Erinnerungslücken – ganze Stunden des Tages gehen ihm verloren. Durch eine Therapie bei

Freud wird ihm seine Verdrängung bewusst; in seinem Atelier entdeckt er eine zweite Staffelei, auf der er versucht hat, seine eigenen Facetten zu malen. Mit der Arbeit an seinem eigenen Porträt gelingt es Markert, sich über seine eigene Person klar zu werden.

Episode 3: In dieser Episode ist die Mathematikerin Emma Recniczek die Protagonistin. Um Veränderungen mathematisch zu beschreiben, erhofft sie sich Hilfe von dem im Kaffeehaus tagenden Mathematikerzirkel „Radius". Da ihr der Zugang als Frau verwehrt bleibt, verkleidet sie sich und gibt sich als Emil Schell aus. Im Verlauf der Handlung gelingt es ihr, das mathematische Problem zu lösen, allerdings fliegt ihre Tarnung auf. Das anschließende Streitgespräch an der Universität Wien mit ihrem Kontrahenten Gernot Zahler, Kopf des „Radius", gewinnt sie.

Episode 4: Die letzte Episode verknüpft die Schicksale aller Figuren noch einmal kurz nach dem Beginn des Ersten Weltkriegs.

Unterrichtsverlauf

Sequenz: Das Thema bietet sich etwa am Ende einer Einheit zum 19. Jahrhundert oder im Zusammenhang mit der Geschichte der Habsburgermonarchie an. Besonders geeignet ist sie für den fächerübergreifenden Unterricht mit Deutsch, Musik, Mathematik oder Physik.

Einstieg: Mit einer Concept Map werden zentrale Begriffe, Konzepte und Personen der Wiener Moderne in einer grafischen Darstellung erschlossen. Sie soll dazu dienen, das nachfolgende Spielerlebnis zu vertiefen. Folgende Aspekte lassen sich dazu etwa verwenden: Definition Moderne, Situation der Habsburgermonarchie am Ende des 19. Jahrhunderts, Definition Wiener Moderne, Stadtentwicklung Wiens, Sprachkritik, Relativierung von Wahrnehmung und Erkenntnis (Physik, Volkswirtschaftslehre), radikaler Subjektivismus, Psychoanalyse, Geschlechterrollen im Umbruch, Personen: Klimt, Wittgenstein, Freud, Schönberg, die Rolle der Kaffeehäuser und Salons für die Wissens- und Kunstproduktion, Stile: Ästhetizismus, Décadence, Fin de siécle, Impressionismus, Jugendstil, Neoromantik, Symbolismus.

Ein fächerübergreifender Unterricht kann mit literarischen (Schnitzler), psychoanalytischen (Freud), architektonischen (Loos), bildnerischen (Klimt) oder musikalischen (Schönberg) Beispielen für die Wiener Moderne beginnen.

Hauptteil: Aufgrund der geringen Spieldauer und der übersichtlichen Gestaltung ist „The Lion's Song" für Plenarphasen (19) und das beobachtende Spiel (14, 22) gut geeignet. Damit lassen sich eine Reihe von Forschungsfragen bearbeiten. Per Expert*innenpuzzle, Ausstellerbetrieb etc. lassen sich die Ergebnisse anschließend vergleichen und für alle darstellen.

Episode 1

1. Dörfl hat in dieser Episode zwei Träume – erläutere, wofür sie stehen und wie du sie interpretierst. Der Name Freud wird im Spiel genannt. Wofür steht er, wie sieht sein Konzept der Traumdeutung aus?
2. Beschreibe den Schaffensprozess Dörfls – woher kommen ihre Inspirationen, Ideen und Melodien? Wie gestaltet sich die Arbeit der Künstlerin?
3. Welche Bedeutung hat das Telefon als Repräsentant der rasanten technischen Entwicklung in dieser Episode?
4. Nenne jene Persönlichkeiten, die in dieser Episode vorkommen und recherchiere ihre Bedeutung für Wien um 1900.
5. Weitere Bezugspunkte zur Wiener Moderne: Welche Rolle kommt Rilkes „Der Panther" zu, wie lässt sich das Gedicht bezogen auf das Spiel interpretieren? In einem der Briefe an Arthur Caban kommt der Aspekt der morbiden Großstadt zum Ausdruck – wie lässt sich die hier geschilderte Vorahnung historisch erklären?

Episode 2

1. Charakterisiere Markerts Stil und versuche, ihn den zeitgenössischen Kunststilen zuzuordnen. Was kritisiert Grete Lawniczak an seiner Malerei?
2. Welche Funktion kommt Klimts Salon für die Kunstschaffenden zu?
3. Informiere dich über die subjektive Werttheorie. Welche Position nimmt der Banker Raynard Moritz bei der Diskussion der Wertfrage ein? Welche hast du eingenommen? Wie lassen sich diese Positionen mit der subjektiven Werttheorie verbinden?
4. Kurz wird erwähnt, dass ein Werk Schnitzlers verboten worden ist. Um welches Stück handelt es sich und warum wurde die Aufführung unterbunden?

Episode 3

1. In der Bibliothek begegnet Recniczek dem Philosophen Ludwig Wittgenstein. Recherchiere, wofür er bekannt ist. „Wenn'S nicht wissen, wie Sie darüber sprechen sollen …", sagt sie an einer Stelle zu ihm. Inwiefern handelt es sich hier um ein Zitat und was bedeutet es?
2. Beschreibe die Funktion, die das Kaffeehaus und der Mathematikzirkel für die Wissensproduktion haben.
3. Welchen Formen der Diskriminierung sieht sich Emma ausgesetzt? Wie verändert sich durch ihre Verkleidung der Umgang ihres Umfelds mit ihr?
4. Für die Kunst der Wiener Moderne war das Verhältnis von Schein und Sein zentral. Erläutere, wie dieser Aspekt in der Episode mehrfach umgesetzt wird.

Episode 4
1. Charakterisiere den Kunstbetrieb anhand des Salons von Klimt. Welche Strategien und Möglichkeiten gab es für Künstler*innen, auf sich aufmerksam zu machen? 2. In der Episode tauchen etliche Symbole und Zeichen der Veränderung auf. Der Erste Weltkrieg wird zunächst nicht genannt, die gesellschaftliche Krise ist aber spürbar: Worauf verweisen etwa die drei Bücher, die der Student verliert? Welche verschiedenen Formen der Veränderung werden angesprochen? Welche Symbole gibt es dafür (etwa die Lokomotive)? 3. Vergleiche die unterschiedlichen Motive der vier Fahrgäste, in den Krieg zu ziehen.

gemeinsame Interpretation der vier Episoden
1. Welche historischen Persönlichkeiten und welche Professionen, die typisch für die Wiener Moderne sind, kommen in allen Episoden vor? 2. Erläutert die Funktion des Marktplatzes für die Episoden. 3. In der Kunst der Wiener Moderne spielt das Wort „Individualität" eine zentrale Rolle. Wie kommt der radikale Subjektivismus in den einzelnen Episoden jeweils zum Ausdruck? 4. In allen Episoden taucht Grete Lawniczak auf. Welche Funktion hat sie für den Kulturbetrieb? 5. Erläutert die Rolle, die den Kaffeehäusern und Salons als Orte der Kreativität zukommt. 6. In allen Episoden kommen in unterschiedlichen Varianten Träume, psychische Erkrankungen und die Tiefenpsychologie vor. Arbeite die Funktion der psychologischen Elemente für die Erzählungen heraus. 7. Manche Figuren treten in mehreren Sequenzen auf. Wie verändert sich dadurch die Handlung? Welche Wirkung könnte damit von den Produzenten beabsichtigt worden sein?

Abschluss: Die Forschungsergebnisse werden durch unterschiedliche methodische Formate dargestellt und verglichen. Um den Transfer zu gewährleisten, könnten die in der Concept Map verwendeten Aspekte (s.o.) auf die Spielerfahrungen bezogen werden.

7.15 Alternative Darstellungen von Krieg

Thema und Ziel	Die Schüler*innen lernen unterschiedliche Designstrategien kennen, durch die Krieg im digitalen Spiel dargestellt wird, und reflektieren deren Konsequenzen für die vermittelten Kriegsbilder.		
Spiel(e)/ Genre	This War of Mine/Abenteuer 11-11 Memories Retold/Serious Game Valiant Hearts/Rätselspiel	**Schulstufe**	12.
Anmerkung zur Spielverwendung	Die Lernziele sind mittels kurzer Spielphasen umzusetzen.		

Das Killerspiel gilt als das Klischee vom Computerspiel schlechthin. Tatsächlich beschäftigen sich viele Spiele mit Themen im Kontext von Kriegs- und Gewalthandlungen. Krieg ist im digitalen Spiel meist durch eine Heldenreise, vielfach US-patriotischer Prägung, und einen hohen Realismusgrad bei der Darstellung von Fahrzeugen, Waffen oder Gelände bestimmt. Vielfach kommt Krieg im digitalen Spiel ein Abenteuercharakter zu, der friendly fire, Kriegsverbrechen oder den Umgang mit Zivilist*innen ausblendet. Einige Spiele wählen jedoch andere Darstellungsstrategien und wollen Krieg zu einem Teil von Serious Games machen:

This War of Mine: Krieg wird in diesem Spiel aus einer zivilen Perspektive geschildert. Hunger, Angst und Kälte bestimmen den Alltag einer zufällig zusammengewürfelten Gruppe in einem Bürgerkriegsgebiet. Bei ihren nächtlichen Ausflügen gilt es, lebensnotwendige Nahrungsmittel, Baumaterialen und technische Bestandteile zu finden und nach Hause zu bringen, um allen das Überleben zu sichern.

11-11 Memories Retold: Der Erste Weltkrieg wird aus der Sicht des jungen kanadischen Fotografen Harry und des deutschen Ingenieurs Kurt geschildert. Die ungewöhnliche Grafik, der Verzicht auf Gewalt und die vielen Aspekte des Ersten Weltkriegs abseits vom Kriegsgeschehen unterstreichen den Charakter des Spiels als Serious Game. Zusätzlich lassen sich im Spiel digitale Objekte finden, die Aspekte des Kriegs näher erläutern.

Valiant Hearts: Beinahe gewaltlos verläuft auch „Valiant Hearts". Die Schicksale von vier Charakteren (der Amerikaner Freddie, der Franzose Emil, der Deutsche Karl, die Belgierin Anna) unterschiedlicher Nationalität verbinden sich zu einer Geschichte. Auch in diesem Spiel können versteckte Objekte gefunden werden, die mit weiteren

Informationen kontextualisiert werden und so die Geschichte des Ersten Weltkriegs dokumentieren.

Unterrichtsverlauf

Sequenz: Mehrere Einbettungen sind möglich: Etwa eine Geschichte des Kriegs, die dessen mediale Darstellung berücksichtigt. Ein anderer Zugang kann stärker auf das Spieldesign und die Konsequenzen für die Geschichtsbilder, die mit den Darstellungen verbunden sind, fokussieren.

Einstieg: Zu Beginn der Einheit können, auf Basis jener Bücher, Filme etc., die die Schüler*innen kennen, Überlegungen zur populären Darstellung von Krieg erfolgen. Textstellen oder Filmszenen können unterstützend verwendet werden. Alternativ können die Schüler*innen die unten angeführten Kommentare (M 1 bis 4) nutzen, erläutern und sich, etwa per Aufstellung in der Klasse, einer Position zuordnen. Spielerfahrenere Klassen könnten Überlegungen dazu anstellen, wie sich ein Spiel designen ließe, das Krieg nicht im Rahmen der bekannten Konventionen vorstellen möchte (13).

Hauptteil: Plenarspiel (19), Ausstellerbetrieb, von den Schüler*innen kommentierte YouTube-Videos oder in-game Videos (29) können zur Darstellung verwendet werden. Entweder wird ein Spiel genauer untersucht oder es werden mehrere verglichen. Die Fragen können die Schüler*innen selbstständig erarbeiten oder sie werden von der Lehrkraft vorgegeben, etwa die folgenden:

- Aus welcher Sicht wird gesteuert? Welche Geschichte wird erzählt?
- Welche Aktionsmöglichkeiten hat der*die Spieler*in?
- Welche kriegsbezogenen Themen und Aspekte kommen im Spiel vor? Welche werden ausgeblendet?
- Welche Rolle kommt Gewalt im Spiel zu? Wie werden Herausforderungen im Spiel generell gelöst?
- Mit welchen Serious Games-Elementen wird der Krieg als Thema eingebettet?
- Auf welche Wirkabsicht lassen Perspektive, Thema und Steuerung schließen? Welches Bild vom Krieg wird im Spiel inszeniert?

Werden die hier vorgeschlagenen Spiele verwendet, so lässt sich eine alternative Darstellung von Krieg erarbeiten. Die Sequenz ist besonders dazu geeignet, ausgehend von der Spielmechanik und Designideen Geschichtsbilder, in diesem Fall vom Krieg, zu erarbeiten.

Abschluss: Abschließend können die Schüler*innen, etwa durch die Methode Spielepreis (7), die Umsetzungsideen begründet prämieren.

Material

M1 Joe Brammer

„What is ‚respectful' is subjective," says Joe Brammer, CEO of Battalion 1944 developer Bulkhead Interactive. „I'd argue most World War 2 games that are released aren't doing it to be respectful, they're generally marketed in the same way: ‚honour, glory, heroes.'

„It's kind of a nod [of respect], but none of these games are trying to be respectful or proactively trying to be an ‚anti-war' game like The Hurt Locker, an anti-war movie that still delivered the same action experience as a war movie […] Since the '40s, we've all had it embedded into us in the UK and United States that this was a glorious moment. We're trained to think that."

M2 Philip Molodkovets

„We like to see World of Warships as a virtual museum. The vast majority of the ships we feature no longer exist; as they have either been scrapped or lost at sea. By getting immersed in the game players are learning about technical specifications, differences, but also technological breakthroughs, famous naval commanders and the historical context in general.

„We pay our respects by getting it right: the ships, the way they look, the guns and armor they carried, the latest technological advances and so on."

M3 Jörg Friedrich

„Whenever you create an engaging gameplay loop, it means giving up on real wars and following some Hollywood fantasy," he says. „No one wants to play a game that covers how it really is to be a soldier in a war situation – it would be terribly boring, nothing would happen most of the time, if ever. Possibly you are sent somewhere without knowing exactly why and where, and when you arrive, chances are you die. Or you get injured or crippled. I think most people want to play warrior power fantasies – not war."

M4 George Rowe

„Storytelling is important, stories are powerful, so make sure your story presents all the grey areas on both side of any conflict," he says, adding: „History is subjective and cultural, different countries remember the War in different ways, so we made sure we had consultants [with expertise in] both sides of the Great War; we didn't want just an Allies-centric view of the war."

M1 – 4 aus: Batchelor, James (2020): Can video games depict war responsibly? In: Gamesindustry. www.gamesindustry.biz/articles/2020-05-07-war-and-video-games (3.7.2020).

7.16 Als Historiker*in arbeiten

Thema und Ziel	Durch „Attentat 1942" können Schüler*innen über unterschiedliche Themen im NS-Kontext (Holocaust, Widerstand, Alltagsleben im Krieg) lernen. Da im Spiel mit Quellen die Ereignisse rekonstruiert werden müssen, lässt sich die Arbeit von Historiker*innen und damit der Vorgang der Re-/Dekonstruktion von Geschichte erschließen.		
Spiel(e)/ Genre **Anmerkung zur Spielverwendung**	Attentat 1942/Serious Game Das Spiel ist für die selbstständige und außerschulische Bearbeitung gut geeignet.	**Schulstufe**	8.–12.

„Attentat 1942" ist ein Serious Game, das aus der Zusammenarbeit der Prager Karls-Universität mit der tschechischen Akademie der Wissenschaften im Jahr 2017 entstanden ist. Der*die Spieler*in schlüpft in die Rolle von Jindřich Jelíneks Enkelkind. Jelínek war kurz nach dem Attentat auf Reichsprotektor Reinhard Heydrich (27.5.1942) verhaftet worden, ohne dass die Familie bis in die Gegenwart des Spiels (2001) die Gründe dafür jemals erfahren hätte. Der Großvater liegt zu Spielbeginn im Krankenhaus und kann oder will sich nicht zu seiner Vergangenheit äußern.

„Attentat 1942" ist eine Mischung aus Lernspiel und Point-and-Click-Adventure, das die Arbeit eines*einer Historiker*in simuliert: Zeitungen, Briefe, Reden, Radiosendungen etc. werden, teilweise in Form von Minigames, bearbeitet und ausgewertet. Zentrale Bedeutung kommt den (fiktiven) Zeitzeugeninterviews zu, die je nach Fragen des*der Spieler*in einen jeweils anderen Verlauf nehmen und da-
't andere Informationen preisgeben. Des Weiteren arbeitet das Spiel

mit dokumentarischen Filmszenen und Graphic Novel-Sequenzen. Der*die Spielende erfährt so über den Holocaust, das Alltagsleben in Prag und den tschechischen Widerstand. Die ‚erarbeiteten' Informationen werden in einer Enzyklopädie zur Verfügung gestellt. Die Systemanforderungen des Spiels sind zwar gering und ein Spieldurchgang nimmt etwa zwei Stunden in Anspruch, als Plenarspiel ist „Attentat 1942" dennoch, aufgrund der vielen Lesepassagen, wenig geeignet.

Was den Einsatz des Spiels im schulischen Kontext betrifft, so kann es als Lernspiel verwendet werden. Beachtet man aber die spielerisch vermittelte historische Re-/Dekonstruktionsleistung, die unterschiedlichen Genres und die erinnerungskulturellen Implikationen, so lässt es auch eine medienreflexive und geschichtskulturelle Bearbeitung zu.

Unterrichtsverlauf

Sequenz: Inhaltlich eignet sich das Spiel für die Abschnitte Nationalsozialismus und Widerstand und/oder Erinnerungskultur. Da der Vorgang der De-/Rekonstruktion über Quellen ein wesentlicher Teil des Spielerlebnisses ist, bietet sich „Attentat 1942" darüber hinaus zur Reflexion der Arbeit von Historiker*innen, historischer Methoden und Sinnbildung an.

Einstieg: Das Spiel ist aufgrund seines günstigen Preises und seiner recht kurzen Spieldauer gut dazu geeignet, um außerhalb des Unterrichts genutzt zu werden. Der Einstieg kann dazu verwendet werden, die unterschiedlichen Spielerfahrungen zu vergleichen, erste Meinungen einzuholen oder Bearbeitungspunkte entsprechend des Interesses der Klasse einzuholen.

Hauptteil: Die inhaltliche Auswertung des Spiels kann etwa durch Forschungsaufträge erfolgen. Auch die Begriffe der Enzyklopädie lassen sich durch verschiedene Präsentationsformate (18, 21, 28) aufbereiten, sodass der historische Kontext herausgearbeitet wird und ein Bezug zwischen Spiel und historischer Wirklichkeit stattfindet. Auch können die unterschiedlichen Entscheidungen und Motive der Interviewpartner*innen charakterisiert und systematisiert werden, die von Täter*innen und Opfer über Mitläufer*innen bis hin zu Widerstandskämpfer*innen reichen.

Eine Bearbeitung, die stärker im Bereich der Medienreflexion und des (selbst-)reflexiven Geschichtsbewusstseins angesiedelt ist, kann folgende Punkte einbeziehen: Wie bereits erwähnt, wird die Geschichte rund um Jindřich Jelínek bruchstückhaft rekonstruiert. Dazu dienen verschiedene Quellen, die jeweils spezifische Eigenschaften haben. Werden etwa während der Zeitzeug*inneninterviews die ‚falschen' Fragen gestellt, bekommt der*die Spieler*in nicht jene Antworten, die für eine weitere Rekonstruktion der Ereignisse nötig sind. Die Schüler*innen können die jeweiligen Eigenschaften der verschiedenen Quellen vergleichen und diskutieren. Insbesondere die Spezifika von Zeitzeug*inneninterviews können mithilfe des Spiels herausgearbeitet werden. Zudem präsentiert das Spiel unterschiedliche Formen, mit erinnerter Geschichte umzugehen: Sie reichen von Schuldzuweisung über Verdrängung bis hin zur offenen Bereitschaft, von der Vergangenheit zu erzählen. Sie lassen sich reflektieren und analysieren. Materielle Objekte spielen eine zentrale Rolle im Spiel, sowohl für die historische Re-/Dekonstruktion als auch für die Identität der Personen. An all diese Aspekte können Schüler*innen mit ihren Erfahrungen anschließen: Welche Objekte erzählen ihre eigene Geschichte? Wie gehen sie mit biographischen Momenten um, über die sie nur ungern erzählen? Welche Erfahrungen das historische Erzählen betreffend, haben sie mit Familienangehörigen gemacht? Wie gehen die Familien der Schüler*innen mit ihrer eigenen Familiengeschichte um?

Auch kann „Attentat 1942" als Exemplar des Serious Game-Genres untersucht werden: Welche Elemente kommen im Spiel vor, wie werden sie eingesetzt und wie funktioniert Lernen im Kontext des Spiels? In welchem Verhältnis stehen spielerische und dokumentarische Elemente? Handelt es sich im eigentlichen Sinne um ein Spiel oder doch nicht eher um eine interaktive Dokumentation?

Abschluss: Obwohl „Attentat 1942" beim „A MAZE"-Festival in Berlin 2018 den „Most Amazing Game"-Preis erhielt, konnte es dort nicht gespielt werden und hätte auf dem deutschen Markt zu diesem Zeitpunkt auch nicht veröffentlicht werden können, da es verfassungsfeindliche Symbole enthielt. Im August 2018 änderte die USK ihre Politik im Umgang mit verfassungsfeindlichen Symbolen (Sozialadäquanzklausel). „Attentat 1942" konnte so als erstes Spiel mit Hakenkreuzen erscheinen. Etliche Artikel sind hierzu im Internet abrufbar und können als Basis für eine Diskussion dienen: Inwiefern ist die Verwendung verfassungsfeindlicher Symbole sinnvoll, bedenklich oder notwendig für ein Serious Game wie „Attentat 1942"? Funktionieren solche Spiele genauso, wenn die verfassungsfeindlichen Symbole durch erfundene Symbole ersetzt werden? Ein weiterer Anlassfall für Diskussionen könnte die Weigerung Googles bieten, das Spiel im Juli

2020 über seinen App-Store zu veröffentlichen. Welche Gründe könnte es dafür geben?

Anschlussübungen: Aktuell arbeiten die Produzent*innen am Spiel „Svoboda 1945“, das zum Abschluss dieses Buchs noch nicht verfügbar war. Sobald es erhältlich ist, könnte es sich für einen Spielevergleich (24) oder als weiteres Beispiel für die Analyse eines Serious Games anbieten.

7.17 An der Grenze des Spielbaren

Thema und Ziel	In dieser Einheit sollen die Schüler*innen am Beispiel von „Through the Darkest of Times“ und „Attentat 1942“ die spielerische Umsetzung problematischer Themen im Kontext des Zweiten Weltkriegs kennen lernen, diskutieren und hinsichtlich der Angemessenheit ihrer Darstellung bewerten.		
Spiel(e)/ Genre	Through the Darkest of Times/Simulation, Serious Game Attentat 1942/Doku-Adventure, Serious Game	**Schulstufe**	ab 10.
Anmerkung zur Spielverwendung	Wichtige Lernziele lassen sich in beiden Spielen innerhalb kurzer Spielphasen umsetzen (30 Minuten).		

Insbesondere Spiele im Kontext des Zweiten Weltkriegs setzen eine Reihe von Themen nicht oder problematisch um. Dazu zählen etwa die Kriegsverbrechen der Wehrmacht, die Darstellung von Konzentrationslagern und der Holocaust. Ihre (Nicht-)Darstellung berührt die Grenze des Spielbaren und hat erinnerungspolitisch zumindest fragwürdige Folgen.

Die Umsetzung eines solchen ‚schwierigen‘ Themas kann anhand des Spiels „Through the Darkest of Times“, das sich der Widerstandsthematik annimmt, analysiert werden. Das vieldiskutierte Spiel erschien 2020 und beschäftigt sich mit dem Widerstand gegen das nationalsozialistische Regime. Der*die Spieler*in übernimmt das Management einer Widerstandsgruppe in Berlin während vier Zeitabschnitte (1933, 1936, 1941, 1945) und muss rundenweise die Einsätze der Mitglieder planen. So können etwa Uniformen gestohlen, kritische Flugzettel gedruckt und verbreitet oder Menschen außer Landes gebracht werden. Selbst kleine Widerstandsaktionen sind im Anbetracht der politischen Situation riskant und bemerkenswert. Das Überleben der Gruppe hat oberste Priorität. In den Medien wurde vor allem die Angemessenheit des spielerischen Umgangs mit der Widerstandsthematik diskutiert.

Aufgrund der geringen Systemanforderungen, der episodischen Erzählstruktur und des minimalistischen Gameplays ist das Spiel für den Unterricht, etwa in Form eines Plenarspiels (19), gut geeignet. Als Serious Game konzipiert, bietet es eine Vielzahl von didaktisierbaren Inhalten, etwa durch die vielen historischen Ereignisse (Bücherverbrennung, Reichspogromnacht etc.), an. Es kann einerseits als Serious Game verwendet werden, das historische Inhalte spielimmanent vermittelt, andererseits aber auch zur medienreflexiven Diskussion darüber, wie Computerspiele mit schwierigen Themen umgehen können oder sollen. Ergänzend oder im Vergleich dazu lässt sich „Attentat 1942" spielen.

Unterrichtsverlauf

Sequenz: Die hier vorgestellten Inhalte sind für eine Sequenz zum Nationalsozialismus beziehungsweise zum Widerstand geeignet. Sie können auch Teil einer größeren medienreflexiven Sequenz zur Erinnerungskultur sein, die Filme („Schindlers Liste"), Graphic Novels („Maus") und Literatur („Der Junge im gestreiften Pyjama") umfasst und in der die spezifischen Umsetzungen und erinnerungspolitische Konsequenzen reflektiert werden.

Einstieg: Ausgehend von Themen wie Holocaust, Kriegsverbrechen und Widerstand sollen Gründe dafür gesammelt werden, warum nicht alle Inhalte für eine Darstellung in digitalen Spielen geeignet sind oder vielleicht unterbleiben sollten. Besonders berücksichtigt werden sollen dabei die medialen Spezifika des digitalen Spiels, etwa seine Interaktivität und Nonlinearität. Die Argumente werden gesammelt und dienen anschließend, etwa in der Phase des Game Designs, als Ausgangspunkt für eigene Überlegungen.

Ausgehend von der oben geführten Diskussion kann eine spielaffine Schüler*innengruppe oder Klasse sehr schematisch ein Spiel entwerfen (13), das ihrem Verständnis nach angemessen mit dem Thema des Widerstands gegen das nationalsozialistische Regime umgeht. Alternativ können die Schüler*innen auch Hypothesen (27) entwickeln, wie sie glauben, dass ein Spiel die Widerstandsthematik behandeln kann und diese an „Through the Darkest of Times" überprüfen.

Hauptteil: Da die Mitglieder der Widerstandsgruppe, ein Teil der Ereignisse und die damit verbundenen Entscheidungen sowie die Widerstandsaktionen je Spielverlauf unterschiedlich sind, bietet es sich an, über die verschiedenen Formen der Spieldokumentation (Spieltagebuch (26), Screenshots und in-game Videos (21, 29)) die Verläufe festzuhalten. Werden sie in der Klasse präsentiert, können eine Vielzahl von Aspekten besprochen werden. Das Spiel ist aufgrund seiner einfachen Spielmechanik, seiner übersichtlichen Menüführung und simplen Steuerung generell für alle Formen der Spielpräsentation geeignet, sodass auch die nichtspielenden Schüler*innen rasch einen Eindruck davon bekommen.

Vor dem Hintergrund der eingangs erarbeiteten Bewertungsmaßstäbe können alle Formen der Bewertung, etwa Spielberichte, Rezensionen (16) oder Preisvergaben (7) verwendet werden, um zu begründen, ob die Darstellung angemessen ist. Sollten in der Einstiegsphase eigene Spielentwürfe entstanden sein, können diese mit dem bestehenden Spiel verglichen und Gamedesign-Entscheidungen diskutiert werden.

Besonders geeignet für die Diskussion ist das Zusammenspiel von Spielmechanik und Wirkintention: Viele Ereignisse treffen die Widerstandsgruppe im Spiel plötzlich und ohne Vorwarnung, Fehler sind im Spiel nicht rückgängig zu machen und große Widerstandsaktionen sind nicht möglich. Den Verlauf der Geschichte kann der*die Spielende schon gar nicht ändern. Der spielerische Eindruck der Machtlosigkeit ist durchaus erwünscht. Daran anschließen lässt sich mit der Frage, ob „Through the Darkest of Times“ ein gutes Spiel ist – auch wenn es zweifelsohne ein wichtiges Spiel ist.

Eine andere Form der Bearbeitung besteht darin, die Schüler*innen möglichst viele Artikel zum Spiel sammeln und diese systematisch auswerten zu lassen. Analysefragen könnten etwa sein: Wie wurde das Spiel generell aufgenommen? Hinsichtlich welcher Kategorien wurde das Spiel bewertet? Welche Werturteile werden gefällt? Welche Spielelemente wurden wie bewertet? Die Ergebnisse können etwa mittels einer tabellarischen Übersicht oder mittels Steckbriefe zu den einzelnen Artikeln, in denen die Inhalte sehr pointiert zusammengefasst werden, präsentiert werden. Dabei zeigt sich, wie das Spiel erinnerungskulturell verortet wurde.

Abschluss: In der „GAIN“, einem Magazin für Spielkultur, nimmt Jörg Friedrich, einer der Entwickler, zu vielen der hier angeschnittenen Aspekten Stellung (M1). Etwa zur Frage der historischen Rekonstruktion, der Angemessenheit der Darstellung und zu Aspekten des Game Designs. Die Positionen des Entwicklers können mit den Meinungen der Klasse verglichen, neu diskutiert oder bewertet werden.

In mehreren Interviews äußern sich die Entwickler*innen zu einem angedachten Alternativ-Modus. Während im regulären Spiel, der*die Spielende das nationalsozialistische Regime weder verhindern noch diesem ernsthaft gefährlich werden kann, könnte ein solcher Modus es ermöglichen, zentrale Ereignisse zu verändern. Die Diskussion über einen solchen Modus könnte Fragen nach der Gestaltung, der Angemessenheit und der Sinnhaftigkeit aufnehmen.

Anschlussübungen: Im Vergleich oder als Alternative zu „Through the Darkest of Times" eignet sich das Spiel „Attentat 1942". Es behandelt den Widerstand gegen das nationalsozialistische Regime in der Tschechoslowakei, setzt spielerisch andere Schwerpunkte, verwendet eine abwechslungsreichere Spielmechanik und ist deutlich dokumentarischer angelegt. Zum Thema Widerstand im digitalen Spiel gibt es eine Folge des US-amerikanischen Podcasts „The History Respawned" (Episode 67). Unterschiedliche Spiele werden mit ihren Zugängen, Spielmechaniken und erinnerungskulturellen Implikationen vorgestellt und verglichen.

Ein weiteres Spiel, das sich im Kontext von tabuisierten Themen anbietet, ist das Serious Game „The Town of Light", das die Zustände in der Nervenheilanstalt „Ospedale Psichiatrico" in Volterra (Toskana) während der Zeit des Faschismus in Italien behandelt. Das Spiel ist eine Mischung aus Walking Simulator und Rätselspiel. Der*die Spieler*in muss historische Dokumente ausfindig machen, die Rückschlüsse auf Misshandlung, Zwangswegsperrungen und Missbrauch geben. In dokumentarischen Videos, die im Spiel enthalten sind, sprechen die Entwickler*innen über ihren Umgang mit Geschichte und über das Spielkonzept.

Das für die Unterstufe gemachte Spiel „My Child: Lebensborn" gehört zum Genre der Lebenssimulatoren und ist ebenfalls ein Serious Game, das sich einem problematischen Thema annimmt. Hierbei agiert der*die Spieler*in als Adoptivelternteil in Norwegen und muss ein siebenjähriges Kind ab dem Jahr 1948 erziehen. Das Kind, wahlweise Mädchen oder Bub, stammt aus dem nationalsozialistischen Lebensborn-Projekt und wird aufgrund seines*ihres deutschen Vaters in der Schule gemobbt, ausgegrenzt und misshandelt.

Material

M1 Interview mit Jörg Friedrich, Entwickler von „Through the Darkest of Times"

Im Spiel stecken immens viele historische Details. Bitte erzähl mir etwas über den Rechercheprozess.

Wir haben hauptsächlich gelesen. Wir haben uns Literatur besorgt, die entsprechenden Seiten im Internet abgeklappert, waren zum Teil in Gedenkstätten und haben einige der Örtlichkeiten aus dem Spiel besucht – soweit das noch möglich war. Zeitzeugen gibt es ja praktisch keine. Allerdings habe ich Angehörige von Widerstandskämpfern getroffen. Zum Beispiel war ich bei einer Veranstaltung mit Frau von Brockdorff, der Tochter einer Widerstandskämpferin aus der „Roten Kapelle". Sie wurde geboren, kurz bevor ihre Mutter ins Gefängnis kam und hingerichtet wurde. Die Tochter wächst dann in der späteren DDR auf und fragt sich ihr ganzes Leben, warum ihre Mutter sie sozusagen allein gelassen hat. Weshalb sie ihr Leben geopfert hat, obwohl sie wusste, dass sie eine Tochter hat. Warum sie ihr nicht mal einen Abschiedsbrief geschrieben hat. Es stellte sich dann nach der Wende heraus, dass die Mutter ihr einen Abschiedsbrief geschrieben hat, der nicht weitergegeben wurde. Nicht mal aus Böswilligkeit, er ist einfach irgendwo untergangen. Die Tochter hat den Brief dann als erwachsene Frau bekommen und sagte, er hätte ihr ganzes Leben geändert, wenn sie ihn früher bekommen hätte. Wir haben uns entschieden, eine fiktive Widerstandsgruppe zu machen. So hatten wir die Freiheit, die gefundenen Geschichten zu vermengen und Leute ihre eigene Widerstandsbiografie im Spiel schreiben zu lassen. Was die Zeitungsmeldungen im Spiel angeht, haben wir uns immer Ereignisse genommen, die in der Woche vorher tatsächlich passiert sind. Allerdings haben wir die Artikel selbst geschrieben. Einerseits haben wir das Spiel auf Englisch geschrieben, andererseits wollten wir nicht ohne direkten Kontext NS-Sprache übernehmen. Das hätten wir tun müssen, wenn wir historische Zeitungsmeldungen übernommen hätten. Die Zeitungsartikel sind für die Spieler*innen eher als Einordnung des größeren Ganzen gedacht. [...]

Das Spiel hat zwei Schwierigkeitsgrade. Ich stelle es mir unglaublich schwer vor, eine Balance zu finden, bei der sich Gameplay und Narration nicht in die Quere kommen. Ich war beispielsweise überrascht, wie problemlos ich viele Missionen bewältigen konnte, ohne dass es zu Verhaftungen oder anderen Konsequenzen kam.

Das ist sicher einer der schwierigsten Sachen gewesen, beziehungsweise ist es das immer noch. Wir haben viel Feedback von Spieler*innen bekommen, das wir noch berücksichtigen werden. Was ich sagen kann: Das Spiel war mal deutlich schwieriger. Ursprünglich haben wir uns noch gesagt: „Es muss schwer sein, denn Widerstand zu leisten, war nun mal sehr schwer." In der Theorie ist dieser Ansatz richtig. Dann haben wir begonnen, das Spiel auf Messen und anderen Events vorzustellen. Hier wurde es auch mehrfach von

Leuten angespielt, die keine großen Gamer sind. Dabei wurde mir klar, wie zugänglich das Spiel theoretisch ist. Wer eine Webseite bedienen kann und Drag and Drop kennt, kann im Prinzip auch das Spiel spielen – selbst, wenn einen all die Werte und Icons erstmal erschlagen können. Das Problem war, viele der erwähnten Testspieler*innen sind am hohen Schwierigkeitsgrad gescheitert. Mit dem früheren Ansatz hätten wir diejenigen ausgeschlossen, die nicht die Frusttoleranz von Gamern besitzen. Vielleicht ist der harte Schwierigkeitsgrad aktuell immer noch zu leicht. Das ist so ein bisschen das Feedback, was wir bekommen. Insgesamt bin ich trotzdem froh, dass wir bestimmte Sachen entschärft haben.

Kannst du mir Beispiele nennen?

Der Verfolgungsgrad der Gruppenmitglieder. Das ist eine Mechanik, die teilweise kritisiert wird, von der ich aber froh bin, dass wir sie vereinfacht haben. Wie stark die einzelnen Mitglieder im Visier der Nazis sind, wird ja anhand von roten Punkten dargestellt. Früher gab es diese Punkte nicht. Das hat natürlich das Gefühl der Bedrohung extrem gesteigert. Ständig wurde scheinbar willkürlich jemand verhaftet. Dieser Ansatz passt zum Inhalt des Spiels, auf der anderen Seite ist er unglaublich frustrierend. Im Idealfall, mit genügend Geld, Zeit und Muße, baut man zig Modi ein oder erlaubt Spieler*innen möglichst viel selbst zu gestalten. Angesichts der Mittel und Zeit, die uns zur Verfügung standen, finde ich es insgesamt richtiger, uns für die Zugänglichkeit entschieden zu haben. Außerdem will ich noch einen anderen Grund nennen. Das Spiel funktioniert halt für die Leute, für die es funktioniert, mehr auf einer Rollenspielebene. In dem Moment, wo sie sich vorstellen, sie wären Teil der Ereignisse, und das auf sich wirken lassen, dann wirkt es auch und sie haben Angst. Da muss dann nicht noch zusätzlich dauernd etwas passieren. Sie haben auch so schon Schiss und das ist mir genug. (lacht)

Böke, Ingmar: Jörg Friedrich. Game Designer „Through the Darkest of Times". In: GAIN. Das unabhängige Magazin für Spielekultur, 13/2020, S. 14 – 19.

7.18 Der Zweite Weltkrieg und die digitale Erinnerungskultur

Thema und Ziel	Anhand des Spiels „Call of Duty: WWII" erarbeiten Schüler*innen zentrale erinnerungskulturelle Aspekte bei der Umsetzung des Zweiten Weltkriegs im digitalen Spiel.		
Spiel(e)/ Genre **Anmerkung zur Spielverwendung**	Call of Duty: WWII/Ego-Shooter Einige der hier behandelten Methoden und Lernziele lassen sich anhand kurzer Spiel-Sequenz, ggf. auch durch in-game Videos, umsetzen.	**Schulstufe**	12.

Der 2017 erschienene Activision-Blockbuster „Call of Duty: WWII" steht archetypisch für eine Reihe von Zweiten Weltkriegs-Simulationen und -Shootern. Als Ronald „Red" Daniels der US 1st Infantry Division erlebt der*die Spieler*in im Juni 1944 den „D-Day" mit der Landung in der Normandie. Daran schließen mehrere Kommandoaktionen unter anderem in Marigny, Paris, Aachen und im Hürtgenwald an, in denen der*die Spielende von einem computergesteuerten Platoon begleitet wird.

Aufgrund seines Erfolgs ist der Titel für eine geschichtskulturelle Betrachtung besonders interessant: Das Spiel, es handelt sich um den 14. Teil der „Call of Duty"-Reihe, brachte bis Ende des Erscheinungsjahres rund eine Milliarde Dollar Umsatz. Geschichtskulturell ist das Spiel deswegen, erstens, interessant, weil es auf das popkulturelle Bildgedächtnis großer Kriegsfilme zurückgreift, zweitens, spezifische Strategien der Authentifizierung, die in Zweiten Weltkriegs-Spielen vielfach anzutreffen sind, umsetzt und, drittens, zeigt das Spiel ein KZ-Außenlager und wirft damit die Frage nach dem Umgang mit dem Holocaust in digitalen Spielen auf. Die folgenden Unterrichtskonzepte sind recht offen formuliert und können kombiniert oder für sich allein genutzt werden.

Crossmedialität – Film und Spiel: Der Zweite Weltkrieg stellt einen zentralen, transmedial Bezugspunkt der populären Erinnerungskultur dar. Filme wie „Saving Privat Ryan" (1998) als auch „Band of Brothers" (2001) haben die Vorstellungen diesbezüglich stark geprägt. Dies zeigt sich auch bei „Call of Duty: WWII" anhand der Normandie-Eröffnungssequenz, die etliche Überschneidungen mit „Saving Privat Ryan" beinhaltet. Dazu gehört etwa der idente Plot-Verlauf, die Kameraperspektive bei der Darstellung der Landungsboote, der Beschuss durch die deutsche MG-Stellung, das Kentern des Bootes und das Abtauchen der Soldaten. Nach der Rettung auf den Strand wird die traumatische Wirkung der Kriegshandlungen durch ähnliche filmästhetische Mittel (Rauschen, visuelle und akustische Unschärfe, Szenen mit Schwerverletzten) vermittelt. Insgesamt weisen also nicht nur die Inhalte, sondern auch die Inszenierungstechniken beider Produkte große Ähnlichkeiten auf. Für die Bearbeitung im Unterricht können Spiel und Film in unterschiedlichen Formaten parallel analysiert werden: Etwa könnten ein in-game Walkthrough und der Film gleichzeitig mittels geteilten Bildschirms abgespielt werden. Alternativ könnte die Präsentation des Spiels als Plenarspiel erfolgen, während anschließend die Filmanalyse in Einzelarbeit durchgeführt wird. Entstehen könnte so eine Tabelle, durch die mittels filmanalytischer Sprache (Perspektive, Kameraführung etc.) eine Auswertung der Computerspielszenen erfolgt. Daran kann eine Diskussion darüber anschließen, warum die Spielinhalte so offensichtlich den Film zitieren. Das Material (2, 3, 4) kann zur Unterstützung oder als Anregung dienen. Eine der möglichen Antworten wäre, dass die enorme Popularität von „Saving Privat Ryan" auch geschichtskulturell einflussreich war. Die Bilderwelten des Films sind gleichsam populäre Ikonen des D-Days und stehen damit für die historische ‚Realität' schlechthin. Als These ließe sich formulieren, dass diese Bilder von den Spieler*innen bei einem Spiel, das mit seinem ‚Realitätsanspruch' wirbt, geradezu erwartet werden.

Authentizitätsangebote: Wie andere Zweite Weltkriegs-Spiele so arbeitet auch „Call of Duty: WWII" mit einer Vielzahl von Authentifizierungsstrategien (siehe 4.6): Dazu zählen etwa die Ansprache Roosevelts zu Beginn, geographische Angaben, Landkarten, Schwarzweißfotos, die Referenz auf Schlachten und Schlachtverläufe. Der Werbetext des Spiels und die Aussagen der Produzent*innen machen den Anspruch auf ein ‚unmittelbares', ‚echtes' und ‚glaubwürdiges' Erlebnis deutlich (M1, 2, 3, 4). Im Rahmen unterschiedlicher Spielpräsentationsformate (19, 22, 21) können die Authentifizierungsstrategien herausgearbeitet werden.

Holocaust-Darstellung: Gegen Ende des Spiels wird Zussman, ein jüdischer Soldat, von den Nazis gefangen genommen und kommt ins KZ-Außenlager Berga. Das Lager wird später von Daniels und seinem Trupp durchsucht und Zussman gerettet (M3). Die Szene lässt sich etwa durch Walkthrough-Videos darstellen, gespielt werden muss sie nicht zwangsläufig. Die Frage nach der Angemessenheit der Holocaust-Darstellung lässt sich im Anschluss daran stellen. Der Anspruch der Entwickler (M2, 3) nach einem seriösen Umgang mit Geschichte und die Wirklichkeit eines Action-Shooters, der mit einer simplen US-patriotischen Heldenerzählung arbeitet, fallen mitunter weit auseinander und sollen diskutiert werden. Die Szene wird als „Epilog" aus dem regulären Spiel ausgegliedert und durch einen Monolog der Hauptfigur eingeleitet. Landkarten und aus der Spielgrafik generierte Schwarzweißfotos sollen das Thema versachlicht einbinden. Auch spielmechanisch funktioniert der Abschnitt anders als der Rest des Spiels: Gegner gibt es in Berga keine; der*die Spieler*in durchsucht, begleitet von den Kommentaren der Spielfigur, das Lager. Die begleitende Spielfigur macht dabei Fotografien. Diese werden eingefroren, erläuternd kommentiert und damit gleichsam zu Dokumentationsmaterial für die Gräuel. Der dokumentarische Anspruch wird in der letzten Szene allerdings zugunsten einer fiktionalen Dramatisierung aufgehoben: Der Protagonist erschießt SS-Offizier Metz, der Zussman exekutieren will.

Material

M1 Text auf der Website des Spiels

Call of Duty® kehrt mit Call of Duty®: WWII – einem atemberaubenden Erlebnis, das die Art, den Zweiten Weltkrieg zu erleben, in einer neuen Spielegeneration neu definiert – zu seinen Wurzeln zurück. Die Spieler landen in der Normandie am D-Day und kämpfen an markanten Orten in ganz Europa im monumentalsten Krieg der Geschichte. Sie erleben dabei klassische Call of Duty-Kämpfe, echten Kameradschaftsgeist und die Härte des Krieges.

O.A.: Call of Duty. In: www.callofduty.com/de/wwii (29.4.2020)

M2 Aiden Pink: New World War II ‚Call Of Duty' Video Game Will Depict The Holocaust

The latest installment of the best-selling video game franchise „Call of Duty" will depict the Holocaust.

„We didn't want to shy away from history. We wanted to be very respectful of it," the game's senior creative director, Bret Robbins, said in an interview with Mashable last week. „Some very, very dark things happened during this conflict and it felt wrong for us to ignore that."

In „Call of Duty: WWII," which will be released in November, the player controls an American soldier fighting in the European theater. In addition to shooting Nazi soldiers, players will also be exposed to racism towards Jews and African-Americans within their platoon. Robbins alluded to an episode of the miniseries „Band of Brothers" where American soldiers discovered a concentration camp.

„We absolutely show atrocities," Robbins said. „It's an unfortunate part of the history, but ... you can't tell an authentic, truthful story without going there. So we went there."

Robbins argued that audiences can now handle games with more maturity and nuance: „People are ready for it. They want it," he said.

Pink, Aiden: New World War II ‚Call Of Duty'. In: Fast Forward. forward.com/fast-forward/370790/new-world-war-ii-call-of-duty-video-game-will-depict-the-holocaust (29.4.2020).

M3 Adam Rosenberg: ‚Call of Duty: WWII' won't ignore the Holocaust anymore

Now we have Call of Duty: WWII coming in November. Sledgehammer Games is taking the blockbuster series back to its roots in this year's release. But can the studio realistically do so without touching on Nazi atrocities? Would it even want to?

„We didn't want to shy away from history. We wanted to be very respectful of it," senior creative director Bret Robbins said during a recent interview.

„Some very, very dark things happened during this conflict and it felt wrong for us to ignore that."

[...]

Robbins [Producer, AP] referenced the Band of Brothers episode „Why We Fight" here. American soldiers during WWII arrived in Europe without knowing the extent of Nazi atrocities. The episode in question follows one such squad as they discover their first concentration camp.

There are some thematic parallels here with what we do know of Call of Duty: WWII. Ronald „Red" Daniels heads off to Europe as a starry-eyed private who hopes to come home a war hero. It's only after he's confronted with the grim reality of war that that perspective changes.

One question lingers: why now? If World War II-set games have traditionally shied away from heavier topics, what makes it OK for Call of Duty – a series that is known for its gratuitous action – to now go there?

„I think video games are growing up," Robbins said. „15 years ago, there wasn't that expectation that you could tell a mature story. And in fact, there wasn't even a motivation to do that, really. It was much more about gameplay and new graphics and everything else."

There's been a shift in recent years, however. There's a bigger appetite for mature stories. It's partially a product of technology: performance capture allows for a more nuanced range of emotions from virtual actors. But that's not all.

„I just feel like the audience expectations and the maturity have changed," Robbins said. „I know when I ... play a great single player game and I want a great story, it's no longer enough just to have it be very surface-level and simple. I want something deeper and more complex, just like I do out of the movies I watch.

„So it's just maturity, I think. People are ready for it. They want it."

Rosenberg, Adam: ‚Call of Duty: WWII' won't ignore the Holocaust anymore. In: Mashable. mashable.com/2017/04/26/call-of-duty-wwii-holocaust-interview/?europe=true (29.4.2020).

M4 David Molke: Call of Duty: WW2-Macher wollen „Der Soldat James Ryan" der Videospiele schaffen

Die Macher des neuen Call of Duty: WW2 hoffen, dass sie eine Art Der Soldat James Ryan im Gaming-Bereich erschaffen können. Um das zu erreichen, werde auch noch das letzte bisschen Leistung aus PS4 und Xbox One herausgekitzelt.

Call of Duty: WW2 soll den Fans eine bisher ungekannte Spiel-Erfahrung bieten. Laut den Entwicklern habe man dank neuester Technik nun viel mehr und bessere Möglichkeiten, die Spielenden ins Geschehen hineinzuziehen. Im Idealfall gelingt es ihnen, in etwa das fürs Gaming zu kreieren, was Der Soldat James Ryan für den Film war: Ein relativ realistisches, kompromissloses und höchst intensives Kriegs-Drama. In der neuesten Ausgabe des Games Master-Magazins gibt Michael Condrey die entsprechenden Hoffnungen zu Protokoll (via: WCCFTech):

„Wir hoffen es. Es ist eine neue Generation der Konsolenspiele. Eine Pferdestärke, auf die wir keinen Zugriff hatten, als wir zuletzt im zweiten Weltkrieg waren. Also können wir Dinge tun, um für Immersion bei den Spielern zu sorgen. Es ist ziemlich aufregend für Spieler, die keine Call of Duty-Spiele zum zweiten Weltkrieg als erste Erfahrung gespielt haben."

„Wir hoffen absolut, dass das dieser kultige Referenzpunkt in ihrem Gedächtnis wird. Wenn es auf irgendeine Art und Weise das für Gamer werden sollte, was Der Soldat James Ryan für mich war, wäre das eine beeindruckende Leistung." […]

Molke, David: Call of Duty: WW2-Macher wollen „Der Soldat James Ryan" der Videospiele schaffen. In: GamePro. www.gamepro.de/artikel/call-of-duty-ww2-entwickler-wollen-die-intensitaet-von-der-soldat-james-ryan-erreichen,3318347.html (29.4.2020)

Weiterführende Literatur

Bender, Steffen (2012): Virtuelles Erinnern. Bielefeld.

Pfister, Eugen (2016): Das Unspielbare spielen – Imaginationen des Holocaust in Digitalen Spielen. In: Zeitgeschichte, 04/2016, S. 250–263.

7.19 Die Iranische Revolution 1979

Thema und Ziel	Die Schüler*innen sollen die Iranische Revolution und weitere damit in Zusammenhang stehende Themen (Gewalt als legitimes politisches Mittel?, politische Ideologien, journalistische Verantwortung, Auswirkungen der Revolution bis in die Gegenwart am Beispiel des Atomabkommens) kennen lernen und bewerten.		
Spiel(e)/ Genre	1979 Revolution: Black Friday/Serious Game	**Schulstufe**	12.
Anmerkung zur Spielverwendung	Das Spiel muss für zentrale Inhalte nicht komplett durchgespielt werden (siehe Kapitelangaben unten).		

Bei „1979 Revolution: Black Friday" handelt es sich um ein nonlineares, interaktives Adventure über den Beginn der Iranischen Revolution. Das Serious Game wurde international vielfach ausgezeichnet. Reza Shirazi, ein junger Iraner, kehrt für einen Besuch aus Deutschland in seine Heimat zurück und wird im September 1978 Zeuge der Proteste gegen den Schah Mohamed Reza Pahlavi („Schwarzer Freitag"). Die Ereignisse werden rückblickend erzählt – Reza sitzt zum Zeitpunkt des Spiels im Gefängnis Evin.

Die einfache Steuerung und die vielen Plattformen, auf denen es spielbar ist (u.a. auf dem Smartphone), machen es im Unterricht verwendbar. Neben einem spielinternen Lexikon, das mit Quellen arbeitet (Ansprachen Khomeinis, Werbeplakate, Zeitungsartikel, Fotografien etc.), bietet „1979 Revolution" die Möglichkeit, selbst zu fotografieren. Die Fotos werden vom Spiel mit weiterführenden Informationen versehen. Aufgrund des dokumentarischen Charakters des Spiels ist ein Lernen im Medium möglich.

Unterrichtsverlauf

Sequenz: Das Spiel eignet sich für eine mehrstündige Sequenz zur Geschichte des Irans im 20. Jahrhundert. Mit aktuellen Ereignissen, wie dem Atomabkommen, lässt sich an das Spiel anschließen.

Einstieg: Die Vorgeschichte der Iranischen Revolution sollte den Schüler*innen im Wesentlichen bekannt sein, um die politische und soziale Ausgangssituation zum Spielzeitpunkt zu kennen (Staatsstreich, Alleinherrschaft von Mohammed Reza Schah, innere Krise und Beginn der Revolutionsbewegung).

Hauptteil: Für ein spielimmanentes Lernen können die spielinternen Lexikoneinträge verwendet werden, um die folgenden Forschungsfragen zu beantworten. Die Lexikoneinträge sind mit den Nummern der im Spiel auffindbaren digitalen Objekte verbunden und werden auch in der Tabelle angeführt. Ein stärker produktionsorientierter Zugang besteht darin, die Schüler*innen die journalistische Rolle Rezas einnehmen und aufbauend auf Objekte und Forschungsfragen Berichte, Kommentare und Reportagen schreiben zu lassen.

Objekt-nummer	Forschungsfragen
4	Erläutere den Hintergrund und die Funktion der Organisation mit dem Namen „SAVAK".
6	Fasse die zentralen Positionen zusammen, die Ayatolla Khomeini in seiner Rede erwähnt. Inwiefern stehen sie im Widerspruch zu den späteren Entwicklungen?
62, 66, 67	Fasse wesentliche Informationen über die zentralen politischen Bewegungen zusammen, die den Iran neu gestalten wollten.
7, 10	Erläutere, welche Rolle der Islam für die politische Revolution spielte.
9	Nenne die Machthaber und die Regierungsform des Irans seit 1946.
8, 11, 13, 18, 23, 79, 80	Erläutere die Strategien und Aktionen der Protestierenden.
15, 22, 50	Erläutere die Maßnahmen, mit denen das Regime gegen die Kritiker*innen und Demonstrant*innen vorging.
25, 78, 84	Nenne die unterschiedlichen Positionen, die die Iraner*innen gegenüber den USA einnahmen und erläutere die Argumente.
26	Analysiere die Hintergründe für die Protestbewegung ab dem Sommer 1978.
47	Vergleiche die Aussagen Khomeinis mit der realen Umsetzung der islamischen Republik.
74	Erläutere, welche politische Funktion das Kinderbuch „Der kleine schwarze Fisch" hatte.
86	Erläutere die Bedeutung des „Schwarzen Freitags" im Zusammenhang mit den bereits dargestellten Informationen.

Die in-game Objekte und Fotografien können ausgedruckt und durch selbstgeschriebene Texte eingeordnet werden, sodass in der Klasse eine Ausstellung (18) entsteht. Die Hintergrundinformationen aus dem spielinternen Lexikon können dabei zu Info-Texten umgearbeitet werden. Alternativ kann mit den Fotografien (21), Objekten und weiteren selbstgeschriebenen Texten (fiktive Interviews mit den Protagonist*innen des Spiels, Kommentar, Analyse, Zeitstrahl etc.) eine Zeitung über die aktuellen Entwicklungen entstehen (28).

Eine Reihe von Personen kommt wiederholt im Spiel vor. Einige davon sind nach realen Vorbildern gestaltet. Sie lassen sich durch eine Tabelle mit ihren Namen und den politischen Ansichten und Motiven strukturieren. Beispiele dafür wären: Reza Shirazi, Ali Shirazi, Hossein Shirazi, Abbas, Bibi Golestan, Babak Azadi, Asadollah Lajevardi (Hajj Agha), Ayatollah Khomeini, Schah Mohamed Reza Pahlavi, Mohammad Mossadegh

Über den kompletten Spielprozess hinweg wird der*die Spieler*in wiederholt mit den gleichen Problemstellungen konfrontiert, deren Reflexion die subjektive Erlebensdimension berücksichtigt:

- Kann Gewalt ein legitimes Mittel des politischen Widerstands sein? Hast du dich im Spiel für oder gegen den Einsatz von Gewalt entschieden? Welche anderen Mittel des politischen Protests werden im Spiel genannt?
- Welche Überlegungen stellen Menschen in Zeiten eines möglichen Regimewechsels an? Welche Motive haben sie, der Revolution zu folgen oder sie abzulehnen? Was bedeutet ein Regimewechsel für die Familie Shirazi? Inwieweit wird die politische Einstellung dadurch beeinflusst, wenn man nur von außen zusieht oder ein Teil des politischen Veränderungsprozesses ist?
- Welche Funktion erfüllen die Folterszenen im Spiel? Sollten solche Szenen überhaupt Teil eines Spiels sein?
- Welche Funktion kommt der Pressefotografie und dem Journalismus im Spiel zu? Gibt es so etwas wie eine objektive Fotografie? Was erwartet die politische Protestbewegung von Reza und seinen Fotos? Was ist mit der Forderung verbunden zu zeigen, was im Iran geschieht?
- Im späteren Verlauf des Spiels muss der*die Spieler*in eine schwerwiegende Entscheidung treffen und eine*einen Schuldige*n benennen. Wie war diese Entscheidung für dich? Welche Schuld trifft Reza?

Detailanalyse einzelner Spielabschnitte

Kapitel 1 bis 5: In der Eingangssequenz wird der*die Spieler*in zunächst mit der historischen Situation und den zentralen Figuren vertraut gemacht. Spätestens nach diesem Abschnitt sollten die Schüler*innen die Ausgangssituation des Irans vor den Protesten kennen.

Analyse von Kapitel 11: Im Abschnitt „Tritt der Revolution bei" werden anhand von verschiedenen Personen die ordnungspolitischen Entwürfe eines zukünftigen Irans dargestellt. Die Schüler*innen können diese sammeln und die jeweiligen Konsequenzen für das Land erarbeiten und bewerten. In diesem Kapitel muss Reza eine Person benennen, die das Attentat auf Abbas durchgeführt hat. Die Entscheidung muss ohne ausreichende Beweise getroffen werden und führt zum Tod der benannten Person im folgenden Kapitel. Die Szene sollte mit den Schüler*innen unbedingt besprochen werden, da sie zeigt, dass alle Akteure direkt und indirekt am Revolutionsprozess beteiligt sind. Sie gibt eine Vorahnung davon, dass, egal wie die politische Neuordnung ausgehen wird, bestimmte Personengruppen verfolgt und leiden werden. Sie zeigt, wie uneins die Iraner*innen sind, die bisher nur durch ihre Gegnerschaft zum Schah vereint waren.

Kapitel 11 und 12: Beide Kapitel stellen zwei Bilder von der Rolle des Islams einander gegenüber.

Kapitel 12: In diesem Abschnitt („Am Drücker") wird die Rolle und Funktion der Fotografie von Lajevardi und Reza ‚diskutiert'. Welche unterschiedlichen Positionen kommen hierbei zum Ausdruck?

Kapitel 14: Der Abschnitt „Der kleine schwarze Fisch" zeigt, welche familiären Konfliktlinien mit den politischen Protesten verbunden sind. Die Shirazis sind eine dem Schah gegenüber loyale Familie. Die verschiedenen Familienmitglieder haben bezüglich der politischen Proteste unterschiedliche Meinungen, Ängste und Hoffnungen und lassen sich gut charakterisieren. Außerdem zeigt der Abschnitt, welche Bedeutung dingliche Quellen für das Familiengedächtnis haben.

Abschluss: Die Ergebnisse im Zusammenhang mit den Arbeitsaufgaben sollen am Ende verglichen werden. Strategien des politischen Protests, der Verlauf der Iranischen Revolution und die Zukunftsvorstellungen der verschiedenen politischen Ideologien können so herausgearbeitet werden. Wie brisant und relevant digitale Spiele sein können, zeigt die kontroverse Diskussion von „1979 Revolution: Black Friday" im Iran. Dem Spiel wurde staatlicherseits vorgeworfen, Propaganda zu sein; etliche der Entwickler*innen verwenden nicht ihre realen Namen, um anonym zu bleiben. Im Iran wurde der Vertrieb des Spiels gestoppt und alle existierenden Exemplare eingezogen. Im Internet lassen sich Artikel dazu recherchieren.

Anschlussübungen: Ausgehend von der Iranischen Revolution kann die Brücke in die Gegenwart geschlagen werden. Angeknüpft werden kann an die Politik Mahmud Ahmadineschāds, den Atomvertrag und dessen Aufkündigung durch die USA. Konzeptueller ist die Verbindung zu Formen und Strategien des politischen Widerstands, etwa am Beispiel des Arabischen Frühlings. Medienreflexiv kann gearbeitet werden, wenn das Spiel als besonders gelungene Umsetzung eines Serious Games analysiert wird.

7.20 Der Nahostkonflikt

Thema und Ziel	Die Schüler*innen können zentrale Akteure des Nahostkonflikts benennen und deren teilweise konkurrierende Interessen im Zusammenhang mit dem Friedensprozess durch das Spiel „PeaceMaker" erklären.		
Spiel(e)/ Genre **Anmerkung zur Spielverwendung**	PeaceMaker/Serious Game (kostenlos) Die Lernziele können mittels kurzer Spielphasen erreicht werden.	**Schulstufe**	8.–10.

Im Spiel „PeaceMaker" übernimmt der*die Spieler*in wahlweise Palästina oder Israel. Das Ziel besteht darin, den Friedensprozess so zu gestalten, dass beide Akteure den maximalen Punktestand (100 Punkte) erreichen. Um den Friedensprozess voranzutreiben, lassen sich rundenweise aus unterschiedlichen Kategorien Maßnahmen setzen. „PeaceMaker" ist ein kostenloses Serious Game und am Smartphone spielbar.

Das Spiel präsentiert den Stand im Nahostkonflikt bis 2006. Basis für die friedliche Entwicklung sind damit die Eckpunkte, wie sie in der Roadmap (2003) vereinbart wurden. Die politische Situation stellt sich in der Gegenwart (Stand Juni 2020), unter anderem nach dem Trump-Plan (2020) oder dem innerpalästinensischen Konflikt zwischen Hamas und Fatah, deutlich anders dar. Die grundlegenden Probleme, die im Spiel thematisiert werden, sind jedoch weitgehend dieselben geblieben.

Die einfache Steuerung und die komplexe Spielmechanik laden zum Experimentieren ein: Unterschiedliche Strategien können angewandt und müssen evaluiert werden. Das Spiel bewertet den Erfolg der Maßnahmen indirekt über den Zustimmungsgrad unterschiedlicher Gruppen und über den Punktestand. Der*die Spieler*in wird dadurch gezwungen, die Ereignisse selbstständig zu bewerten. Gründe für den (Miss-)Erfolg der gesetzten Maßnahmen müssen interpretativ rekonstruiert werden. Das Spiel ist als Serious Game an sich dazu geeignet, zentrales Arbeitswissen zum Nahostkonflikt zu vermitteln. Medienreflexiv kann es dazu eingesetzt werden, Überlegungen zu einer prozeduralen Rhetorik digitaler Spiele anzustellen. Die Spielstrategie gibt eindeutig einen friedlichen Lösungsweg vor und folgt im Grunde der in der Roadmap („Land für Frieden") vorgeschlagenen Maßnahmen. Dazu gehört etwa ein Gewaltverzicht auf palästinensischer und ein Rückbau der Siedlungen auf israelischer Seite. Der Einsatz militärischer Mittel hat zwangsweise, egal auf welcher Seite, negative Folgen.

Unterrichtsverlauf

Einstieg: Ein Grundlagenwissen über den Nahostkonflikt sollte vorhanden sein. Etwa könnten mittels einer Concept Map die wichtigsten Akteure und deren Interessen visualisiert werden. Folgende Begriffe kommen im Spiel vor und könnten für eine Erarbeitungsphase verwendet werden: UNO, USA, Interessen der israelischen und palästinensischen Öffentlichkeit, Interessen der arabischen Welt, militante palästinensische Gruppen, Jescha-Rat (Dachorganisation für die Selbstverwaltung israelischer Siedlungen), palästinensische Autonomiebehörde, Fatah, israelischer Premierminister, Gaza-Streifen, Westjordanland; zentrale Konfliktpunkte: Ost-Jerusalem, Wasser, Siedlungsbau, Grenzmaßnahmen

Hauptteil: Auf Basis eines Grundverständnisses über den Nahostkonflikt können die Schüler*innen Hypothesen (27) bilden, welche Maßnahmen den Friedensprozess, ausgehend von der spezifischen historischen Situation des Spiels, voranbringen können. Diese Hypothesen sollen nach der Spielphase verifiziert werden.

Aufgrund des übersichtlichen Settings eignet sich das Spiel dazu, ein Spielprotokoll (26) zu erstellen. Hierdurch lässt sich die prozedurale Rhetorik des Spiels nachvollziehen. Erkennbar wird, welche Maßnahmen mit welchen Spielwerten ausgestattet sind und damit von den Entwicklern wie bewertet wurden.

Aktion des*der Spieler*in	**Auswirkungen auf die Punkte Israel/ Palästina**	**Interpretation**
Israelische Wirtschaftshilfe für die Palästinenser*innen	-7 Israel/+5 Palästina	Die israelische Bevölkerung lehnt die Wirtschaftshilfen als unverhältnismäßig ab. Zustimmung durch die palästinensische Bevölkerung aufgrund der wirtschaftlichen Notlage.
…	…	…

Aufgrund der ähnlichen Spielmechanik beider Fraktionen kann auf Basis verschiedener Verlaufsprotokolle ein Lösungspfad herausgearbeitet werden. Dazu kann die folgende Tabelle verwendet werden:

umgesetzte Maßnahmen in den Bereichen	**Israel und Palästina: Warum (nicht-) förderlich für den Friedensprozess für beide Seiten?**
Diplomatie und Außenpolitik	
…	…
Militär und Polizei	
…	…
Infrastruktur, Subventionen, Hilfsmaßnahmen	
…	…
Innenpolitik	
…	…

Abschluss: Die Ergebnisse aus den Spielverlaufsprotokollen können in dieser Phase verglichen werden. Insbesondere bei „PeaceMaker" ist ein Transfer besonders wichtig, da die Auswirkungen der einzelnen Maßnahmen nur insofern erkennbar sind, als dass sich der Punktestand und die Zustimmungswerte der einzelnen Fraktionen verändern.

Auf Basis der Spielverlaufsprotokolle kann nun diskutiert werden, wie sich die Maßnahmen und die Reaktionen darauf erklären lassen. Etwa, warum die Zustimmung der Hamas sinkt, wenn die schulische Infrastruktur durch die palästinensische Zentralverwaltung ausgebaut wird.

Der erarbeitete Lösungsweg kann mit der aktuellen Situation verglichen werden: Warum sind gewisse Spielbestandteile gültig beziehungsweise aus heutiger Sicht unrealistisch? Wie würde ein Spiel aussehen, das die aktuelle politische Lage berücksichtigt?

Abschließend kann diskutiert werden, inwiefern digitale Spiele besonders geeignet sind, bestimmte (politische) Ansichten über die Spielmechanik zu transportieren.

7.21 Demokratie und Medien

Thema und Ziel	Die Schüler*innen sollen die Funktion und Bedeutung von Massenmedien für demokratische Gesellschaften erschließen.		
Spiel(e)/ Genre **Anmerkung zur Spielverwendung**	Headliner/Simulation Headliner: NoviNews/Simulation Not for Broadcast/Simulation Zentrale Lernziele lassen sich bei allen Spielen innerhalb kurzer Spielphasen erreichen (30 Minuten).	**Schulstufe**	8.–12.

Die drei Spiele thematisieren den Einfluss, den Medien auf Gesellschaft und Politik haben können. Sie machen anschaulich, dass es keine neutrale Berichterstattung gibt und immer Ziel- und Interessenskonflikte bei der Distribution von Nachrichten bestehen. Sie repräsentieren allerdings den Zustand des Mediensystems vor dem Web 2.0: Die Massenmedien sind der Flaschenhals für die Verbreitung von Nachrichten. Sie allein konstituieren die politische Realität der Bürger*innen.

Beide „Headliner"-Titel sind aufgrund ihrer geringen Hardware-Anforderungen und der einfachen Steuerung für die schulische Nutzung geeignet. „Not for Broadcast" wiederum kann aufgrund seiner filmischen Inszenierung für ein Plenarspiel (19) verwendet werden. Die drei Titel laden aufgrund ihrer Nonlinearität und ihrer weitreichenden Entscheidungsmöglichkeiten zum forschend-entdeckenden Lernen ein.

Headliner: Der*die Spieler*in übernimmt die Rolle des*der Chefredakteur*in der größten Tageszeitung eines fiktiven Staates. Ein Teil der Bürger*innen will die verpflichtende ‚Verbesserung' des Menschen durch Technik („Modder"), während der andere Teil vor den gefährlichen Folgen warnt und dies ablehnt („Puristen"). Vor dem Hintergrund dieses Konflikts muss der*die Spielende täglich entscheiden, welche der zumeist kontroversen Berichte in der Zeitung erscheinen sollen. Beim Nachhauseweg von der Redaktion wird er*sie unmittelbar mit den Konsequenzen der Nachrichtenauswahl konfrontiert. Unterschiedliche Interessenskonflikte entwickeln sich etwa aufgrund der wirtschaftlichen Situation der Zeitung, gesellschaftlicher Problemlagen (Migration, Konflikt mit dem Nachbarstaat) oder den Interessen der Familienangehörigen des*der Spieler*in.

Headliner: NoviNews: Vom Spielprinzip funktioniert der zweite Teil genauso wie sein Vorgänger, allerdings gibt es diesmal deutlich mehr Entscheidungsmöglichkeiten und eine Vielzahl von Zielkonflikten in unterschiedlichen Zusammenhängen. Das Spiel ist bislang nur in englischer Sprache erhältlich.

Not for Broadcast: Der*die Spieler*in übernimmt die Regie der „National Nightly News" und bestimmt, was wie (nicht) gezeigt wird. Dies geschieht vor dem Hintergrund der politischen Machtübernahme durch die „Fortschrittspartei", die mittels drastischer Maßnahmen regiert: Personen, die in Besitz von über eine Million Pfund sind, verlieren ihren Reisepass und müssen einen Großteil ihres Geldes dem Staat abliefern. Das Spiel befindet sich bislang noch in der Entwicklung und ist nur in englischer Sprache erhältlich. Der Prolog kann kostenlos heruntergeladen werden und ist für die Verwendung im Unterricht ausreichend.

Unterrichtsverlauf

Sequenz: Die Spiele können in einer Sequenz zur Mediengeschichte eingesetzt werden. Grundlegende Begriffe (Vierte Gewalt, Ressort, Agenda-Setting-Prozess, Intermedia-Agenda-Setting, Informations-, Meinungsbildungs- und Kontrollfunktionen, journalistische Ethik, Qualitätsmerkmale von Journalismus) sollen erarbeitet und bekannt sein. Dazu können auch Medienglossare aus dem Internet verwendet werden. Insbesondere soll die Bedeutung des Mediensystems für funktionierende Demokratien herausgearbeitet werden (siehe etwa die Rangliste Pressefreiheit von „Freedom House").

Einstieg: Aktuelle oder ältere Beispiele für kontroversielle mediale Berichterstattungen können einen interessanten Einstieg bieten: Konkurrierende Berichte über die Ukraine-Krise, der österreichische Ibiza-Skandal, die vergleichende Analyse von Boulevard- und Qualitätsmedien oder von europäischen und russischen Medien (siehe etwa „Russian Today") können als Material verwendet werden.

Ein Einstieg kann auch über die Analyse der folgenden Zitate erfolgen:

- „Wenn Freiheit überhaupt etwas bedeutet, dann vor allem das Recht, anderen Leuten das zu sagen, was sie nicht hören wollen." (George Orwell)
- „A good newspaper, I suppose, is a nation talking to itself." (Arthur Miller)
- Presse als „Rückgrat der politischen Öffentlichkeit" (Jürgen Habermas)

Ebenso kann das Mediennutzungsverhalten der Klasse mit den Ergebnissen der JIM-Studie verglichen werden.

Hauptteil: „Not for Broadcast" eignet sich aufgrund des hohen Unterhaltungswerts und der stark filmischen Umsetzung für ein Plenarspiel (19) oder eine Vorführung mittels in-game Video (29). Die zusehenden Schüler*innen sollen während der Präsentation Notizen dazu machen, wie die journalistische Darstellung im Spiel die politische Wirklichkeit beeinflusst.

Da die beiden „Headliner"-Titel stark nonlinear organisiert sind, bieten sich Entscheidungsdiagramme und -protokolle (9) und/oder die Rolle eines*einer Spielbeobachter*in (22) an, der*die journalistischen Entscheidungen und die damit verbundenen Auswirkungen dokumentiert. Sichtbar werden soll die Macht der Medienberichterstattung und die damit verbundenen Interessenskonflikte, etwa über folgendes Protokoll:

Entscheidung zwischen welchen Optionen bei der Berichterstattung?	**Welche Zielkonflikte sind mit der Entscheidung verbunden?**	**Welche Konsequenzen hat dies für die Spielwelt?**
…	…	…

Abschluss: Die in den Spielen dargestellte Medienwelt folgt der Kommunikationslogik vor dem Internet. Ein tabellarischer Vergleich könnte diese der gegenwärtigen Kommunikationssituation gegenüberstellen. Ein Übergang zur Fake News-Sequenz bietet sich in weiterer Folge an.

Veränderung des Mediensystems durch das Internet	
Kommunikationssituation vor dem Internet	**Kommunikationssituation heute**
*Die Medien sind Gatekeeper: Sie wählen die Nachrichten aus, die von professionellen Journalist*innen recherchiert und geschrieben werden.*	*Jede*r (‚Produser') kann Nachrichten konsumieren, aber auch veröffentlichen (Blog, YouTube-Kanal etc.); Krise der Expert*innenkultur, denn Laien sind jetzt Teil des Nachrichtenwesens.*
…	…

Um die oben erarbeiteten Begriffe zu vertiefen und die Spielkonzepte sprachlich auf die reale Welt zu beziehen, könnte eine fachlich fundierte Spielrezension geschrieben werden, bei der medienbezogene Fachbegriffe verpflichtend verwendet werden müssen.

Die Spiele lassen eine Vielzahl an Entscheidungen zu und sind daher besonders für die vergleichende Nachbesprechung der Spielverläufe geeignet. Diese Entscheidungen sollten nach der Spielphase unbedingt reflektiert werden: Nach welchen Kriterien wurde ein Beitrag oder ein Beitragsteil (nicht) gesendet/ausgewählt? Welchen Einfluss hatten wirtschaftliche, politische, private oder strategische Interessen auf die Nachrichtenauswahl? Haben die Schüler*innen aus diesen Gründen in bestimmten Situationen wider besseres Gewissen gehandelt? Welche demokratiepolitischen Konsequenzen hatten ihre Entscheidungen?

Anschlussübungen: Ein weiterer Transfer kann durch die Analyse der Medienpolitik von Russland, Nordkorea oder der Türkei erfolgen. Alle Länder sind Beispiele für die reale Umsetzung der in den Spielen thematisierten Maßnahmen. Die Länderberichte von „Reporter ohne Grenzen" oder „Freedom House" können hier als Informationsgrundlage dienen. Die Film-Satire „Wag the Dog – Wenn der Schwanz mit dem Hund wedelt" (1997), in der der amerikanische Präsident von einem Skandal ablenken will, indem er über die Medien einen Konfliktfall mit Albanien inszeniert, kann zur weiteren Bearbeitung des Stoffgebiets dienen.

7.22 Flucht und Migration

Thema und Ziel	Durch mehrere thematisch ähnliche Spiele lernen die Schüler*innen Hintergründe, Zusammenhänge und Biografien im Kontext von Flucht und Migration kennen.		
Spiel(e)/ Genre	Begrabe mich, mein Schatz (Bury me, my love)/Serious Game Against All Odds/Serious Game (kostenlos) Finding Home/Serious Game (kostenlos) The refugee challenge: Can you break into Fortress Europe?/Serious Game (kostenlos) Path Out/Serious Game (kostenlos) NORTH/Serious Game	**Schulstufe**	10.–11.
Anmerkung zur Spielverwendung	Mit Ausnahme von „Begrabe mich, mein Schatz" und „NORTH" sind alle Spiele mittels einstündiger Spielphasen abschließbar.		

Mit Ausnahme von „Begrabe mich, mein Schatz“ und „NORTH“ handelt es sich um kostenlose Serious Games mit kurzer Spieldauer, die im Browser oder als Smartphone App spielbar sind. Beide zuerst genannten Spiele sind jedoch günstig zu beziehen. „Path Out“ ist kostenlos über die Spieleplattform Steam erhältlich. Besonders geeignet sind die Spiele für Unterrichtsprinzipien wie Multiperspektivität und Alteritätserfahrung; sie machen aus individueller Perspektive ‚erfahrbar‘, dass hinter den für uns zumeist aus der Distanz wahrgenommenen Ereignissen, etwa die Schließung der westlichen Balkanroute oder der Flüchtlingspolitik der EU im Mittelmeer, menschliche Schicksale stehen. Neben dieser emotionalen Komponente vermitteln die Spiele auch Sachwissen über unterschiedliche Fluchtbewegungen in den letzten Jahren.

Die Stunde arbeitet vor allem mit dem Spiel „Begrabe mich, mein Schatz“, da es nach Einschätzung des Autors besonders gut didaktisierbar und für den Unterricht geeignet ist. Da es ein Smartphone-Adventure ist, das auch am Smartphone gespielt werden kann, entfaltet es eine besonders immersive Wirkung.

Begrabe mich, mein Schatz: In diesem Spiel begleitet der*die Spielende Nour, eine Syrerin, die aus Homs nach Europa flüchtet. Gespielt wird aus der Sicht ihres Mannes, Majd, der mit ihr über eine WhatsApp-ähnliche Software chattet. Je nachdem, wie der*die Spieler*in mit ihr kommuniziert, verändert sich die Fluchtroute und es kommt zu jeweils anderen Ereignissen. 19 verschiedene Enden und die mit ihnen verbundenen individuellen Erfahrungen machen das Spielerlebnis besonders interessant. Das Spiel wurde vom Kultursender ARTE produziert.

Finding Home: In diesem Spiel geht es um die Vertreibung der Rohingya, einer muslimischen Minderheit in Myanmar. In diesem Smartphone-Adventure übernimmt der*die Spielende die Rolle der 16-jährigen Kathijah. Produziert wurde dieses Serious Game von der UNO.

The refugee challenge: can you break into Fortress Europe?: Hier übernimmt der*die Spielende die Rolle der zweifachen Mutter Karima, die von Aleppo aus in die Türkei oder nach Europa fliehen möchte. Das Text-Adventure ist in englischer Sprache verfasst.

Path Out: Der Programmierer dieses Spiels schildert seine Flucht aus Syrien bis in die Türkei. Er wendet sich in Video-Kommentaren immer wieder an den*die Spieler*in und erläutert seine Erfahrungen und Entscheidungen.

NORTH: Der*die Spielende übernimmt in der Ich-Perspektive einen Migranten, der sich in eine kafkaeske und verstörende Gesellschaft integrieren möchte. Von den hier vorgestellten Spielen handelt es sich, aufgrund der ästhetischen Überformung, um die abstrakteste Darstellung zum Thema Flucht und Migration.

Unterrichtsverlauf zu „Begrabe mich, mein Schatz"

Sequenz: Die Spiele schließen an die Flüchtlingskrise 2015 oder an den Bürgerkrieg in Syrien an. Sicherlich werden Migrationsbewegungen auch in den nächsten Jahren ein wichtiges Thema der internationalen Politik bleiben. Die Spiele können auch als gegenwartsbezogene Teile einer Längsschnittdarstellung von Flucht und Migration verwendet werden.

Einstieg: Den Ausgangspunkt für die Spielphasen können die Fluchterfahrungen von Schüler*innen der Klasse bilden. Eine erste subjektorientierte Begegnung mit Fluchthintergründen, -ursachen und -verläufen lässt sich so durchführen. Ein emotionaler Ausgangspunkt stellen die Berichte rund um den toten syrischen Jungen am Strand von Bodrum dar (September 2015). Damit werden auch medienethische Fragen aufgeworfen, an die die Computerspielnutzung anschließen kann. Kontroversieller kann die Einheit durch die Präsentation stereotyper Vorstellungen und rechter Vorurteile eingeleitet werden, die durch den Spielverlauf gezielt kontrastiert und entkräftet werden. Anschließend leitet die Einheit über zur Flüchtlingskrise 2015, zum Arabischen Frühling oder zum syrischen Bürgerkrieg, um so den Wissenshintergrund für das Spiel „Begrabe mich, mein Schatz" zu schaffen.

Hauptteil: Der Spieldurchgang von „Begrabe mich, mein Schatz" dauert je nachdem, wie die Reise verläuft, rund 100 Minuten. Auf Basis der vorhergehenden Informationen können die Schüler*innen Spielverlaufshypothesen (27) abgeben und so abschätzen, wie von Homs aus die Flucht verlaufen wird, welche strategischen Entscheidungen nötig sein werden oder welche Probleme sich auf der Flucht ergeben werden.

Während des Spiels sollen die Spieler*innen ihre Fluchtroute auf einer digitalen oder analogen Landkarte, etwa durch Post-Its, einzeichnen. Dies bildet die Basis für die späteren Erfahrungsberichte. Sollten zu wenige Geräte für das aktive Spielen zur Verfügung stehen, etwa weil nicht alle Schüler*innen das Spiel erworben haben, kann mit der Methode des*der Spielebeobachter*in (22), der*die Notizen zur Reise macht, gearbeitet werden. Es bietet sich an, die Spielphasen immer wieder zu unterbrechen, um gemeinsam Erfahrungen und Erlebnisse auszutauschen. Stärker analytisch lässt sich arbeiten, wenn der Transfer durch Zeitungsartikel oder mittels Begriffe (Balkanroute, Mittelmeerroute, Bürgerkrieg in Syrien etc.) erfolgt, die etwa durch eine Concept Map angeordnet auf das Spiel bezogen werden.

Abschluss: Die Reflexion der unterschiedlichen Fluchterfahrungen und Spielabschlüsse soll am Ende der Einheit stehen. Sollten Entscheidungsdiagramme und -protokolle (9, 10) verwendet worden sein, lassen sich die Fluchtrouten tiefgehender auswerten. Die Spielerfahrungen können etwa per Steckbrief, nach Themen durch eine Mindmap, durch Tagebucheinträge (26) oder fiktive Interviews strukturiert werden. Die subjektive Erfahrungsdimension von Flucht soll dabei im Zentrum stehen. Die Spielverlaufshypothesen, die vor dem Spieldurchgang entworfen wurden, können jetzt evaluiert werden. Die Schüler*innen reflektieren so darüber, wie sich ihre Meinung und Perspektive durch die Spielerfahrung verändert hat.

Medienanalytisch interessant ist es, die Spielmechanik im Kontext des Themas zu diskutieren: Dies betrifft, erstens, die Smartphone-Darstellung, die mit einem Echtzeiterlebnis verbunden werden kann. Die Spielereignisse laufen dann in Realzeit ab. Dadurch entsteht ein besonders immersives Erlebnis. Zweitens können der Fatalismus und die

Unplanbarkeit des Spielverlaufs reflektiert werden. Wie der Fluchtverlauf in der Realität, so sind auch im Spiel die Folgen von Entscheidungen vielfach nicht absehbar. Drittens kann diskutiert werden, ob Flucht auf diese Art und Weise erfahrbar gemacht werden sollte.

Anschlussübungen: Im Folgenden können die weiteren Spiele, auch schulextern, ausprobiert werden. Spielesteckbriefe individualisieren die Auswahl. Da die Spiele aufgrund der ähnlichen Thematik und Mechanik besonders gut vergleichbar sind, bieten sich die Methoden Ausstellerbetrieb, Spielevergleich (24) oder die Vergabe eines Spielepreises (7) für das beste Serious Game an.

Für eine weitere inhaltliche Bearbeitung und Kontextualisierung sind folgende Websites und die dort erhältlichen Informationen und Zahlen hilfreich. Auskunft geben etwa die UNHCR, die Bundeszentrale für politische Bildung (Zahlen und Fakten), die Internationalen Organisation für Migration oder die Forschungsgesellschaft für Flucht und Migration.

7.23 Landwirtschaft in Ländern des Globalen Südens

Thema und Ziel	Mit den beiden Spielen können die Schüler*innen die strukturellen Wirtschafts- und Lebensprobleme der Menschen in Ländern des globalen Südens analysieren und Hilfsmaßnahmen erarbeiten.		
Spiel(e)/ Genre **Anmerkung zur Spielverwendung**	Ayiti. The Cost of Life/Landwirtschafts- und Lebenssimulation, Serious Game (kostenlos) Third World Farmer/Landwirtschafts- und Lebenssimulation, Serious Game (kostenlos) Beide Spiele sind in 15–30 Minuten entweder durchzuspielen oder soweit spielbar, dass sich auf Basis der Spielerfahrung zentrale Inhalte erarbeiten lassen.	**Schulstufe**	7.–10.

Die beiden kostenlosen Browsergames behandeln das gleiche Thema in recht ähnlicher Weise. Es geht um landwirtschaftliche Familienbetriebe in Ländern des globalen Südens, deren problematischen Alltag, schicksalshafte Krisen und vor allem um strukturelle Probleme von fragile/failed states. Beide Spiele sind aufgrund des unvorhersehbaren Eintretens schwerwiegender Ereignisse teilweise frustrierend und unfair; genau diese Effekte wollten die Entwickler der beiden Serious

M3 Hilfsmaßnahmen entwerfen

In dieser Phase gilt es, aus verschiedenen Blickwinkeln Maßnahmen zu entwerfen, die den Familien unter den vorliegenden Bedingungen helfen können. Dazu werden die zuvor erstellte Analyse und das Kreislaufdiagramm herangezogen. Die Ergebnisse werden im Rahmen der folgenden Tabelle veranschaulicht:

Akteur	Maßnahme	Problembehebung
Staat	*Der Staat soll die Finanzierung der Grundschule sicherstellen.*	*Die staatlich finanzierte Ausbildung der Kinder ermöglicht, dass diese bessere Jobs annehmen und dadurch mehr verdienen können. Damit ist das Familieneinkommen weniger von den landwirtschaftlichen Erträgen abhängig.*
Entwicklungshilfe	…	…
Familie	…	…
…	…	…

7.24 Fake News, Filterblase und ‚postfaktische' Gesellschaft

Thema und Ziel	Die Schüler*innen sollen Hintergründe und Funktionsweisen von Fake News im gesellschaftlichen Zusammenhang kennen und deren Konsequenzen insbesondere hinsichtlich demokratiepolitischer Defizite verstehen lernen.		
Spiel(e)/ Genre/ Spieldauer	Fake it to make it/Serious Game (kostenlos)/30 Minuten pro Spieldurchgang Fake News App/Serious Game (kostenlos)/45 Minuten pro Spieldurchgang Get Bad News/Serious Game (kostenlos)/20 Minuten pro Spieldurchgang Moderate Cuddlefish/Serious Game (kostenlos)/15 Minuten pro Spieldurchgang	**Schulstufe**	8.–10.

Eine Reihe von Serious Games zum Thema Fake News sind im Unterricht gut umzusetzen. Sie sind kostenlos verfügbar und, mit Ausnahme von „Moderate Cuddlefish", alle auf dem Smartphone spielbar. Sie machen die*den Spielende*n zum*zur Konsument*in, aber auch Produzent*in von Falschinformationen. In allen Spielen wird erklärt, was Fake News sind, wie sie funktionieren und wie man sie erkennen kann.

Bad News: Der*die Spieler*in erstellt einen Social Media Fake-Account mit dem Ziel, möglichst viele Follower zu erhalten, ohne dabei zu viel an Glaubwürdigkeit einzubüßen. Das Spiel ist per Smartphone spielbar.

Fake it to make it: Der*die Spieler*in ist Betreiber*in einer eigenen Fake News-Website, mit der er*sie möglichst viel Geld lukrieren will. Gezielt müssen Artikel über Fake Accounts mit den jeweils passenden Begriffen in den richtigen Gruppen platziert werden, damit die eigene Clickbaiting-Website Werbeeinkommen generiert.

Fake News App: In diesem Computerspiel, das kostenlos per Smartphone gespielt werden kann, ist der*die Spieler*in ein*eine Praktikant*in des „Sandorfer Kuriers" und erfährt von Smartphones der Marke SAMPLE, die angeblich Giftstoffe ausstoßen. Er*sie muss Verschwörungstheorien auf den Grund gehen, Informationen recherchieren und sich mit journalistischen Qualitätsmaßstäben beschäftigen, um den Fall aufzuklären.

Moderate Cuddlefish: In diesem Browsergame übernimmt der*die Spieler*in die Moderation des Cuddlefish-Forums. Der*die Spielende kann Beiträge löschen und wird mit Gewaltaufrufen, Hate Speech und Fake News konfrontiert. Der Erfolgsgrad sind die User-Zahlen der Plattform. Das Spiel kann als einziges der hier vorgestellten nicht über ein Smartphone gespielt werden.

Unterrichtsverlauf

Sequenz: Die Stunde kann im Zusammenhang mit Themen wie der Bedeutung von Medien für die Demokratie oder mit dem Wandel der Massenmedien in den letzten 20 Jahren stehen. Themen, Begriffe und Konzepte wie Medien- und Politikwandel durch den Einfluss des Internet, Social Media, Intermedia Agenda-Setting, Medien als Vierte Gewalt oder der Zusammenhang zwischen Medien- und Demokratiequalität sollen hierbei erarbeitet werden.

Einstieg: Als provokanter Einstieg kann die Lehrkraft über harmlose Fake News so berichten, als wären diese real. Einzelne Fake News-Fallgeschichten („Pizza Gate-Skandal", „Macro Leaks" etc.) können erarbeitet werden. Die Mediennutzung der Klasse kann erhoben und etwa mit den Daten der JIM-Studie verglichen werden. Die Schüler*innen sollen von ihren Erfahrungen mit Falschmeldungen und Verschwörungstheorien oder über ihre eigenen Nutzungsgewohnheiten im Umgang mit Social Media und ihren Nachrichtenkonsum sprechen.

Hauptteil: Im Sinne von Fritz' Transfermodell sollen die Schüler*innen eine Reihe von analytischen Begriffen kennen lernen, die die Hintergründe und das Funktionieren von Fake News und den damit verbundenen Phänomenen erklären und diese auf die Spiele übertragen. Die Begriffsdefinitionen und der Spielbezug erfolgen über Tabellen (s.u.). Dabei sollen die einzelnen Konzepte nicht nur inhaltlich, sondern auch regelmechanisch herausgearbeitet werden. Methodisch lässt sich die analytische Phase etwa durch einen Ausstellerbetrieb oder ein World-Café umsetzen, bei denen die Schüler*innen sich gegenseitig die Spiele und die Begriffe vorstellen und die Tabellen befüllen.

Abschluss: Nachdem die Begriffe erarbeitet wurden, können sie erneut und zur Überprüfung der Ergebnisse durch die Lehrkraft im Rahmen einer grafischen Struktur, etwa als Concept Map oder Mindmap, geordnet und zueinander in Beziehung gesetzt werden.

Anschlussübungen: Da die Spiele einander sehr ähnlich sind, lässt sich im Bereich der historisch-politischen Medienreflexion mit der Methode des Computerspielepreises (7) anschließen. Das Erstellen von Spielerezensionen, die die Fachbegrifflichkeit umsetzen und etwa durch ein Scaffolding begleitet werden, kann ebenfalls eine produktionsorientierte Auseinandersetzung mit den Spielen darstellen. Ein produktionsorientierter Abschluss lässt sich auf Basis der Spielerfahrung mit der Erstellung einer Broschüre, eines Plakats etc. mit Strategien gegen Fake News, Filterblase und für den eigenen Umgang mit Social Media finden.

Material

M1 Bad News

Kategorien	Definition	Umsetzung im Spiel
Fake News		
Funktion von aufwühlenden, emotionalisierenden Inhalten für Social Media		
‚postfaktisch'		
Filterblase		

M2 **Fake it to make it**

Begriffe	Definition	Umsetzung im Spiel
Fake News		
Clickbaiting		
Filterblase		
Fake Account		

M3 **Fake News App**

Begriffe	Definition	Umsetzung im Spiel
Qualitätsmerkmale von Journalismus		
Verschwörungstheorien		
Fake News		
Medien als vierte Gewalt		

M4 **Moderate Cuddle Fish**

Begriffe	Definition	Umsetzung im Spiel
Zensur		
Fake News		
News Bias		
Hate Speech		

7.25 Dystopien, Utopien und was sie über die Gegenwart aussagen

Thema und Ziel	Die Schüler*innen lernen anhand zweier digitaler Spiele über den Gegenwartsbezug von Zukunftsentwürfen.		
Spiel(e)/ Genre	Frostpunk/Echtzeitstrategie Stellaris/Grand Strategy	**Schulstufe**	11.–12.

Künstlerische Darstellungen der Zukunft sind immer beeinflusst durch das Wissen um die Gegenwart und Vergangenheit und können daher als Kommentare dieser betrachtet werden. Auch digitale Spiele, die in der Zukunft spielen, können so für den Geschichtsunterricht verwendet werden, indem Schüler*innen gegenwartsbezogene Geschichtsbilder aus prognostischen Geschichtsdarstellungen herausarbeiten.

Frostpunk: In der Welt von Frostpunk ist eine Eiszeit ausgebrochen. In diesem Echtzeitstrategiespiel steuert der*die Spieler*in eine Siedlung, die in der postapokalyptischen Welt ums Überleben kämpft. Dabei werden auch ‚Gesetze' vom*von der Spieler*in erlassen, die das gesellschaftliche Zusammenleben unter den extremen Bedingungen regeln sollen. Oft stellen diese Regeln den*die Spieler*in vor schwierige moralische Entscheidungen, etwa ob Kinderarbeit zugelassen wird oder nicht.

Stellaris: In diesem Grand Strategy-Game übernimmt der*die Spieler*in die Kontrolle über eine Spezies (Menschen oder auch verschiedene Außerirdische), die gerade die Technologie zum Reisen mit Überlichtgeschwindigkeit entwickelt hat. Ziel ist es, eine möglichst dauerhafte, interstellare Gemeinschaft zu erschaffen, ob mit diplomatischen Mitteln oder durch militärische Eroberung. Dazu können verschiedene politische Systeme ausgewählt, Technologien erforscht, Flotten ausgerüstet und Planeten kolonialisiert werden.

Unterrichtsverlauf

Sequenz: Dieser Unterrichtsentwurf kann zur Analyse von in populärkulturellen Medien transportierten Geschichtsbildern und des Geschichtsverständnis ihrer Macher*innen verwendet werden. Weiters können die Schüler*innen damit angeleitet werden, von ihrem Wissen über die Vergangenheit ausgehend, über die Zukunft nachzudenken. Somit soll nicht nur die historische Orientierungskompetenz geschult, sondern auch die politische Handlungskompetenz geschärft werden.

Einstieg: Als Einstieg kann in der Klasse über verschiedene Dystopien und Utopien aus der Populärkultur (Bücher, Serien, digitale Spiele) und die darin entworfenen Geschichtsverläufe und politischen Systeme gesprochen werden.

Hauptteil: In der Spielephase soll sich jeder*jede Schüler*in eines der beiden Spiele aussuchen. Anschließend soll das Spiel gespielt werden. Während des Spielens sollen die Schüler*innen immer wieder innehalten und das Spieltagebuch (s.u.) ausfüllen (26).

Anschließend lassen sich anhand der ausgefüllten Tabellen die beiden Spiele miteinander vergleichen (24). So kann man die Unterschiede des düsteren Frostpunk und des deutlich optimistischeren Stellaris gut herausarbeiten.

Abschluss: Die Schüler*innen können eigene Zukunftsszenarien, die für sie aktuelle Themen ins Zentrum rücken, entwerfen und diese als Spielkonzepte pitchen (25), wobei gewisse Parameter vorab festgelegt werden können (etwa ob es ein apokalyptisches Ereignis gab, ob es um Weltraumbesiedelung geht etc.).

Tabellarisches Spieletagebuch

Beobachtetes Spielelement	**Einschätzung als dystopisch/utopisch**	**Spekulation über Wahrscheinlichkeit mit Begründung**	**Gegenwarts- oder Vergangenheitsbezug**
Interstellare Föderation, die verschiedenen Aliens die gleichen Rechte bietet	*utopisch; als Zwangsgemeinschaft dystopischer Charakter*	*unwahrscheinlich, da die verschiedenen Außerirdischen weitgehend unterschiedliche Vorstellungen haben*	*Rassenkonflikte, vgl. gegenwärtigen Rassismus, Migrant*innenfeindlichkeit etc.*
...			

7.26 Themenpakete und Kurzentwürfe

Viele weitere Spiele wären für eine Didaktisierung interessant, allerdings ist deren Darstellung aufgrund des begrenzten Seitenumfangs nicht möglich. Daher werden einige weitere Titel, es muss sich zwangsweise um eine subjektive Auswahl handeln, in konzeptuellen Kurzfassungen dargestellt. Die Computerspiele werden nach bestimmten Aspekten kategorisiert und zu Themenpaketen zusammengestellt.

Antike

In dem Spiel „*Ryse: Son of Rome*“ wird einerseits die überlegene Kampfkraft der römischen Legionäre zelebriert, andererseits das seit Tacitus verbreitete Geschichtsbild der „edlen Barbaren“ und „dekadenten Römer“ dargestellt. Es bietet sich eine Gegenüberstellung bestimmter Texte Tacitus' mit ausgewählten Szenen des Spiels an und kann somit auch im Lateinunterricht verwendet werden. In „*Shieldwall*“ spielt der*die Spieler*in historische Schlachten der Antike in minimalistischer Grafik nach. „*Assassin's Creed Odyssey*“ und „*Assassin's Creed Origin*“ sind Teile der „Assassin's Creed“-Reihe und spielen im antiken Griechenland beziehungsweise im hellenistischen Ägypten. „*Rome: Total War*“ und dessen Nachfolger „*Rome 2: Total War*“ und deren Erweiterungen sind Teile der Total War-Reihe, die den Zeitabschnitt vom Beginn des römischen Reichs bis zu dessen Ende umfassen.

Arbeits- und Lebenswirklichkeit

In *„Papers, Please"* arbeitet der*die Spieler*in als Grenzwache in der dystopischen, realsozialistischen Republik Arstotzka und muss die Einreisevorschriften des Regimes exekutieren. Im Verlauf des nonlinearen Spiels kann er*sie regimetreu bleiben oder den Widerstand unterstützen, muss gleichzeitig aber auf das Wohlergehen der eigenen Familie achten. Ähnlich, aber in einem anderen Setting, funktioniert *„Not Tonight"*. Kurz nach dem Austritt Großbritanniens aus der EU unter einer fiktiven autoritären Regierung muss der*die Spieler*in als Rausschmeißer*in arbeiten, um seine*ihre eigene Ausweisung zu verhindern. In *„Beholder"* und *„Beholder 2"* wird der*die Spieler*in Funktionsträger eines kommunistischen Staats und muss als Blockwart („Beholder") oder Ministerialbeamter („Beholder 2") den Alltag meistern. *In „We. The Revolution"* durchlebt der*die Spieler*in die Französische Revolution aus Sicht eines Richters für das Revolutionstribunal. Er*sie muss Urteile fällen und sich an die Spitze der Macht hocharbeiten.

Digitalisierung, Datensicherheit und Grundrechte

In *„Tech Support, Error Unknown"* arbeitet der*die Spieler*in in einem Callcenter und hilft bei technischen Problemen, wird aber zunehmend in eine Verschwörung hineingezogen. Das Spiel simuliert die Verwendung von Spyware und thematisiert so den missbräuchlichen Umgang mit Daten. Ähnlich ist auch das Spiel *„Mainlining"*: Der*die Spieler*in übernimmt die Rolle eines Hackers für den britischen Geheimdienst. Über eine Desktop-Ansicht und mittels unterschiedlicher Programme muss er*sie Personen lokalisieren, deren Daten stehlen und Informationen zusammenführen. Gegen Ende des Spiels wird er*sie schließlich selbst Opfer der digitalen Überwachung. In *„Orwell: Keeping an Eye On You"* und *„Orwell: Ignorance is Strength"* übernimmt der*die Spielende die Position eines*einer Agent*in des Geheimdienstes und muss mittels Spyware Daten von Bürger*innen sammeln. Die Informationen von Social Media-Accounts, Bilddaten auf Smartphones, Mails und Websites werden kombiniert, um einen*eine Schuldige*n für ein Bombenattentat zu finden. In der dystopischen Zukunft von *„Replica"* wird der*die Spieler*in von der US-amerikanischen Regierung gezwungen, einem Unschuldigen ein Verbrechen unterzuschieben. Er*sie hat dafür nur das Smartphone der Person, deren Apps es zu entschlüsseln und deren Daten es zu kombinieren gilt.

Digitalisierung und gesellschaftlicher Wandel

In der utopischen und doch zugleich dystopischen Gesellschaft von „*State of Mind*" ist es möglich, menschliches Bewusstsein auf Server zu laden. Im Spiel geht es um die moralischen und ethischen Konsequenzen dieser Technologie. In der Dystopie von „*Neo Cap*" hat der Konzern Capra mit seinen selbstfahrenden Taxis die Marktdominanz erlangt. Als ‚traditionelle' Fahrerin kommt die Taxisfahrerin Lina nach Los Ojos, um zu ihrer Freundin Savy zu ziehen. Es entspannt sich ein Kriminalfall, der sich über die Gespräche mit Linas Fahrgästen entwickelt. Themen wie Digitalisierung, Grundrechte und Nudging werden behandelt. Im Action-Adventure „*Detroit: Become Human*" wird die Frage nach dem ethischen Umgang mit Androiden und ihrer gesellschaftlichen Integration gestellt.

Geschichtsrekonstruktion

In „*Gone Home*" kehrt Kaitlin Greenbriar im Juni 1995 vom Auslandsjahr in ihr Elternhaus zurück, das sie jedoch leer vorfindet. Bei der anschließenden Suche im Haus entdeckt sie nur Dokumente und Gegenstände, die Hinweise auf das Verschwinden der Familie geben. Wie ein*eine Historiker*in muss der*die Spielende anhand der Quellen, die der Alltagskultur der 1990er-Jahre entstammen, die familiäre Hintergrundgeschichte rekonstruieren. Als Linguistin und Xeno-Archäologin arbeitet der*die Spieler*in in „*Heaven's Vault*". In diesem Adventure gilt es, Xeno-Artefakte zu klassifizieren und historisch einzuordnen, um so die Geschichte eines untergegangenen Reichs aufzuarbeiten.

Historische Simulationen

Zu den großen historischen Geschichtssimulationen gehört die „*Civilization*"-Reihe und die Titel des Publishers *Paradox*. Letztere sind aufgrund der vielschichtigen Spielmechanik und der vielen DLCs außerordentlich komplex. Thematisch sind die Spiele u.a. im Mittelalter („Crusader Kings II"), in der Frühen Neuzeit („Europa Universalis IV"), im 19. Jahrhundert („Victoria II") und im Zweiten Weltkrieg („Hearts of Iron IV") angesiedelt. Die Spielserie „*Making History*" setzt den Ersten und den Zweiten Weltkrieg als Serious Game um. Im militärischen Bereich gilt die „*Total War*"-Reihe als Simulationsreferenz.

Identität und Multiperspektivität

Bei den beiden Spielen *„A Normal Lost Phone Story"* und *„Another Lost Phone: Laura's Story"* handelt es sich um Smartphone-Adventures. Der*die Spieler*in findet ein Smartphone und muss die Geschichte des Verlusts rekonstruieren. Das Spiel stellt dazu die grafische Oberfläche des Geräts dar und aus verschiedenen Apps müssen Informationen kombiniert werden. Das Spiel thematisiert damit, erstens die Datensicherheit digitaler Geräte und, zweitens, bilden Identitätskonflikte in beiden Spielen den Hintergrund. Das kostenlose Browsergame *„Decount – das Spiel"* ist ein Smartphone-Adventure, das unterschiedliche Formen der Radikalisierung von Jugendlichen behandelt. Auf der Website gibt es zusätzliches Begleitmaterial.

Ideologiekritik

Bei den Spielen von Molleindustria handelt es sich weniger um Computerspiele im gewöhnlichen Sinn, als vielmehr um digitale Installationen, Erlebnisräume und Versuchsanordnungen. Sie sollen aufrütteln, verstören und provozieren und sind allesamt kostenlos über den Browser auf der Seite des Herstellers zu spielen. Da die Spiele ein gewisses Argumentationsziel haben, eignen sie sich etwa auch für die Analyse von prozeduraler Rhetorik. In *„Invisible Fist"* muss der*die Spieler*in den beruflichen und privaten Alltag von Jeff, Dian Hua und Rena durchplanen, die gegen die ‚unsichtbare Hand' des freien Markts antreten. In diesem satirischen Spiel werden der kapitalistische Leistungsdruck und die gouvernmentalen Praktiken neoliberaler Wirtschaftsordnung kritisiert. Die stark erzählende Ego-Shooter-Reihe *„Bioshock"* handelt von drei dystopischen Gesellschaftsentwürfen mit fatalem Ausgang. Unter anderem beziehen sich die Spiele auf die neoliberale Ideologie der Schriftstellerin Ayn Rand. Viele kleine Spiele, etwa auf der Website „Serious Gameclassification", sind mehr als kritische Interventionen denn als ‚richtige' Spiele gedacht. *„Kabul Kaboom!"* oder *„September 12th: A Toy World"* richten sich etwa gegen den US-amerikanischen ‚War on Terror' und karikieren das Konzept der sogenannten ‚humanitäre Intervention'.

Klimawandel

In dem kostenlos verfügbaren Spiel *„The Climate Trail"* übernimmt der*die Spielende eine Gruppe von Klimaflüchtlingen in einer apokalyptischen Zukunft, die nach dem großen Brand nach Norden ziehen wollen. Die simple Spielmechanik und kurze Spieldauer verbunden mit kurzen Infos zum Klimawandel machen „The Climate Trail" zum niederschwelligen Spielerlebnis. Bei dem Serious Game *„Fate of the World"* handelt es sich um eine komplexe Klimawandelsimulation, die von der Universität Oxford mitentwickelt wurde. Die technische beziehungsweise tabellenlastige Darstellung des Spiels verbunden mit dem Fokus auf die technisch-naturwissenschaftliche Komponente des Klimawandels machen das Spiel anspruchsvoll, laden gleichzeitig aber auch zum Experimentieren und Testen unterschiedlicher Strategien ein. Weitere kostenlose Spiele im Zusammenhang mit dem Klimawandel sind etwa *„Stop Disaster"*, *„Carbon Cycle Game"* oder *„Climate Challenge"*. Viele weitere Spiele finden sich auf der Website von Ecogamer (www.ecogamer.org).

Mittelalter

Das nicht ganz ernst gemeinte Spiel *„Yes, Your Grace"* ist ein Königreichsimulator, der stark narrativ gerahmt ist. Von seinem Thron aus muss der*die Spieler*in sein*ihr Reich meist mittelbar über seine*ihre Adligen oder Boten regieren und verhindern, dass dieses vom Nachbarn erobert wird. Hauptfigur in *„Hellblade: Senua's Sacrifice"* ist eine junge keltische Frau. Gefährlich werden ihr nicht nur die Wikinger, die ihr Dorf überfallen und zerstört haben, sondern auch ihre psychischen Probleme. Das Spiel kann verwendet werden, um über die Rolle der Frau im frühen Mittelalter, den Umgang vormoderner Gesellschaften mit psychischen Erkrankungen oder über die frühmittelalterliche Sachgeschichte in der Region der Orkney Inseln zu lehren. In Spielen wie *„Grand Ages: Medieval"* oder *„Banished"* übernimmt der*die Spielende die Aufgabe, ein mittelalterliches Gemeinwesen zu organisieren.

Politiksimulatoren

Spiele wie *„Rulers of Nations"*, *„Master of the World"* oder *„Super Power 2"* simulieren Globalpolitik. *„Democracy 3"* und *„Democracy 4"* behandeln Politik auf nationaler Ebene. Stärker geschichtsbezogen ist das Spiel *„Evil Democracy: 1932"*, in dem man als Parteivorsitzende*r während der politisch brisanten 1930er-Jahren handelt. Im Spiel *„Suzerain"* muss ein krisengebeutelter Staat reformiert werden; besonders ist an dieser Politsimulation, dass Entscheidungen mittels Ausverhandlungsprozesse erst durchgesetzt werden müssen.

Soziale Wahrnehmung

Einige Spiele thematisieren wichtige politdidaktische Kompetenzen, wie Fremdverstehen, Multiperspektivität oder gewaltfreie Kommunikation. „*Kids*" etwa ist weniger ein Spiel als vielmehr eine interaktive Installation. Dargestellt durch eine comic-hafte Grafik werden assoziativ und metaphorisch massenpsychologische Verhaltensweisen simuliert. Die „*Parable of the Polygons*" ist eine Umsetzung der spieltheoretischen Überlegungen von Schelling und simuliert Segregationsprozesse. Das Browsergame „*The Visit*" stellt eine technisch einfache und zeitschonende Möglichkeit dar, die Schüler*innen über Recht, Staat und Rassismus diskutieren oder schreiben zu lassen. Zu Beginn scheint es sich um ein gewöhnliches Jump&Run-Spiel zu handeln, was sich jedoch ändert, sobald der*die Spieler*in genretypisch auf eine der ‚gegnerischen' Krabben springt.

Wirtschaftsgeschichte

Die Spiele „*Patrician IV*" und „*Rise of Venice*" gehören zu den spätmittelalterlichen Handelsspielen und simulieren die kaufmännischen Tätigkeiten eines Familienunternehmens. Sie sind in Norddeutschland (Hanse) beziehungsweise in Norditalien (Venedig) angesiedelt. Neben der Handelstätigkeit muss der*die Spieler*in die Entwicklung der eigenen Familie im Auge behalten. Ganz ähnlich, allerdings in der Karibik des 17. Jahrhunderts, funktioniert die Spielreihe „*Port Royale*". Das Spiel „*East India Company*" beschäftigt sich mit der gleichnamigen britischen Handelsgesellschaft im 17. Jahrhundert. Das Spiel „*Jamestown*" behandelt die Gründung der Kolonie und ist ein kostenloses Serious Game in englischer Sprache.

Zeiterfahrung

Zeitbezogene Pfadabhängigkeiten, kontrafaktische Geschichten und generell historische Prozesshaftigkeit machen Spiele wie „*Life is Strange*", „*The Gardens Between*" oder „*Your Future Self*" erfahrbar. In Letzterem muss der*die Spieler*in mittels einer Zeitreisemaschine sein zukünftiges Ich davon überzeugen, eine bestimmte Handlung zu unterlassen, damit der Verlauf der Geschichte verändert wird. In dem Mystery-Adventure „*Oxenfree*" müssen die Ereignisse um Edwards Island rekonstruiert werden. Die Protagonistin Alex hängt dabei immer wieder in Zeitschleifen fest und kann Vergangenheit und Zukunft durch ihre Entscheidungen beeinflussen. Das Spiel ist auf ein mehrfaches Durchspielen ausgelegt, das je nach Verlauf zu unterschiedlichen Enden führt.

8. Literaturverzeichnis

Ackermann, Judith (Hg.) (2017): Phänomen Let's Play-Video. Wiesbaden.

Arbeitskreis Geschichtswissenschaft und Digitale Spiele (2016): Manifest für geschichtswissenschaftliches Arbeiten mit Digitalen Spielen. Update-Version 1.1. In: Blog des Arbeitskreises Geschichtswissenschaft und Digitale Spiele. https://gespielt.hypotheses.org/manifest_v1-1 (13.4.2020).

Arndt, Tracy/Freybe, Konstantin/Lahmann, André/Roth, Martin (2020): Reference Evil – Bibliographische Herausforderungen bei Videospielen. In: Bibliotheksdienst, 54/2020, S. 345–362.

Aumayr, Florian (2019): Der frühe moderne Staat im digitalen Spiel. Diplomarbeit, Wien.

Aumayr, Florian/Preisinger, Alexander (Hg.) (2020): Digitale Spiele im Geschichtsunterricht und der Politischen Bildung. Wien.

Baacke, Dieter (1996): Medienkompetenz – Begrifflichkeit und sozialer Wandel. In: Rein, A. v. (Hg.): Medienkompetenz als Schlüsselbegriff. Bad Heilsbrunn, S. 112–124.

Banaszczuk, Yasmina (2019): Toxic Gaming – Rassismus, Sexismus und Hate Speech in der Spieleszene. In: Aus Politik und Zeitgeschichte, 31–32/2019, S. 34–39.

Barr, Matthew (2019): Graduate Skills and Game-Based Learning. Using Video Games for Employability in Higher Education. Cham.

Bartholdy, Björn/Breitlauch, Linda/Czauderna, André/Freyermuth, Gundolf S. (2018) (Hg.): Games studieren – was, wie, wo? Staatliche Studienangebote im Bereich digitaler Spiele. Bielefeld.

Baumgärtner, Ulrich (2015): Wegweiser Geschichtsdidaktik. Historisches Lernen in der Schule. Paderborn.

Becker, Katrin (2017): Choosing and Using Digital Games in the Classroom. A Practical Guide. Berlin.

Bender, Steffen (2012): Virtuelles Erinnern. Bielefeld.

Bernhardt, Markus (2018): Das Spiel im Geschichtsunterricht. Frankfurt/M.

Bernhard, Roland/Kühberger, Christoph (2018): „Digital history teaching"? Qualitativ empirische Ergebnisse aus 50 teilnehmenden Beobachtungen zur Verwendung von Medien im Geschichtsunterricht. In: Sandkühler, Thomas/Bühl-Gramer, Charlotte/John, Anke/Schwabe, Astrid/Bernhardt, Markus (Hg.): Geschichtsunterricht im 21. Jahrhundert. Eine geschichtsdidaktische Standortbestimmung. Bonn, S. 425–440.

Berninghaus, Siegfried K./Ehrhart, Karl-Martin/Güth, Werner (2010): Strategische Spiele. Eine Einführung in die Spieltheorie. Berlin, Heidelberg.

Bernsen, Daniel/Kerber, Ulf (2017a): Medientheoretische Überlegungen für die Geschichtsdidaktik. In: Bernsen, Daniel/Kerber, Ulf (Hg.): Praxishandbuch Historisches Lernen und Medienbildung im digitalen Zeitalter. Opladen, S. 22–36.

Bernsen, Daniel (2017b): Medien im Geschichtsunterricht: Funktionen, Verhältnis und Raumverständnis. In: Bernsen, Daniel/Kerber, Ulf (Hg.): Praxishandbuch Historisches Lernen und Medienbildung im digitalen Zeitalter. Opladen, S. 37–44.

Besand, Anja (2014): Mit digitalen Medien lernen: Lernprodukte und Lernumgebung. In: Sander, Wolfgang (Hg.): Handbuch politische Bildung. Schwalbach/Ts., S. 474–483.

Bevc, Tobias (2009): Virtuelle Politik- und Gesellschaftsmodelle. In: Bevc, Tobias/Zapf, Holger (Hg.): Wie wir spielen, was wir werden. Computerspiele in unserer Gesellschaft. Konstanz, S. 141–160.

Bevc, Tobias (2010): Visuelle Kommunikation und Politik in Videospielen: Perspektiven für die politische Bildung? In: Thimm, Caja (Hg.): Das Spiel: Muster und Metapher der Mediengesellschaft. Wiesbaden, S. 169–189.

Bigl, Benjamin (2009): Game Over? – Was vom Spielen übrig bleibt. Empirische Studie zu assoziativen Transfereffekten zwischen Spiel- und Alltagswelt. München.

Bopp, Matthias/Wiemer, Serjoscha/Nohr, Rolf F. (Hg.) (2009): Shooter. Eine multidisziplinäre Einführung. Münster.

Boyle, Elizabeth A./Hainey, Thomas/Connolly, Thomas M./Gray, Grant/Earp, Jeffrey/Ott, Michela (2016): An update to the systematic literature review of empirical evidence of the impacts and outcomes of computer games and serious games. In: Computers & Education, 94/2016, S. 178–192.

Breiner, Tobias Christopher/Kolibius, Luca D. (2019): Computerspiele: Grundlagen, Psychologie und Anwendungen. Berlin.

Brenner, Gerd/Brenner, Kira (2014): Methoden für alle Fächer. Sekundarstufe I und II. Berlin.

Breuer, Johannes (2010): Spielend lernen? Eine Bestandsaufnahme zum (Digitalen) Game-Based Learning. Düsseldorf, LfM.

Breuer, Johannes (2017): Non vitae, sed ludo discimus? Grenzen des Lernens mit Computerspielen. In: Zielinski, Wolfgang/Aßmann, Sandra/Kaspar, Kai/Moormann, Peter (Hg.): Spielend lernen! Computerspiele(n) in Schule und Unterricht. Düsseldorf, S. 17–26.

Buchberger, Wolfgang/Kühberger, Christoph (2013): Computerspiele und Geschichtsunterricht: Dynamische digitale Spielwelten kritisch hinterfragen. In: Verein für Geschichte und Sozialkunde (Hg.): Historische Sozialkunde: Geschichte – Fachdidaktik – Politische Bildung. Wien, S. 36–44.

Bühler-Gramer, Charlotte (2018): Geschichtsunterricht im 21. Jahrhundert – eine Standortbestimmung. In: Sandkühler, Thomas/Bühl-Gramer, Charlotte/John, Anke/Schwabe, Astrid/Bernhardt, Markus (Hg.): Geschichtsunterricht im 21. Jahrhundert. Eine geschichtsdidaktische Standortbestimmung. Bonn, S. 31–40.

Caillois, Roger (1982): Die Spiele und die Menschen. Maske und Rausch. München.

Carr, Diane (2007): The Trouble with Civilization. In: Atkins, Barry/Krzywinska, Tanya (Hg.): Videogame, Player, Text. Manchester, S. 222–236.

Chapman, Adam (2013): Is Sid Meier's Civilization History? In: Rethinking History, 03/2013, S. 312–332.

Chapman, Adam (2016): Digital Games as History. How Videogames Represent the Past and Offer Access to Historical Practice. New York.

Chapman, Adam/Foka, Anna/Westin, Jonathan (2017): Introduction: What is Historical Game Studies? In: Rethinking History, 21/2017, S. 358–371.

Charsky, Dennis/Mims, Clif (2008): Integrating Commercial Off-the-Shelf Video Games into School Curriculums. In: TECHTRENDS TECH TRENDS, 05/2008, S. 38–44.

Chou, Yu-kai (o.A.): Octalysis – the complete Gamification framework. In: Gamification & Behavioral Design. yukaichou.com/gamification-examples/octalysis-complete-gamification-framework (17.9.2019).

Clark, Douglas B./Tanner-Smith, Emily E./Killingsworth, Stephen S. (2016): Digital Games, Design, and Learning: A Systematic Review and Meta-Analysis. In: Review of Educational Research, 01/2016, S. 79–122.

Connolly, Thomas M./Boyle, Elizabeth A./MacArthur, Ewan/Hainey, Thomas/Boyle, James M. (2012): A systematic literature review of empirical evidence on computer games and serious games. In: Computers & Education, 02/2012, S. 661–686.

Danniau, Fien (2013): Public History in a Digital Context: Back to the Future or Back to Basics? In: BMGN-The Low Countries Historical Review, 04/2013, S. 118–144.

Detjen, Joachim/Massing, Peter/Richter, Dagmar/Weißeno, Georg (2012): Politikkompetenz – ein Modell. Wiesbaden.

Deutscher Olympischer Sportbund (2018): DOSB und „ESPORT". In: Deutscher Olympischer Sportbund. www.dosb.de/ueber-uns/esport (3.6.2020).

Djaouti, Damien/Alvarez, Julian/Jessel, Jean-Pierre/Rampnoux, Olivier (2011): Origins of Serious Games. In: Ma, Minhua/Oikonomou, Andreas/Jain, Lakhmi C. (Hg.): Serious Games and Edutainment Applications. London, S. 25–43.

Dohmen, Claudia (2017): 66 Spielideen Geschichte. Einfach, kreativ, motivierend. Augsburg.

Donecker, Stefan (2014): Civilization und der Geist des Jahres 1991. In: Kerschbaumer Florian/Winnerling, Tobias (Hg.): Frühe Neuzeit im Videospiel. Geschichtswissenschaftliche Perspektiven. Bielefeld, S. 269–288.

Eckardt, Linda/Körber, Steffen/Becht, Eva Johanna/Plath, Alexandra/Falah, Sharaf Al/Robra-Bissantz, Susanne (2017): Führen Serious Games zu Lernerfolgen? – Ein Vergleich zum Frontalunterricht. In: Strahringer, Susanne/Leyh, Christian (Hg.): Gamification und Serious Games. Grundlagen, Vorgehen und Anwendungen. Berlin, S. 139–150.

Egenfeldt-Nielsen, Simon/Smith, Jonas Heide/Tosca, Susana Pajares (2016): Understanding video games. The essential introduction. New York.

Elliott, Andrew B. R./Kapell, Matthew (2017): Introduction: To Build a Past That Will „Stand the Test of Time" – Discovering Historical Facts, Assembling Historical Narratives. In: Kapell, Matthew/Elliott, Andrew B. R. (Hg.): Playing with the Past. Digital Games and the Simulation of History. New York, S. 1–29.

Elliott, Andrew B. R. (2019): Charlemagne at the Battle of Gettysburg. In: Lünen, Alexander von/Lewis, Katherine J./Litherland, Benjamin/Cullum, Pat (Hg.): HISTORIA LUDENS. The playing historian. London, S. 170–185.

ESRB (2020a): Ratings Guide. In: ESRB. esrb.org/ratings-guide (4.7.2020).

ESRB (2020b): ESRB Home. In: ESRB. esrb.org (4.7.2020).

Fabricatore, Carlo/López, Ximena (2012): Sustainability Learning through Gaming: An Exploratory Study. In: Electronic Journal of E-Learning, 02/2012, S. 209–222.

Felicia, Patrick (2009): Digital games in schools. A handbook for teachers. Belgien.

Fernández-Vara, Clara (2019): Introduction to Game Analysis. New York, Routledge.

Fileccia, Marco/Fromme, Johannes/Wiemken, Jens (2010): Computerspiele und virtuelle Welten als Reflexionsgegenstand von Unterricht. Düsseldorf.

Fogu, Claudio (2009): Digitalizing Historical Consciousness. In: History and Theory, 02/2009, S. 103–121.

Ford, Dom (2016): „eXplore, eXpand, eXploit, eXterminate": Affective Writing of Postcolonial History and Education in Civilization V. In: Game Studies, 16/2016. gamestudies.org/1602/articles/ford (11.3.2020).

Freist, Dagmar (2008): Absolutismus. Darmstadt.

Friedman, Ted (1999): Civilization and its Discontents. Simulation, Subjectivity, and Space. In: Smith, Greg M. (Hg.): On a Silver Platter: CD-ROMs and the Promises of a New Technology. New York, S. 132–150.

Fritz, Jürgen (1997): Zwischen Transfer und Transformation. Überlegungen zu einem Wirkungsmodell der virtuellen Welt. In: Fritz, Jürgen/Fehr, Wolfgang (Hg.): Handbuch Medien, Computerspiele. Bonn, Bundeszentrale politische Bildung, S. 229–246.

Fritz, Jürgen (2004): Das Spiel verstehen. Eine Einführung in Theorie und Bedeutung. Weinheim.

Fritz, Jürgen (2011): Wie Computerspieler ins Spiel kommen. Theorien und Modelle zur Nutzung und Wirkung virtueller Spielwelten. Berlin, Vistas.

Gabriel, Sonja (2018): Learning by Playing – Wie digitale Spiele den Erwerb von Kompetenzen unterstützen können. In: R&E-Source, Sonderheft 10, S. 1–12.

Gagné, Robert M. (2011): Die Bedingung des menschlichen Lernens. Münster.

Galloway, Alexander R. (2007): Den Code spielen. Allegorien der Kontrolle in Civilization. In: Holtorf, Christian/Pias, Claus (Hg.): Escape! Computerspiele als Kulturtechnik. Köln, Böhlau, S. 273–286.

game (2019): Marktdaten, in: www.game.de/marktdaten/#Zahlen%20und%20Fakten (16.3.2020).

GamesCoop (2012) (Hg.): Theorien des Computerspiels. Hamburg.

Ganguin, Sonja (2010): Computerspiele und lebenslanges Lernen. Eine Synthese von Gegensätzen. Wiesbaden, VS.

Ganguin, Sonja/Hoblitz, Anna (2013): Serious Games – Ernstes Spielen? In: Freyermuth, Gundolf S./Gotto, Lisa/Wallenfels, Fabian (Hg.): Serious Games, Exergames, Exerlearning. Zur Transmedialisierung und Gamification des Wissenstransfers. Bielefeld, S. 165–183.

Garris, Rosemary/Ahlers, Robert/Driskell, James E. (2002): Games, Motivation, and Learning: A Research and Practice Model. In: Simulation & Gaming, 04/2002, S. 441–467.

Gebel, Christa (2005): Kompetenzpotenziale populärer Computerspiele. In: Institut für Medienpädagogik. www.jff.de/veroeffentlichungen/detail/kompetenzpotenziale-populaerer-computerspiele (7.7.2020).

Gebel, Christa (2009): Lernen und Kompetenzerwerb mit Computerspielen. In: Bevc, Tobias/Zapf, Holger (Hg.): Wie wir spielen, was wir werden. Computerspiele in unserer Gesellschaft. Konstanz, UVK, S. 77–94.

Gee, James Paul (2013): Good video games and good learning. Collected essays on video games, learning and literacy. New York.

Gerber, Hannah R./Abrams, Sandra Schamroth (Hg.) (2014): Bridging Literacies with Videogames. Rotterdam.

Giere, Daniel (2017): Beworbene Vergangenheit: Eine terminologische Annäherung an Geschichte in digitalen Spielen. In: Militär und Geschichte in der frühen Neuzeit, 01/2017, S. 13–52.

Giere, Daniel (2019): Computerspiele – Medienbildung – historisches Lernen. Zu Repräsentation und Rezeption von Geschichte in digitalen Spielen. Frankfurt/M., Wochenschau.

Gieselmann, Hartmut (2002): Der virtuelle Krieg. Zwischen Schein und Wirklichkeit im Computerspiel. Hannover.

Gloria, Alessandro de/Bellotti, Francesco/Berta, Riccardo (2014): Serious Games for education and training. In: International Journal of Serious Games, 01/2014, o.A.

Granic, Isabela/Lobel, Adam/Engels, Rutger C. M.E. (2014): The Benefits of playing Video Games. In: The American Psychologist, 01/2014, S. 66–78.

Groff, Jennifer/McCall, Jeremiah/Darvasi, Paul/Gilbert, Zack (2016): Using Games in the Classroom. In: Schrier, Karen (Hg.): Learning, Education and Games. Volume 2: Bringing Games into Educational Contexts. o.A., S. 19–41.

Groot, Jerome de (2016): Consuming History. Historians and Heritage in Contemporary Popular Culture. London.

Grosch, Waldemar (2002): Computerspiele im Geschichtsunterricht. Schwalbach/Ts.

Gudladt, Katharina/Cebulla, Florian (Hg.) (2014): Spiele und Vertretungsstunden. Braunschweig.

Harris, Judith/Mishra, Punya/Koehler, Matthew (2009): Teachers' Technological Pedagogical Content Knowledge and Learning Activity Types. In: Journal of Research on Technology in Education, 04/2009, S. 393–416.

Heinze, Carl (2014): Mittelalter Computer Spiele. Zur Darstellung und Modellierung von Geschichte im populären Computerspiel. Bielefeld, Transcript.

Hellmuth, Thomas (2014): Historisch-politische Sinnbildung. Geschichte – Geschichtsdidaktik – politische Bildung. Schwalbach/Ts.

Hui, Victoria Tin-bor (2005): War and state formation in ancient China and early modern Europe. Cambridge.

Huizinga, Johan (1994): Homo ludens. Vom Ursprung der Kultur im Spiel. Reinbek/Hamburg.

Humborg, Christian/Nguyen, Thuy Anh (2018): Die publizistische Gesellschaft. Journalismus und Medien im Zeitalter des Plattformkapitalismus. Wiesbaden.

Hust, Christoph (Hg.) (2018): Digitale Spiele. Interdisziplinäre Perspektiven zu Diskursfeldern, Inszenierung und Musik. Bielefeld.

Hutchison, David (2007): Playing to Learn. Video Games in the Classroom. Westport.

Jirak, Sophie (2020): The Lion's Song. In: Preisinger, Alexander/Aumayr, Florian: Digitale Spiele im Geschichtsunterricht und in der Politischen Bildung. Wien, S. 15–16.

Jöckel, Sven (2018): Computerspiele. Nutzung, Wirkung und Bedeutung. Erfurt.

Juul, Jesper (2011): Half-Real. Video Games between Real Rules and Fictional Worlds. Cambridge/London.

Kaindel, Christoph/Steffelbauer, Ilja (2010): Civilizations, Inventions and Empires. Implicit Theories of History and Society in Computer Games. In: Mitgutsch, Konstantin/Klimmt, Christoph/Rosenstingl, Herbert (Hg.): Exploring the Edges of Gaming. Proceedings of the Vienna Games Conference 2008–2009: Future and Reality of Gaming. Wien, S. 251–262.

Kaminski, Winfred/Witting, Tanja (Hg.) (2007): Digitale Spielräume. Basiswissen Computer- und Videospiele. München.

Kapell, Matthew/Elliott, Andrew B. R. (Hg.) (2017): Playing with the Past. Digital Games and the Simulation of History. New York.

Kepser, Matthias (2012): Computerspielbildung. Auf dem Weg zu einer kompetenzorientierten Didaktik des Computerspiels. In: Boelmann, Jan/Seidler, Andreas (Hg.): Computerspiele als Gegenstand des Deutschunterrichts. Frankfurt/M., Lang, S. 13–47.

Kerber, Ulf (2015): Medientheoretische und medienpädagogische Grundlagen einer „Historischen Medienkompetenz". In: Demantowsky, Marko/Pallaske, Christoph (Hg.): Geschichte lernen im digitalen Wandel. Berlin, S. 105–132.

Kerber, Ulf (2017): Historische Medienbildung – ein transdisziplinäres Modell für den Geschichtsunterricht. In: Bernsen, Daniel/Kerber, Ulf (Hg.): Praxishandbuch Historisches Lernen und Medienbildung im digitalen Zeitalter. Opladen, S. 45–82.

Kerschbaumer, Florian/Winnerling, Tobias (Hg.) (2014): Frühe Neuzeit im Videospiel. Geschichtswissenschaftliche Perspektiven. Bielefeld.

Kerschbaumer, Florian/Winnerling, Tobias (2015): Spielend Geschichte lernen? Videospiele, Geschichtswissenschaft, universitäre Praxis. In: Buchberger, Wolfgang/Kühberger, Christoph/Stuhlberger, Christoph (Hg.): Nutzung digitaler Medien im Geschichtsunterricht. Innsbruck, S. 99–109.

Kerschbaumer, Florian (2018): (Post-)Koloniale Narrative in Computerspielen. Globalhistorische Forschungsperspektiven und -potenziale. In: Köstlbauer, Josef/Pfister, Eugen/Winnerling, Tobias (Hg.): Weltmaschinen. Digitale Spiele als globalgeschichtliches Phänomen. Wien, S. 124–138.

Kingsepp, Eva (2006): Immersive Historicity in World War II Digital Games. In: HUMAN IT, 02/2006, S. 60–89.

Klimmt, Christoph (2010): Key Dimensions of Contemporary Video Game Literacy: Towards A Normative Model of the Competent Digital Gamer. In: Mitgutsch, Konstantin/Klimmt, Christoph/Rosenstingl, Herbert (Hg.): Exploring the edges of gaming. Proceedings of the Vienna Games Conference 2008–2009: future and reality of gaming. Wien, S. 25–34.

Klippert, Heinz (2016): Planspiele. 10 Spielvorlagen zum sozialen, politischen und methodischen Lernen in Gruppen. Weinheim.

Koch, Sebastian/Raupach, Tim (2013): Authentizität und Aneignung von Geschichtsdarstellungen in Weltkriegsshootern. In: Literatur in Wissenschaft und Unterricht, 02–03/2013, S. 205–217.

Kolb, Alice Y./Kolb, David A. (2017): Experiential Learning Theory as a Guide for Experiential Educators in Higher Education. In: A Journal for Engaged Educators, 01/2017, S. 7–44.

Körber, Andreas/Schreiber, Waltraud/Schöner, Alexander (Hg.) (2007): Kompetenzen historischen Denkens. Ein Strukturmodell als Beitrag zur Kompetenzorientierung in der Geschichtsdidaktik. Neuried.

Korte, Barbara/Paletschek, Sylvia: Geschichte in populären Medien und Genres: Vom historischen Roman zum Computerspiel. In: Korte, Barbara/Paletschek, Sylvia (Hg.): History Goes Pop. Zur Repräsentation von Geschichte in populären Medien und Genres. Bielefeld, S. 9–60.

Köster, Manuel (2017): Echt wahr! Geschichtskulturelle Medien als sprachliche Konstruktionen mit Anspruch auf „Authentizität". In: Zeitschrift für Geschichtsdidaktik, 01/2017, S. 32–47.

Köstlbauer, Josef (2013): Editorial. In: Historische Sozialkunde, 04/2013, S. 2–3.

Köstlbauer, Josef/Pfister, Eugen (2018): Vom Nutzen und Nachteil einer Historie digitaler Spiele. In: Hust, Christoph (Hg.): Digitale Spiele. Interdisziplinäre Perspektiven zu Diskursfeldern, Inszenierung und Musik. Bielefeld, S. 89–106.

Kubetzky, Thomas (2012): Computerspiele als Vermittlungsinstanzen von Geschichte? Geschichtsbilder in Aufbausimulationsspielen am Beispiel von Civilization III. In: Schwarz, Angela (Hg.): „Wollten Sie auch immer schon einmal pestverseuchte Kühe auf ihre Gegner werfen?". Eine fachwissenschaftliche Annährung an Geschichte im Computerspiel. Münster, S. 75–106.

Kühberger, Christoph (2009): Kompetenzorientiertes historisches und politisches Lernen. Methodische und didaktische Annäherungen für Geschichte, Sozialkunde und Politische Bildung. Innsbruck.

Kühberger, Christoph (2010): Historisches und politisches Denken – Von Gleichem und Domänenspezifischen. In: Historische Sozialkunde, 2/2010, S. 40–46.

Kühberger, Christoph (2017): Computerspiele als Teil des historischen Lernens. In: Bernsen, Daniel/Kerber, Ulf (Hg.): Praxishandbuch Historisches Lernen und Medienbildung im digitalen Zeitalter. Opladen, S. 229–236.

Kunczik, Michael/Zipfel, Astrid (2006): Gewalt und Medien. Ein Studienhandbuch. Köln.

Lackner, Thomas (2014): Computerspiel und Lebenswelt. Kulturanthropologische Perspektiven. Bielefeld.

Lange, Andreas (2012): Pacman im Archiv. Computerspiele als digitales Kulturgut. In: Zeithistorische Forschungen/Studies in Contemporary History, 09/2012, S. 326–333.

Lechner-Amante, Alexandra (2014): Politische Bildung als Unterrichtsprinzip. In: Sander, Wolfgang (Hg.): Handbuch politische Bildung. Schwalbach/Ts., S. 203–211.

Lee, John K./Probert, Jeffrey (2010): Civilization III and Whole-Class Play in High School Social Studies. In: The Journal of Social Studies Research, 01/2010, S. 1–28.

Lehmann, Katja (Hg.) (2006): Theater spielen im Geschichtsunterricht. Spielformen, Methoden, Anwendungen und deren didaktische Reflexion. Neuried.

Limelight Networks (2020): The State of Online Gaming. In: www.limelight.com/resources/white-paper/state-of-online-gaming-2020 (13.4.2020).

Lorber, Martin (2020): Jugendschutz. In: Zimmermann, Olaf/Falk, Felix (2020): Handbuch Gameskultur. Berlin, S. 199–202.

Lorber, Martin/Zimmermann, Felix (2020) (Hg.): History in Games. Contingencies of an Authentic Past. Bielefeld.

Lücke, Martin/Zündorf, Irmgard (2018): Einführung in die Public History. Stuttgart.

Lukesch, Helmut (2001): Psychologie des Lernens und Lehrens. Regensburg.

Mai, Stephan/Preisinger, Alexander (2020): Digitale Spiele und historisches Lernen. Frankfurt/M.

Mattes, Wolfgang (2011): Methoden für den Unterricht. Kompakte Übersichten für Lehrende und Lernende. Paderborn.

Mayer, Ulrich/Pandel, Hans-Jürgen/Schneider, Gerhard/Schönemann, Bernd (2014): Wörterbuch Geschichtsdidaktik. Schwalbach/Ts.

Mäyrä, Frans (2012): An Introduction to Game Studies. Games in Culture. Los Angeles, SAGE.

Mayring, Philipp (2010). Qualitative Inhaltsanalyse. Grundlagen und Techniken. Weinheim.

McCall, John Joseph (2011): Gaming the Past. Using Video Games to Teach Secondary History. New York.

McCall, Jeremiah (2012): Navigating the Problem Space: The Medium of Simulation Games in the Teaching of History. In: The History Teacher, 01/2012, S. 9–28.

McCall, Jeremiah (2019): Playing with the Past: History and Video Games (and why it might matter). In: Journal of Geek Studies, 01/2019, S. 29–48.

McGonigal, Jane (2012): Reality is Broken. Why Games Make Us Better and How They Can Change the World. London.

Medienpädagogischer Forschungsverbund Südwest (2018): Jugend Information Medien-Studie 2018. In: www.mpfs.de/fileadmin/files/Studien/JIM/2018/Studie/JIM2018_Gesamt.pdf (12.4.2020).

Metzger, Scott Alan/Paxton, Richard J. (2016): Gaming History: A Framework for what Video Games Teach about the Past. In: Theory & Research in Social Education, 4/2016, S. 532–564.

Mir, Rebecca/Owens, Trevor (2017): Modeling Indigenous Peoples: Unpacking Ideology in Sid Meier's Colonization. In: Kapell, Matthew/Elliott, Andrew B. R. (Hg.): Playing with the Past. Digital Games and the Simulation of History. New York, S. 91–106.

Mitgutsch, Konstantin/Wagner, Michael (2009): Gaming the School. Didaktische Szenarien des Digital Game Based Learning. In: Medienimpulse, 01/2009, S. 1–34.

Motyka, Marc (2018): Digitales, spielbasiertes Lernen im Politikunterricht. Der Einsatz von Computerspielen in der Sekundarstufe. Wiesbaden, Springer.

Neitzel, Britta/Bopp, Matthias/Nohr, Rolf F. (Hg.) (2010): „See? I'm real …" – multidisziplinäre Zugänge zum Computerspiel am Beispiel von ‚Silent Hill'. Münster.

Neitzel, Britta/Nohr, Rolf F. (2010): Game Studies. In: MEDIENwissenschaft, 04/2010, S. 416–435.

Neitzel, Britta (2012): Involvierungsstrategien des Computerspiels. In: GamesCoop (Hg.): Theorien des Computerspiels. Hamburg, S. 75–103.

Niggemann, Lea/Heinzerling, Matthias (2013): Möglichkeiten und Grenzen der pädagogischen Nutzung von Computer- und Videospielen. In: Koubek, Jochen/Mosel, Michael/Werning, Stefan (Hg.): Spielkulturen. Funktionen und Bedeutungen des Phänomens Spiel in der Gegenwartskultur und im Alltagsdiskurs. Glückstadt, S. 125–137.

Nolden, Nico (2019): Geschichte und Erinnerung in Computerspielen. Erinnerungskulturelle Wissenssysteme. Berlin.

Ohler, Peter/Nieding, Gerhild (2000): Was läßt sich beim Computerspielen lernen? Kognitions- und spielpsychologische Überlegungen. In: Kammerl, Rudolf (Hg.): Computerunterstütztes Lernen. Berlin, S. 188–215.

Österreichischer Verband für Unterhaltungssoftware (2019): Gaming in Austria 2019. In: www.ovus.at/news/ueber-fuenf-millionen-oesterreicher-spielen-videospiele (12.4.2020).

Pallaske, Christoph (2015): Die Vermessung der (digitalen) Welt. In: Demantowsky, Marko/Pallaske, Christoph (Hg.): Geschichte lernen im digitalen Wandel. Berlin, S. 135–147.

PEGI (2020): PEGI. Pan European Game Information. In: PEGI. pegi.info (4.7.2020).

Pfister, Eugen/Winnerling, Tobias (2020): Digitale Spiele. In: Docupedia-Zeitgeschichte. docupedia.de/zg/Pfister_Winnerling_digitale_spiele_v1_de_2020 (15.4.2020).

Pilarczyk, Ulrike (2007): Über die Schwierigkeit, Computerspiele (pädagogisch) zu beurteilen. In: Holtorf, Christian/Pias, Claus (Hg.): Escape! Computerspiele als Kulturtechnik. Köln, S. 55–63.

Pirker, Eva Ulrike/Rüdiger, Mark (2010): Authentizitätsfiktionen in populären Geschichtskulturen: Annäherungen. In: Pirker, Eva Ulrike/Mark, Rüdiger (Hg.): Echte Geschichte. Authentizitätsfiktionen in populären Geschichtskulturen. Bielefeld, S. 11–30.

Pivec, Maja/Kearney, Paul (2007): Games for Learning and Learning from Games. In: Informatica, 31/2007, S. 419–423.

Pohlmann, Horst (2007): Überwältigt von der Spieleflut? – Genrekunde. In: Kaminski, Winfried/Witting, Tanja (Hg.): Digitale Spielräue. Basiswissen Computer- und Videospiele. München, S. 9–16.

Prensky, Marc (2001): Digital Game-Based Learning. New York.

Preisinger, Alexander (2018): „You are fake news!". Fake News, Filterblase und postfaktisches Zeitalter. In: Historische Sozialkunde, 04/2018, S. 32–36.

Preisinger, Alexander (2020): „Truth is dead" – Fake News, Politik- und Medienwandel im digitalen Spiel. In: Engelns, Markus/Voßkamp, Patrick (Hg.): Osnabrücker Beiträge zur Sprachtheorie. Sprechende Pixel – Computerspielphilologie in Schule und Hochschule, 96/2020, S. 99–120.

Rachow, Axel (Hg.) (2017): 51 Trainer präsentieren 77 Top-Spiele aus ihrer Seminarpraxis. Bonn.

Reheis, Fritz (2016): Politische Bildung. Eine kritische Einführung. Wiesbaden.

Reichert, Ramón (2008): Government-Games und Gouverntainment. Das Globalstrategiespiel CIVILIZATION von Sid Meier. In: Nohr, Rolf F./ Wiemer, Serjoscha (Hg.): Strategie spielen. Medialität, Geschichte und Politik des Strategiespiels. Berlin, S. 189–212.

Reinhard, Wolfgang (2002): Geschichte der Staatsgewalt. Eine vergleichende Verfassungsgeschichte Europas von den Anfängen bis zur Gegenwart. München.

Reinhard, Wolfgang (2009): Geschichte des modernen Staates. Von den Anfängen bis zur Gegenwart. München.

Rejack, Brian (2007): Toward a Virtual Reenactment of History: Video Games and the Recreation of the Past. In: Rethinking History, 03/2007, S. 411–425.

Rochat, Yannick (2019): A Quantitative Study of Historical Video Games (1981–2015). In: Lünen, Alexander von/Lewis, Katherine J./Litherland, Benjamin/Cullum, Pat (Hg.): HISTORIA LUDENS. The playing historian. London, S. 3–19.

Rössler, Patrick (2017). Inhaltsanalyse. Konstanz.

Rüsen, Jörn (1994): Was ist Geschichtskultur? Überlegungen zu einer neuen Art, über Geschichte nachzudenken. In: Füßmann, Klaus/Grütter, Heinrich Theodor/Rüsen, Jörn (Hg.): Historische Faszination. Geschichtskultur heute. Köln, S. 3–26.

Rüth, Marco (2017): Spielerisches Lernen besser bewerten: Effektivität und Effizienz von Computerspielen. In: Zielinski, Wolfgang/Aßmann, Sandra/Kaspar, Kai/Moormann, Peter (Hg.): Spielend lernen! Computerspiele(n) in Schule und Unterricht. Düsseldorf, S. 39–53.

Salvati, Andrew J./Bullinger, Jonathan M. (2017): Selective Authenticity and the Playable Past. In: Kapell, Matthew/Elliott, Andrew B. R. (Hg.): Playing with the Past. Digital Games and the Simulation of History. New York, S. 153–167.

Salvati, Andrew J. (2019): Fantasies of Control. Modding for Ethnic Violence and Nazi Fetishism in Historical Strategy Games. In: Lünen, Alexander von/Lewis, Katherine J./Litherland, Benjamin/Cullum, Pat (Hg.): Historia Ludens. The playing historian. London, S. 155–169.

Sander, Wolfgang (2014): Kompetenzorientierung als Forschungs- und Konfliktfeld der Didaktik der politischen Bildung. In: Sander, Wolfgang (Hg.): Handbuch politische Bildung. Schwalbach/Ts., S. 113–124.

Sander, Wolfgang/Reinhardt, Sibylle/Petrik, Andreas/Lange, Dirk/Henkenborg, Peter/Hedtke, Reinhold/Grammes, Tilman/Besand, Anja (Hg.) (2017): Was ist gute politische Bildung? Leitfaden für den sozialwissenschaftlichen Unterricht. Schwalbach/Ts.

Sawyer, Ben/Rejeski, David (2002). Serious Games: Improving Public Policy Through Game-based Learning and Simulation. Washington/DC.

Scheuerl, Hans (Hg.) (1975): Theorien des Spiels. Weinheim.

Schiffer, Christian (2011): Machtspiele im digitalen Sandkasten. Wie politisch sind Computerspiele? In: Inderst, Rudolf Thomas (Hg.): Contact – Conflict – Combat. Zur Tradition des Konfliktes in digitalen Spielen. Boizenburg, S. 65–71.

Schipperges, Britta (2011): Geschichte. Spiele zur Unterrichtsgestaltung. Mülheim/Ruhr.

Scholz, Lothar (2009): Spielerisch Politik lernen. Methoden des Kompetenzerwerbs im Politik- und Sozialkundeunterricht. Schwalbach/Ts.

Scholz, Lothar (2014): Spielend lernen: Spielformen in der politischen Bildung. In: Sander, Wolfgang (Hg.): Handbuch politische Bildung. Schwalbach/Ts., S. 484–492.

Schrape, Niklas (2012): Die Rhetorik von Computerspielen. Wie politische Spiele überzeugen. Frankfurt/M.

Schubert, Stefan (2018): Narrativität, Interaktivität und kulturelle Arbeit in HEAVY RAIN. In: Hust, Christoph (Hg.): Digitale Spiele. Interdisziplinäre Perspektiven zu Diskursfeldern, Inszenierung und Musik. Bielefeld, S. 155–177.

Schüler, Benedikt/Schmitz, Christopher/Lehmann, Karsten (2012): Geschichte als Marke. Historische Inhalte in Computerspielen aus der Sicht der Softwarebranche. In: Schwarz, Angela (Hg.): „Wollten Sie auch immer schon einmal pestverseuchte Kühe auf ihre Gegner werfen?“. Eine fachwissenschaftliche Annährung an Geschichte im Computerspiel. Münster, S. 245–262.

Schwarz, Angela (2009): „Wollen Sie wirklich nicht weiter versuchen, diese Welt zu dominieren“: Geschichte in Computerspielen. In: Korte, Barbara/Paletschek, Sylvia (Hg.): History Goes Pop. Bielefeld, S. 313–335.

Schwarz, Angela (2012): Computerspiele – ein Thema für die Geschichtswissenschaft? In: Schwarz, Angela (Hg.): „Wollten Sie auch immer schon einmal pestverseuchte Kühe auf ihre Gegner werfen?“. Eine fachwissenschaftliche Annährung an Geschichte im Computerspiel. Münster, S. 7–33.

Schwarz, Angela (2015): Game Studies und Geschichtswissenschaften. In: Sachs-Hombach, Klaus/Thon, Jan-Noël (Hg.): Game Studies. Aktuelle Ansätze der Computerspielforschung. Köln, S. 398–447.

Schwarz, Angela (2017): Wie der Geheimagent seiner Majestät auf der Titanic den Ausbruch des Ersten Weltkriegs vereitelte. Kontrafaktische Gedankenexperimente im Computerspiel. In: Kranz, Isabel (Hg.): Was wäre wenn? Alternative Gegenwarten und Zukunftsprojektionen um 1914. Paderborn, S. 180–200.

Schwarz, Angela (2021): Geschichte im digitalen Spiel. Ein „interaktives Geschichtsbuch" zum Spielen, Erzählen, Lernen? In: Pandel, Hans-Jürgen/Oswalt, Vadim (Hg.): Handbuch Geschichtskultur im Unterricht. Frankfurt/M., S. 565–612.

Seaborn, Katie/Fels, Deborah I. (2015): Gamification in Theory and Action: A Survey. In: International Journal of Human-Computer Studies, 74/2015, S. 14–31.

Shaw, Adrienne (2010): What Is Video Game Culture? Cultural Studies and Game Studies. In: Games and Culture, 04/2010, S. 403–424.

Siebert, Horst (2005): Pädagogischer Konstruktivismus. Lernzentrierte Pädagogik in Schule und Erwachsenenbildung. Weinheim.

Siller, Notburga (2010): Geschichte spielen. Kommerzielle Computerspiele mit historischen Inhalten und ihre Spielerinnen und Spieler. Diplomarbeit, Wien, S. 60–75.

Siller, Notburga (2012): Playing History: The representation and reception of the past in commercial computer games. In: Wimmer, Jeffrey/Mitgutsch, Konstantin/Rosenstingl, Herbert (Hg.): Applied Playfulness. Proceedings of the Vienna Games Conference 2011: Future and Reality of Gaming. Wien, S. 211–218.

Sitzmann, Traci (2011): A meta-analytic examination of the instructional effectiveness of computer-based simulation games. In: Personnel Psychology, 02/2011, S. 489–528.

Smith, Jonas Heide/Egenfeldt-Nielsen, Simon/Tosca, Susana Pajares (2013): Understanding Video Games. The essential Introduction. New York.

Stampfl, Nora S. (2012): Die verspielte Gesellschaft. Gamification oder Leben im Zeitalter des Computerspiels. Hannover.

Steiner, Gerhard (2010): Lernen und Wissenserwerb. In: Krapp, Andreas/Weidenmann, Bernd (Hg.): Pädagogische Psychologie. Ein Lehrbuch. Weinheim, S. 137–202.

Stiftung Digitale Spielekulturen (o.A.) (Hg.): Bildung neu gestalten mit Games. Berlin.

Süss, Daniel/Lampert, Claudia/Trültzsch-Wijnen, Christine W. (2018): Medienpädagogik. Ein Studienbuch zur Einführung. Wiesbaden.

Thoma, Joachim (2017): Computerspiele und Kompetenzförderung. In: Bauer, Thomas A./Mikuszeit, Bernd H. (Hg.): Lehren und Lernen mit Bildungsmedien. Grundlagen – Projekte – Perspektiven – Praxis. Frankfurt/M., S. 285–295.

Tulodziecki, Gerhard/Herzig, Bardo/Grafe, Silke (2019): Medienbildung in Schule und Unterricht. Grundlagen und Beispiele. Bad Heilbrunn.

Vogel, Jennifer J./Vogel, David S./Cannon-Bowers, Jan/Bowers, Clint A./Muse, Kathryn/Wright, Michelle (2006): Computer Gaming and Interactive Simulations for Learning: A Meta-Analysis. In: Journal of Educational Computing Research, 03/2006, S. 229–243.

Wagner, Michael/Gabriel, Sonja (o.A.): Didaktische Szenarien des Digital Game Based Learning. o. A.

Warwitz, Siegbert A. (2001): Sinnsuche im Wagnis. Leben in wachsenden Ringen. Erklärungsmodelle für grenzüberschreitendes Verhalten. Baltmannsweiler.

Warwitz, Siegbert A./Rudolf, Anita (2016): Vom Sinn des Spielens. Reflexionen und Spielideen. Baltmannsweiler.

Wastiau, Patricia/Kearney, Caroline/van de Berghe, Wouter (2009): How are digital games used in schools? Complete results of the study. Brüssel.

Wechselberger, Ulrich (2009): Einige theoretische Überlegungen über das pädagogische Potential digitaler Spiele. In: Bevc, Tobias/Zapf, Holger (Hg.): Wie wir spielen, was wir werden. Computerspiele in unserer Gesellschaft. Konstanz, S. 95–111.

Wechselberger, Ulrich (2012): Game-based learning zwischen Spiel und Ernst. Das Informations- und Motivationspotenzial von Lernspielen aus handlungstheoretischer Perspektive. Koblenz-Landau.

Wendt, Carolin (2017): Virtuelle Erprobungsräume: Spielerisch die eigene Identität erkunden. In: Zielinski, Wolfgang/Aßmann, Sandra/Kaspar, Kai/Moormann, Peter (Hg.): Spielend lernen! Computerspiele(n) in Schule und Unterricht. Düsseldorf, S. 85–99.

Wesener, Stefan (2006): Spielen in virtuellen Welten: Übertragung von Inhalten und Handlungsmustern aus Bildschirmspielen. In: MedienPädagogik: Zeitschrift für Theorie und Praxis der Medienbildung, 2006, S. 1–16.

Wesener, Stefan (2007): Geschichte in Bildschirmspielen. In: Bevc, Tobias (Hg.): Computerspiele und Politik. Zur Konstruktion von Politik und Gesellschaft in Computerspielen. Berlin, S. 141–164.

Whitaker, Robert (2016): Backward compatible: Gamers as a public history audience. In: Perspectives on History. www.historians.org/publications-and-directories/perspectives-on-history/january-2016/backward-compatible-gamers-as-a-public-history-audience (8.4.2020).

Whitaker, Robert (2019): Respawning the Past. In: Lünen, Alexander von/Lewis, Katherine J./Litherland, Benjamin/Cullum, Pat (Hg.): HISTORIA LUDENS. The playing historian. London, S. 119–129.

Whitton, Nicola (2009): Learning with digital games. A practical guide to engaging students in higher education. New York.

Wikipedia (2020):Unterhaltungssoftware Selbstkontrolle. In: Wikipedia. de.wikipedia.org/wiki/Unterhaltungssoftware_Selbstkontrolle (4.7.2020).

Wimmer, Jeffrey (2013): Die Prägekraft von Computerspielen. Was mit Gamification, Serious Games und Persuasive Games erreicht werden soll und kann. In: Koubek, Jochen/Mosel, Michael/Werning, Stefan (Hg.): Spielkulturen. Funktionen und Bedeutungen des Phänomens Spiel in der Gegenwartskultur und im Alltagsdiskurs. Glückstadt, S. 155–171.

Wimmer, Jeffrey/Wiemker, Markus (2017): Das Bildungspotenzial von Computerspielen aus medienkultureller Perspektive: Die Thesen der participatory culture und ihre empirische Evidenz. In: Zielinski, Wolfgang/Aßmann, Sandra/Kaspar, Kai/Moormann, Peter (Hg.): Spielend lernen! Computerspiele(n) in Schule und Unterricht. Düsseldorf, S. 55–64.

Witschi, Beat (2006): Geschichte spielen. Simulationsspiele im Geschichtsunterricht. Neuried.

Witting, Tanja (2007): Wie Computerspiele uns beeinflussen. Transferprozesse beim Bildschirmspiel im Erleben der User. München.

Wojdon, Joanna (2020): Public Historians and their Professional Identity. In: Public History Weekly, 04/2020. https://public-history-weekly.degruyter.com/8-2020-4/public-historians-videogames (8.4.2020).

Wouters, Pieter/van Nimwegen, Christof/van Oostendorp, Herre/van der Spek, Erik d. (2013): A meta-analysis of the cognitive and motivational effects of serious games. In: Journal of Educational Psychology, 02/2013, S. 249–265.

Wu, W-H./Hsiao, H-C./Wu, P-L./Lin, C-H./Huang, S-H. (2012): Investigating the learning-theory foundations of game-based learning: a meta-analysis. In: Journal of Computer Assisted Learning, 03/2012, S. 265–279.

Zamaróczy, Nicolas de (2016): Are We What We Play? Global Politics in Historical Strategy Computer Games. In: International Studies Perspectives, 14/2016, S. 155–174.

Zimmermann, Eric (2015): Manifest für ein ludisches Jahrhundert. In: Beil, Benjamin/Freyermuth, Gundolf S./Gotto, Lisa (Hg.): New Game Plus. Perspektiven der Game Studies. Genres, Künste, Diskurse. Bielefeld, S. 19–23.

Zimmermann, Felix (2019): Digitale Spiele als historische Erlebnisräume. Ein Zugang zu Vergangenheitsatmosphären im Explorative Game. Glückstadt.

Zimmermann, Olaf/Falk, Felix (2020): Handbuch Gameskultur. Berlin.

Zirpel, Thimo (2017): Computerspiele (nicht nur) im Religionsunterricht: Didaktische Grundlagen und methodische Beispiele. In: Zielinski, Wolfgang/Aßmann, Sandra/Kaspar, Kai/Moormann Peter (Hg.): Spielend lernen! Computerspiele(n) in Schule und Unterricht. Düsseldorf, S. 101–116.

Zündorf, Irmgard (2016): Zeitgeschichte und Public History. In: Docupedia-Zeitgeschichte, http://docupedia.de/zg/Zuendorf_public_history_v2_de_2016#cite_note-2 (19.3.2020).

9. Spieleverzeichnis

Titel	Publisher/Developer	Jahr	Altersfreigabe	historische Epoche/Thema	Genre	U.-Entwurf
11-11 Memories Retold	BANDAI NAMCO Entertainment Europe/Aardman Animations, Digixart	2018	o.A.	Moderne/Erster Weltkrieg	Adventure, Serious Game	7.15
1979 Revolution: Black Friday	iNK Stories/iNK Stories, N-Fusion Interactive	2016	PEGI: 18	Zeitgeschichte/Islamische Revolution	Adventure	7.19
911 Operator	Games Operators, PlayWay S.A./ Jutsu Games	2017	PEGI: 12	Zeitgeschichte/Notfallsmanagement	Simulation	–
A Normal Lost Phone Story	Dear Villagers/Accidental Queens	2017	PEGI: 16	Zeitgeschichte/Digitalisierung	Smartphone Adventure	–
A Plague Tale: Innocence	Focus Home Interactive/Asobo Studio	2019	USK: 16	Frühe Neuzeit/Pest	Adventure, Stealth	7.8
Against all Odds http://playagainstallodds.ca	UNHCR	2006	o.A.	Zeitgeschichte/Flucht	Adventure	7.22
Age of Empires II	Microsoft Game Studios, Bold Games/Ensemble Studios, Westlake Interactive	1999	USK: 12	Mittelalter bis Frühe Neuzeit/Krieg	Echtzeitstrategie	7.7
Alt-Frequencies	PID Publishing/ Accidental Queens, ARTE France	2019	o.A.	Zeitgeschichte/Überwachung	Rätselspiel	–
America's Army	United States Army, Ubisoft/MOVES Institute, Secret Level, Gameloft	2002	16	Zeitgeschichte/Krieg	Ego-Shooter	–
Angry Birds	Rovio Entertainment Ltd.	2009	USK: 0, PEGI: 7	Computerspielgeschichte	Casual Game	–

Titel	Publisher/Developer	Jahr	Altersfreigabe	historische Epoche/Thema	Genre	U.-Entwurf
Anno 2070	Ubisoft/Blue Byte, Related Designs	2011	USK: 6, PEGI: 13	Utopie	Wirtschaftssimulation	–
Another Lost Phone: Laura's Story	Dear Villagers/Accidental Queens	2017	PEGI: 16	Zeitgeschichte/Digitalisierung	Smartphone Adventure	–
Assassin's Creed III	Ubisoft/Ubisoft Montreal	2012	USK: 16, PEGI: 18	Frühe Neuzeit/Amerikanischer Unabhängigkeitskrieg	Action-Adventure	–
Assassin's Creed Odyssey (Education Mod)	Ubisoft/Ubisoft Montreal	2018	USK: 16	Frühe Hochkulturen/Altes Ägypten	Serious Game	7.5
Assassin's Creed Syndicate	Ubisoft/Ubisoft Quebec	2015	USK: 16, PEGI: 18	Moderne/Industrialisierung	Action-Adventure	7.13
Attentat 1942	Charles University, Czech Academy of Sciences/Charles Games	2017	USK: 12	Zeitgeschichte/Widerstand und Verfolgung	Adventure, Serious Game	7.16, 7.17
Ayiti: The Cost of Life https://ayiti.globalkids.org/game	Global Kids/gamelab	2006	9	Zeitgeschichte/Strukturprobleme in Entwicklungsländern	Workerplacement, Serious Game	7.23
Bad News www.getbadnews.de/#next	DROG	o.A.	o.A.	Zeitgeschichte/Fake News	Simulation	7.24
Banished	Shining Rock Software LLC/Shining Rock Software LLC	2014	USK, PEGI: 12	Mittelalter/Städtebau	Städtebau	7.7, 7.11
Begrabe mich, mein Schatz	Dear Villagers/The Pixel Hunt, ARTE France, FIGS	2017	PEGI: 7	Zeitgeschichte/Flucht	Smartphone Adventure	7.22
Beholder	Alawar Premium/Warm Lamp Games	2016	PEGI: 12	Zeitgeschichte/Leben im Überwachungsstaat	Adventure	–
Beholder 2	Alawar Premium/Warm Lamp Games	2018	PEGI: 16	Zeitgeschichte/Leben im Überwachungsstaat	Adventure	–

Titel	Publisher/Developer	Jahr	Altersfreigabe	historische Epoche/Thema	Genre	U.-Entwurf
BioShock-Reihe	2K	seit 2007	USK, PEGI: 18	Alternative Geschichte/Ideologiekritik	Ego-Shooter	–
Bronze Age	Clarus Victoria	2013	PEGI: 3	Frühe Hochkulturen/Eisenzeit	Strategiespiel	7.4
Call of Duty: WWII	Activision/Sledgehammer Games, Raven Software	2017	18	Zeitgeschichte/Zweiter Weltkrieg	Ego-Shooter	7.18
Carbon Cycle Game www.oercommons.org/courses/carbon-cycle-game-2/view	Wisconsin Institute for Discovery u.a.	o.A.	o.A.	Zeitgeschichte/Klimawandel	Rätselspiel	–
Celeste	Matt Thorson, Noel Berry	2018	PEGI: 7		Plattformer	–
Cities: Skylines	Paradox Interactive/Colossal Order	2015	USK: 0, PEGI: 3	Zeitgeschichte/Städtebau	Simulation	7.11
Civilization I-VI	Firaxis, MicroProse, Hasbro Interactive, Activision, 2K Games/MicroProse u.a.	1991 – 2016	USK: 6	Weltgeschichte	Strategie	7.4, 7.10
Clash of Clans	Supercell	2012	PEGI: 7	Fantasy	Strategie	–
Climate Challenge	Red Redemption Ltd.	2007	o.A.	Zeitgeschichte/Klimawandel	Strategie	–
Codename: Panzers, Phase One	THQ Nordic/Stormregion, THQ Nordic	2004	o.A.	Zeitgeschichte/Zweiter Weltkrieg	Simulation	–
Company of Heroes 2	Sega/Relic Entertainment	2013	USK: 16, PEGI: 18	Zeitgeschichte/Zweiter Weltkrieg	Strategie	7.1
Crusader Kings 2	Paradox Interactive/Paradox Development Studios	2012	USK: 12	Mittelalter	Simulation	7.7
Curious Expedition	Maschinen-Mensch	2016	PEGI: 7	Frühe Neuzeit/Kulturgüterraub	Abenteuer	–

Titel	Publisher/Developer	Jahr	Altersfreigabe	historische Epoche/Thema	Genre	U.-Entwurf
Darkest of Days	Phantom EFX/8monkey Labs	2010	USK: 18	Alternative Geschichte	Ego-Shooter	–
Decount https://game.extremismus.info	Österreichisches Institut für Internationale Politik	2020	Empfehlung: 16	Zeitgeschichte/Extremismus	Smartphone Adventure	–
Democracy 3	Positech Games	2013	PEGI: 3	Zeitgeschichte/Politik	Simulation	–
Democracy 4	Positech Games	2020	o.A.	Zeitgeschichte/Politik	Simulation	–
Detroit: Become Human	Quantic Dream	2018	USK: 16, PEGI: 18	Digitalisierung	Adventure	–
Die Sims-Reihe	EA Games/Maxis	2000–2014	versch. PEGI-Einstufungen	Zeitgeschichte/Alltagsgeschichte	Lebenssimulation	–
Discovery Tour by Assassin's Creed: Ancient Egypt	Ubisoft/Ubisoft Montreal	2018	PEGI: 12	Frühe Hochkulturen/Altes Ägypten	Serious Game	7.5
East India Company	Nitro Games	2009	USK: 6, PEGI: 7	Frühe Neuzeit/Wirtschaft	Wirtschaftssimulation	–
Egypt Old Kingdom	Clarus Victoria	2018	PEGI: 3	Frühe Hochkulturen/Altes Ägypten	Strategiespiel	7.4
Europa Universalis IV	Paradox Interactive/Paradox Development Studio	2013	USK: 6, PEGI: 12	Neuzeit/Herrschaft	Simulation	–
EVE Online	CCP Games/CCP Games/Atari SA	2003	USK, PEGI: 12	Computerspielgeschichte	Weltraum-MMORPG	–
Evil Democracy: 1932	Hamsters Gaming	2020	o.A.	Zeitgeschichte/Zwischenkriegszeit	Simulation	–
Expeditions: Conquistador	THQ Nordic/Logic Artists	2013	USK: 12, PEGI: 16	Frühe Neuzeit/Entdeckung und Eroberung	Strategie	–
Fake it to make it www.fakeittomakeit.de/	Warner	2016	o.A.	Zeitgeschichte/Fake News	Simulation	7.24

Titel	Publisher/Developer	Jahr	Altersfreigabe	historische Epoche/Thema	Genre	U.-Entwurf
Fake News App www.politische-bildung.nrw.de/fileadmin/3rdparty/fn-game/index.html	planpolitik	o.A.	o.A.	Zeitgeschichte/Fake News	Smartphone Adventure, Serious Game	7.24
Fakey https://fakey.iuni.iu.edu	o.A.	oA.	o.A.	Zeitgeschichte/Fake News	Rätselspiel, Serious Game	–
Fate of the World	Soothsayer Games/Red Redemption	2011	PEGI: 3	Zeitgeschichte/Klimawandel	Simulation, Serious Game	–
Finding Home	UNHCR Malaysia	2017	PEGI: 3	Zeitgeschichte/Flucht	Smartphone Adventure	7.22
Fortnite	Epic Games, Gearbox Publishing/Epic Games	2017	USK: 12, PEGI: 12	Computerspielgeschichte	Battle Royale	–
God of War	Sony Computer Entertainment/SCE Santa Monica Studio	2005	USK, PEGI: 18	Fantasy, Antike	Action	–
Gone Home	Fullbright/Fullbright	2013	USK: 6, PEGI: 16	Zeitgeschichte/Alltagsgeschichte	Walking Simulator	–
Grand Ages: Medieval	Kalypso Media Digital/Gaming Minds Studios		PEGI: 12	Mittelalter/Städtebau	Städtebau	7.11
Grand Theft Auto V	Rockstar Games/Rockstar North	2015	USK, PEGI: 18	Computerspielgeschichte	Open World	–
Half-Life	Sierra Entertainment, Eletronic Arts, Valve Corporation/Valve Corporation,	1998	USK: 18, PEGI: 16	Computerspielgeschichte	Ego-Shooter	–
Headliner	Unbound Creations	2017	o.A.	Zeitgeschichte/Medien	Adventure	–

Titel	Publisher/Developer	Jahr	Altersfreigabe	historische Epoche/Thema	Genre	U.-Entwurf
Headliner: NoviNews	Unbound Creations	2018	PEGI: 12	Zeitgeschichte/Medien	Adventure	7.21
Hearts of Iron 3	Paradox Interactive/Koch Media, Paradox Interactive	2009	USK: 12, PEGI: 7	Zeitgeschichte/Zweiter Weltkrieg	Strategie	–
Heaven's Vault	inkle Ltd	2019	PEGI: 7	Alternative Geschichte/Archäologie	Rätselspiel	–
Hellblade: Senua's Sacrifice	Ninjy Theory	2017	USK: 16, PEGI: 18	Mittelalter/Wikinger	Action	–
Invisible Fist	Failcore/Pineapple Works	2019	PEGI: 18	Zeitgeschichte/Kapitalismuskritik	Strategie	–
Kabul Kaboom!	Gonzalo Frasca	2002	o.A.	Zeitgeschichte/Krieg gegen den Terror	Serious Game	–
Kids	Double Fine Presents/Playables, von Rickenbach, Frei	2019	o.A.	Politische Bildung/Psychologie	Serious Game	–
Kingdom Come: Deliverance	Warhorse Studios, Deep Silver	2018	USK: 16, PEGI: 18	Mittelalter	RPG	7.1, 7.6, 7.7
KURSK	Jujubee S.A.	2018	o.A.	Zeitgeschichte/Kursk-Katastrophe	Doku-Spiel	–
League of Legends	Riot Games u.a./Riot Games	2009	USK, PEGI: 12	Computerspielgeschichte	Multiplayer Online Battle Arena	–
Life is Strange	Square Enix/DONTNOD Entertainment	2015	USK: 12	Zeiterfahrung	Adventure	–
Mainlining	Merge Games/Rebelephant	2017	o.A.	Zeitgeschichte/Digitalisierung, Überwachung	Rätselspiel	–
Making History: The Great War	Factus Games/Muzzy Lane Software, Factus Games	2015	USK: 16, PEGI: 3	Moderne/Erster Weltkrieg	Simulation	–
Making History II: The War of the World	Factus Games/Muzzy Lane Software	2010	USK: 16, PEGI: 3	Zeitgeschichte/Zweiter Weltkrieg	Simulation	–

Titel	Publisher/Developer	Jahr	Altersfreigabe	historische Epoche/Thema	Genre	U.-Entwurf
Marble Age	Clarus Victoria	2015	PEGI: 3	Frühe Hochkulturen/Griechenland	Strategie	7.4
Master of the World	Eversim	2014	USK: 12	Zeitgeschichte/Globalpolitik	Simulation	–
Medal of Honor-Reihe	Eletronic Arts/DreamWorks Interactive, EA Los Angeles, Danger Close	1999–2012	USK: 18, PEGI: 18	Zeitgeschichte/Zweiter Weltkrieg	Ego-Shooter	–
migrant trail http://theundocumented.com	Gigantic Mechanic	2014	o.A.	Zeitgeschichte/Flucht	Simulation	–
Moderate Cuddlefish www.moderate-cuddlefish.de	Topicbird	2016	o.A.	Zeitgeschichte/Fake News	Simulation	7.24
My Child: Lebensborn	Teknopilot/Elin Festøy, Teknopilot	2018	PEGI: 12	Zeitgeschichte/Nationalsozialismus	Lebenssimulation, Serious Game	7.17
Neo Cab	Fellow Traveler/Chance Agency	2019	PEGI: 16	Zeitgeschichte/Digitalisierung	Adventure	–
NORTH	Sometimes You/Outlands	2016	PEGI: 7	Zeitgeschichte/Flucht	Abenteuer, Serious Game	7.22
Not for Broadcast	tinyBuild/NotGames	2020	o.A.	Zeitgeschichte/Medien	Rätselspiel	7.21
Not Tonight	PanicBarn/No More Robots	2018	PEGI: 16	Alternative Geschichte/Ideologiekritik	Adventure	–
Orwell: Ignorance is Strength	Fellow Traveler/Osmotic Studios	2018	o.A.	Zeitgeschichte/Digitalisierung, Überwachung	Rätselspiel	–
Orwell: Keeping an Eye On You	Fellow Traveler/Osmotic Studios	2016	o.A.	Zeitgeschichte/Digitalisierung, Überwachung	Rätselspiel	–
Over the Top	o.A.	o.A.	o.A.	Zeitgeschichte/Erster Weltkrieg	Text-Adventure	–
Oxenfree	Night School Studio	2016	PEGI: 12	Zeiterfahrung	Adventure	–
Papers, Please	3909/Lucas Pope	2013	PEGI: 16	Alternative Geschichte/Kalter Krieg	Adventure, Simulation	–

Titel	Publisher/Developer	Jahr	Altersfreigabe	historische Epoche/Thema	Genre	U.-Entwurf
Path Out	Causa Creations	2017	o.A.	Zeitgeschichte/Flucht	Abenteuer, Serious Game	7.22
Patrician IV	Kalypso Media Digital/Gaming Minds Studios	2010	USK: 6, PEGI: 12	Mittelalter/Handel	Handelssimulation	–
PeaceMaker http://peacemakergame.com/about.php	Impact Games/Tim Sweeney, Eric Brown, Asi Burak	2007	o.A.	Zeitgeschichte/Nahostkonflikt	Strategie, Serious Game	7.20
Playing History – The Plague	Serious Games Interactive	2012	o.A.	Frühe Neuzeit/Pest	Serious Game	7.8
Playing History 2 – Slave Trade	Serious Games Interactive	2013	o.A.	Frühe Neuzeit/Sklavenhandel	Abenteuer, Serious Game	7.1
Port Royale-Reihe	Ascaron, Kalypso/Ascaron, Gaming Minds u. a.	seit 2002	USK: 6, PEGI: 12	Frühe Neuzeit/Handel	Handelssimulation	–
Predynastic Egypt	Clarus Victoria	2016	PEGI: 7	Frühe Hochkulturen/Altes Ägypten	Strategie	7.4
PRINCIPIA: Masters of Science	PLAYISM/tomeapp	2016	o.A.	Frühe Neuzeit/Wissenschaftsgeschichte	Wissenschaftssimulation	7.10
Rebel Inc: Escalation	Ndemic Creations	2019	o.A.	Zeitgeschichte/Terrorbekämpfung	Strategie	–
Red Dead Redemption 2	Rockstar Games/Rockstar Studios	2018	USK, PEGI: 18	Moderne/Wilder Westen	RPG	–
Replica	Somi, Zero Rock Entertainment/Somi	2016	o.A.	Zeitgeschichte/Digitalisierung, Überwachung	Smartphone Rätselspiel	–
Rise of Venice	Kalypso Media Digital	2013	USK: 6, PEGI: 12	Mittelalter/Handel	Handelssimulation	–
Rock of Ages	Sega/ACE Team	2011	USK: 12, PEGI: 12	Universalgeschichte	Tower Defense	–

Titel	Publisher/Developer	Jahr	Alters-freigabe	historische Epoche/Thema	Genre	U.-Entwurf
Rogue State	Black Shell Media/LRDGames, Inc.	2015	o.A.	Zeitgeschichte/Arabischer Frühling	Simulation	–
Rulers of Nations	Eversim	2014	USK, PEGI: 12	Zeitgeschichte/Globalpolitik	Simulation	–
Ryse: Son of Rome	Microsoft, Deep Silver/Crytek	2014	o.A.	Antike/Römisches Reich	Action	–
Salem Witchcraft Hysteria www.nationalgeographic.org/interactive/salem-interactive	nationalgeographic.com/volumeonemethodfive	o.A.	o.A.	Frühe Neuzeit/Hexenverfolgung	Adventure	–
September 12th: A Toy World	Newsgaming, Gonzalo Frasca	2010	o.A.	Zeitgeschichte/Ideologiekritik	Serious Game	7.4
Shadow Council: The Puppeteers	Dreambakers	2018	o.A.	Zeitgeschichte/politischer Protest, Verschwörung	Strategie	–
Silent Hill	Konami/Konami Computer u. a.	1999	USK: 16, PEGI: 16	Computerspielgeschichte	Survival Horror	–
State of Mind	Daedalic Entertainment	2018	USK: 12, PEGI: 16	Dystopie/Digitalisierung	Adventure	–
Stone Age	Clarus Victoria	2013	o.A.	Urgeschichte/Steinzeit	Strategie	7.4
Stop Disasters	UNDRR/Playerthree	2007	o.A.	Zeitgeschichte/Klimawandel	Strategie	–
Suzerain	Fellow Traveller/ Torpor Games	2020	o.A.	Zeitgeschichte/Staatsführung	Simulation	–
Super Power 2	THQ Nordic/GolemLabs	2004	PEGI: 3	Zeitgeschichte/Globalpolitik	Simulation	–
Swinemünde www.volksbund.de/mediathek/mediathek-detail/digitales-geschichtsspiel-swinemuende.html	Daniel Giere u. a.	2017	o.A.	Zeitgeschichte/Zweiter Weltkrieg	Adventure	–

Titel	Publisher/Developer	Jahr	Altersfreigabe	historische Epoche/Thema	Genre	U.-Entwurf
Tech Support, Error Unknown	Iceberg Interactive/Dragon Slumber	2019	o.A.	Zeitgeschichte/Digitalisierung	Simulation, Adventure	–
Tetris	Elecctronorgtechnica/Alexei Paschitnow	1984	o.A.	Computerspielgeschichte	Puzzlespiel	–
The Climate Trail	Deep State Games/William Volk	2019	o.A.	Zeitgeschichte/Klimawandel	Survival Game, Serious Game	–
The Elder Scrolls V: Skyrim	Bethesda Softworks/Bethesda Game Studios/Iron Galaxy (Switch Port)	2011	USK: 16, PEGI: 18	Fantasy	RPG	–
The Gardens Between	The Voxel Agents	2018	PEGI: 3	Zeiterfahrung	Rätselspiel	–
The Jamestown Online Adventure www.historyglobe.com/jamestown	Bob Dunn, History Globe.com	2006	o.A.	Frühe Neuzeit/Kolonialismus	Strategie	–
The Lion's Song	Mi'pu'mi Games	2016	PEGI: 12	Moderne/Wien um 1900	Adventure	7.14
The Parable of the Polygons https://ncase.me/polygons	Vi Hart and Nicky Case	2014	o.A.	Soziale Wahrnehmung	Simulation	–
The refugee challenge: can you break into Fortress Europe? https://www.theguardian.com/global-development/ng-interactive/2014/jan/refugee-choices-interactive	The Guardian	2014	o.A.	Zeitgeschichte/Flucht	Textadventure	7.22
The Shapeshifting Detective	Wales Interactive/D'Avekki Studios Ltd, Wales Interactive	2018	PEGI: 16	Beispielhaft für nonlineare Erzählungen	Adventure	–
The Stanley Parabel	Galactic Cafe	2013	o.A.	Computerspielgeschichte	Adventure	–

Titel	Publisher/Developer	Jahr	Alters-freigabe	historische Epoche/Thema	Genre	U.-Entwurf
The Town of Light	LKA, Wired Productions	2016	USK: 16, PEGI: 18	Zeitgeschichte/Psychiatriegeschichte	Walking Simulator, Serious Game	7.17
The Visit https://www.silvergames.com/de/the-visit	Marius Fietzek, Benedikt Hummel, Irina Gross	o.A.	o.A.	Zeitgeschichte/Rassismus	Jump&Run	–
Third World Farmer https://3rdworldfarmer.org/	siehe Website, privates Projekt	2006, mittler-weile Neuauf-lagen	o.A.	Zeitgeschichte/Entwicklungsländern	Workerplacement, Serious Game	7.23
This is the Police	THQ Nordic/Weappy Studio	2016	PEGI: 16	Zeitgeschichte/Polizeiarbeit	Strategie	–
This War of Mine	Deep Silver, 11 bit studios/11 bit studios	2014	USK: 16, PEGI: 18	Zeitgeschichte/Kriegserfahrungen	Strategie	7.15
Through the Darkest of Times	HandyGames/Paintbucket Games	2020	USK: 12	Zeitgeschichte/Widerstand	Strategie	7.17
Total War-Reihe	Electronic Arts, Activision, Sega/The Creative Assembly	2000–heute	USK: 12&16, PEGI: 16&18	Antike-Moderne/Militärgeschichte	Simulation	7.7, 7.12
Trench Warfare https://armorgames.com/play/2267/warfare-1917	Armor Games/ConArtists	2008	o.A.	Moderne/Erster Weltkrieg	Strategie	–
Tumblestone	QuantumAstroGuild	2017	PEGI: 3	Computerspielgeschichte	Arcade	–
Urban Empire	Kalypso Media Digital/Reborn Games	2017	USK: 0, PEGI: 3	Moderne, Zeitgeschichte/Städtebau	Simulation	7.11

Titel	Publisher/Developer	Jahr	Altersfreigabe	historische Epoche/Thema	Genre	U.-Entwurf
Utopolis – Aufbruch der Tiere http://www.reality-twist.com/wp/games/utopolis-aufbruch-der-tiere	Reality Twist GmbH	2015	o.A.	Zeitgeschichte/Demokratie	Simulation, Rollenspiel	–
Valiant Hearts: The Great War	Ubisoft/Ubisoft Montpellier	2014	USK, PEGI: 12	Moderne/Erster Weltkrieg	Adventure	7.15
Victoria II	Paradox Interactive/Paradox Development Studio	2010	PEGI: 12	Moderne/19. Jahrhundert	Simulation	–
War Leaders: Clash of Nations	Enigma Software Productions/V.2 Play, DreamCatcher Interactive	2008	o.A.	Zeitgeschichte/Zweiter Weltkrieg	Strategie	–
Warcraft 3	Blizzard Entertainment/Activision Blizzard	2002	USK, PEGI: 12	Computerspielgeschichte	Echtzeitstrategie	–
Watch Dogs	Ubisoft Montreal/Ubisoft	2014	USK, PEGI: 18	Zeitgeschichte/Digitalisierung	Action-Adventure	–
We. The Revolution	Klabater/Polyslash	2019	PEGI: 12	Moderne/Französische Revolution	Strategie	–
When We Disappear	Inlusio Interactive	2020	o.A.	Zweiter Weltkrieg/Flucht	Erzählspiel	–
Wolfenstein-Reihe	Bethesda Softworks/u. a. MachineGames	seit 1981	USK, PEGI: 18	Alternative Geschichte/Zweiter Weltkrieg	Ego-Shooter	–
Workers & Resources: Soviet Republic	3Division	2019	o.A.	Zeitgeschichte/Kalter Krieg	Städtebau	7.11
World of Warcraft	Vivendi, Activision Blizzard/Blizzard Entertainment	2004	USK, PEGI: 12	Computerspielgeschichte	MMORPG	–
Yes, Your Grace	No More Robots/Brave At Night	2020	o.A.	Mittelalter/Feudalismus	Rätselspiel	–
Your Future Self	Contortionist Games	2019	o.A.	Alternative Zukunft	Indie, Text-Adventure	–